江西理工大学经济管理学院学术著作出版基金资助

家庭因素
对农户宅基地退出的影响研究

吴泽斌 吴立珺 刘必君 ◎ 著

中国财经出版传媒集团
经济科学出版社
Economic Science Press

·北 京·

图书在版编目（CIP）数据

家庭因素对农户宅基地退出的影响研究/吴泽斌，
吴立珺，刘必君著．--北京：经济科学出版社，2024.6
ISBN 978 - 7 - 5218 - 5714 - 6

Ⅰ．①家…　Ⅱ．①吴…②吴…③刘…　Ⅲ．①农村住
宅 - 住宅建设 - 土地制度 - 研究 - 中国　Ⅳ．①F321.1

中国国家版本馆 CIP 数据核字（2024）第 060585 号

责任编辑：周国强
责任校对：隗立娜
责任印制：张佳裕

家庭因素对农户宅基地退出的影响研究
JIATING YINSU DUI NONGHU ZHAIJIDI TUICHU DE YINGXIANG YANJIU
吴泽斌　吴立珺　刘必君　著
经济科学出版社出版、发行　新华书店经销
社址：北京市海淀区阜成路甲 28 号　邮编：100142
总编部电话：010 - 88191217　发行部电话：010 - 88191522
网址：www. esp. com. cn
电子邮箱：esp@ esp. com. cn
天猫网店：经济科学出版社旗舰店
网址：http://jjkxcbs. tmall. com
北京季蜂印刷有限公司印装
710 × 1000　16 开　15.5 印张　270000 字
2024 年 6 月第 1 版　2024 年 6 月第 1 次印刷
ISBN 978 - 7 - 5218 - 5714 - 6　定价：96.00 元
（图书出现印装问题，本社负责调换。电话：010 - 88191545）
（版权所有　侵权必究　打击盗版　举报热线：010 - 88191661
QQ：2242791300　营销中心电话：010 - 88191537
电子邮箱：dbts@ esp. com. cn）

前　言

随着农村人口的流动与转移，宅基地逐渐成为中国农村用地闲置率较高的土地类型。为解决农村土地资源利用效率低的现状，宅基地有序退出势在必行。建立健全科学合理的宅基地退出制度，是改变农村宅基地闲置现状、推进新一轮农村土地制度改革的重要手段。全国 33 个试点县市通过试行"农村两地两权抵押贷款""宅基地有偿退出"等政策，探索开展宅基地的合理利用以及退出补偿的模式。但在政策的实施中，农村宅基地改革取得的效果未能达到预期的目标，而且也并不受大部分农户欢迎，退出意愿较低，政策执行效率不高，导致大面积的闲置宅基地无法有序退出。

为什么会出现这种现象？问题的根源在哪里？许多学者从不同角度进行了大量卓有成效的研究，这些研究为推动我国农村宅基地退出制度完善起了积极作用。但在现有文献研究中，从家庭因素视角探讨农村宅基地退出机制改进尚缺乏专门化和系统化的研究。我国现有宅基地退出管理实践中，偏重于实物或货币补偿，对宅基地退出过程中的"家庭发展"问题关注不够。中国是家庭本位的国家。尤其是 20 世纪 80 年代以来，随着社会转型、经济发展以及计划生育政策的实施，中国家庭经历了激烈的震荡。家庭规模越来越小型化、家庭结构越来越核心化、家庭功能部分社会化、留守家庭与空巢家庭快速增加。农村家庭的变迁和演化给"一户一宅"的宅基地制度带来了冲击。以家庭为决策单元探讨农村宅基地退出机制改进有其合理性。本书研究试图解决以下问题：第一，农户宅基地退出意愿是否存在家庭生命周期效应？第二，如何根据不同的家庭类型匹配最优的宅基地退出模式？第三，农户宅基地退出前后其家庭福利水平有什么变化及其风险如何防范？第四，如何以提升家庭发展能力为基础测算出宅基地退出的补偿水平？本书以"家庭"为决策单元通盘考虑农村宅基地退出，厘清家庭因素与农户宅基地退出的关系，综合考虑农村家庭变化的现实背景和各方主体的自身基础情况，以"家庭发展"为导向探讨农村宅基地退出机制改进，以期在充分保障农户权益的基础上推动我国农村宅基地合理有序地退出。

农村宅基地纠纷所引发的矛盾冲突性事件近年来在各地时有发生，其主要原因是农户对现行宅基地政策缺乏一定的认识。因此，提高农户对宅基地退出政策的认知水平是降低因宅基地纠纷发生的概率、促进农村宅基地改革工作开展的重要途径之一。开展"农户对现行宅基地政策认知水平测度及其影响因素"是通过测度农户对宅基地政策认知水平及其影响因素分析，进一步挖掘影响农户认知的主要因素。本书依据宅基地"申请—使用—管理—退出"的环节划分宅基地政策的类型，选取农地"两权"抵押政策试点县市福建省邵武市为调查区域，通过随机抽样的方式选取农户进行问卷调查，利用受访农户对各个维度的认知水平进行打分，构建多元回归模型对调研数据进行分析。通过研究发现：农户宅基地政策认知水平与户主个人特征、是否在城镇买房不存在显著的差异性和相关性，但家庭成员社会经验、年均收入、宅基地基本特征属性等变量上存在显著差异和相关性。

处在家庭生命周期不同阶段的农户，其家庭禀赋、家庭结构、家庭消费偏好等家庭特征会发生变化，而这种变化会对农户宅基地退出意愿产生影响。农户宅基地退出意愿与家庭生命周期之间的关系探讨就显得尤为必要。本书以家庭生命周期为研究视角，采用宅基地退出政策试点市福建省晋江市 300 份农户问卷调查数据，建立 Probit 回归模型探讨家庭生命周期对农户宅基地退出意愿的影响，对促进农村宅基地有序退出和节约集约利用农村土地具有较强的现实意义。通过研究发现：农户宅基地退出意愿存在家庭生命周期效应，处于不同阶段的农户家庭，其不同的家庭因素影响程度存在差异性。其中，宅基地退出意愿较高的家庭处于新婚夫妇与空巢阶段，宅基地退出意愿较低的家庭属于成长阶段与成熟阶段，扩大型家庭宅基地退出意愿最低。

由于宅基地退出的试点范围比较窄，试点时间比较短，各方面对宅基地所有权、资格权、使用权的权利性质和边界认识还不一致，退出效果较不明显。因此，根据宅基地不同退出模式的特点，本书采用福建省晋江市与江西省赣州市共 220 份农户问卷调查数据，从农村家庭禀赋异质性出发，构建宅基地退出模式与农村家庭双边匹配模型，设计双边主体满意度互评指标体系，以宅基地退出主体满意度和退出实施主体满意度最大化为目标，运用改进的离散粒子群算法对模型求解，获得最佳匹配方案。通过研究发现：不同类型的农户家庭与不同宅基地退出模型匹配度存在差异，组合宅基地退出模式的双边总体满意度较高于单一宅基地退出模式的双边总体满意度。其中，成长型农户家庭与"购房补贴"退出模式匹配，稳定型农户家庭与"宅基地换房"退出模式匹配，救助型农户家庭与"以地养老"退出模式匹配。

农村宅基地是我国具有福利性质的土地资源，宅基地退出将会对农村家庭福利产生一定的影响。虽然各地在遵循农户自愿基础上实施有偿退出政策，宅基地退出进程取得一定的成效，但是由于宅基地退出制度存在差别化，农村家庭存在异质性。因此，宅基地退出对农村家庭福利产生的影响是存在差异的。开展"家庭风险承载能力对农户宅基地退出福利水平变化影响"研究的主要目的是探讨农户宅基地退出前后家庭福利变化情况。为明晰农户宅基地退出与家庭福利水平之间的关系，本书立足于农村家庭风险承载能力，通过构建面板门限模型，利用 CFPS 数据进行实证检验。通过研究发现：农户宅基地退出对家庭福利水平的影响存在门限效应。其中，当家庭抵御风险能力低于门槛值时，农户宅基地退出会抑制农户家庭福利水平的提升；当家庭抵御风险能力大于门槛值时，宅基地退出能够促进其家庭福利水平的提升。

在充分保障农户权益的基础上，探索宅基地自愿有偿退出机制，是我国现行宅基地制度改革的核心。从农村家庭发展而言，宅基地退出的补偿标准是否满意、是否能契合其他家庭的长远发展策略，这些是关系到农村家庭发展能力能否进一步提升的关键。本书采用宅基地退出政策试点市福建省晋江市 200 份农户问卷调查数据，基于农村家庭发展能力提升视角，并考虑到地方政府的财政约束，对农村宅基地退出补偿标准的测算。通过测算得出，农村宅基地退出补偿标准的有效范围为 ［1139.61，1273.14］元/平方米，略高于我国中西部地区的宅基地政策试点地区的退出补偿标准。

考虑到宅基地有偿退出的过程复杂，多方利益交叉，为充分考量农户、农村集体经济组织和地方政府在宅基地退出过程中的利益、角色和地位，建立演化博弈模型以体现合作主体在宅基地退出中策略调整、趋于稳定的过程，引入成本、收益等变量，从理论上分析宅基地有序退出相关主体决策行为的变化及其影响因素，以探索有利于农户退出宅基地的合作动因。开展"宅基地有序退出相关主体决策行为影响因素"主要按照"三权分置"的宅基地管理思路，宅基地有序退出涉及的相关主体为包括地方政府、农村集体经济组织以及农户。通过研究发现："三权分置"的宅基地管理制度下，农户意愿、政府规制行为、农村集体经济组织的行为水平对宅基地有序退出的影响是正向显著的。其中，农户对于补偿标准的态度、相关政策的认知水平、愿意以宅基地换取补偿的程度会影响农户意愿，地方政府给予的制度创新程度、惩罚机制的执行情况、相关制度的执行效率会影响地方政府的规制行为，农村集体经济组织在宅基地退出过程中付出的成本、可能获得的长远收益会影响其行为水平，进而影响宅基地的有序退出。

在遵循农户自愿的前提下，为进一步促进农户宅基地有序退出，需要以"家庭发展"为决策起点，着力解决内生动力不足问题应推进以下工作：

第一，应充分考虑农民家庭功能的演化与宅基地功能演化的冲突，以提升"农户家庭发展能力"为核心，重视农户家庭城镇化构成要素的家庭就业、家庭居住、家庭享受城镇公共服务的协调性，形成推进家庭城镇化的"合力"。退出宅基地后农户虽然获得城镇居民条件，但其在经济发展能力、社会交往能力、学习能力、风险应对能力方面与城市居民仍有较大差距，在生态宽度上不及城市居民，与城市居民也存在生态位重叠。宅基地退出农户要能真正在城镇落户，需要不断扩展其生态位宽度，促进宅基地退出农户逐步融入城市。

第二，应充分从"农民家庭发展"层面考量宅基地有序退出的内生动力不足问题，综合统筹各方利益诉求，从"政府－集体－农户"决策主体视角下建立和完善宅基地有序退出的引力机制与约束机制、完善基层村镇的规划计划，并发挥相应规划的重要引领作用、从异质性农户的现实需求出发设计相关政策制度。我国宅基地的有序退出要在政府规制下实现，而政府规制的重要方面在于宅基地有偿退出的相关体制机制的创新。农村集体经济组织是宅基地所有权的归属者，理应站在壮大集体经济力量、实现宅基地的有效利用的基础上参与宅基地的有偿退出。农户是宅基地退出的主体，也是宅基地退出的内生动力，地方政府要注重提高农户家庭发展能力，实现宅基地有序退出的内生动力与外部推力的协同耦合，为乡村振兴和城乡融合发展助力。

第三，应在生态位视角下构建宅基地退出后的农户家庭发展能力。宅基地退出农户要能真正在城镇落户，需在各个生态因子上为农户提供相应的政策引导，扩展生态位宽度，促进进城农户群体在城市中逐步融合。家庭发展能力是家庭凭借其所能获取的资源来满足每一个家庭成员生活与发展的能力。宅基地退出后的农户在丧失原有的农村保障基础后进城发展，在一定程度上家庭发展能力进行了重置。家庭的生态位是家庭在社会环境中所能取得的资源和自身的竞争能力所能占据的位置，家庭各方面能力组成家庭的生态因子，并提出相应政策建议：提升宅基地退出后农户的经济发展能力，健全这些新居民的就业体系；促进宅基地退出后农户在城市的社交融合；强化宅基地退出后农户群体的学习能力；等等。

第四，在"发展权均衡，全域利益最大化"原则下，应构建以农户、集体和政府为分配主体的区域宅基地退出增值收益分配模型，以协调"生态资源优势区"与"经济发展优势区"的农村宅基地退出增值收益分配，强调地区间由于发展功能定位不同导致的"利益差别"。

本书从家庭层面考虑农户宅基地有序退出，将已有研究中关于农户宅基地退出影响因素较为零碎的"家庭特征"整合分析，在研究方法上，采用理论分析与实证研究相结合，在了解家庭生命周期理论、双边匹配理论，充分考虑"地方政府－农户－农村集体经济组织"三方主体的利益、诉求、角色和地位基础上，引入家庭因素对农户宅基地退出意愿、农户宅基地退出模式匹配等方面进行分析，采用 Probit 模型、改进的离散粒子群算法、演化博弈模型、结构方程模型等方法进行实证检验，体现了理论分析与实证研究相结合，使研究具有合理性和可行性。

本书研究数据主要来自三种途径：一是 2017 年 6~8 月在福建省宅基地退出政策的试点地区福建省晋江市与邵武市、2018 年 6~8 月在江西省赣州市、2019 年 6~8 月在福建省晋江市开展的乡村调查和 2022 年 7 月~2023 年 3 月在江苏省徐州市、江西省赣州市大余县等地，依据设计好的调查问卷和设计规范的访谈编码及提纲进行调查；二是为修正宅基地有序退出相关主体决策行为影响因素，其研究数据主要来自我国中部地区的典型省份湖北省、江西省、湖南省、安徽省的调查数据，在4个省分别随机抽取2个市，每个市随机抽取2个乡镇，每个乡镇随机抽取30位左右农民做问卷调查，主要以访谈的形式进行；三是选用中国家庭追踪调查（CFPS）的面板数据、涉及的社会经济数据主要来自相关省份的统计年鉴、政府工作报告和国民经济与社会发展统计公报等资料，部分社会经济数据来自万得资讯（Wind）。

本书的完成得益于通力协作及我所指导的博士、硕士研究生在数据整理、实地调研、内容撰写等方面的帮助和支持，具体分工如下：第一章主要由刘必君、吴泽斌共同负责；第二章、第九章主要由邝晓均、吴泽斌和刘必君共同负责；第三章主要由陈婉菁、吴泽斌共同负责；第五章至第八章主要由吴立珺、吴泽斌、刘必君和朱迪共同负责；第十章主要由任高锋、刘必君和朱迪共同负责。完成本书写作过程中，借鉴、参考了大量前人研究的成果和相关网站内容，没有这些专家、学者的研究和支持，本书不可能完成，在此对为本书出版作出贡献和帮助的专家、学者以及网站内容中未出现姓名的作者表示深深的感谢。本书的出版得到了经济科学出版社有关领导和专家的鼓励和支持，在此一并表示感谢，同时感谢经济科学出版社编辑们的辛勤工作。由于水平有限，疏漏和错误之处恐难避免，敬请各位专家同仁和广大读者批评指正，但文责自负。

课题组

2024 年 4 月

目　录

| 第一章 |

绪　　论

第 一 节　选 题 依 据

一、问题的提出

　　近年中央一号文件持续关注宅基地退出问题，2018 年提出探索宅基地所有权、资格权、使用权"三权分置"改革；2020 年强调以探索宅基地"三权分置"为重点，进一步深化农村宅基地制度改革试点；2023 年提出稳慎推进农村宅基地制度改革试点，扎实搞好确权，稳步推进赋权，有序实现活权。2024 年再次强调稳慎推进农村宅基地制度改革；党的二十大报告提出要深化农村土地制度改革，赋予农民更加充分的财产权益。即使在国家政策不断加持的情况下，农村地区农业发展边缘化严重、农民不愿意退出宅基地的比例依旧较高。同时，随着我国新型城镇化速度的加快，意味着将会有越来越多的农村剩余劳动力向城镇转移，但人口的流动性与宅基地区位的固定性之间存在矛盾（韩清怀，2010），农村人口转移并未与农村宅基地用地缩减挂钩，造成农村大量的宅基地处于闲置或低效利用状态。参照黄贻芳和钟涨宝（2013）提出的宅基地闲置估算方法，将会有 24.48 万公顷的农村宅基地闲置。同时，根据中国科学院刘彦随（2011）等学者的研究测算，中国"空心村"土地整治增地潜力约为 760 万公顷。建立健全科学合理的宅基地退出制度，已成为改进农村宅基地管理、推进土地制度改革、实现农村土地节约集约利用的重要手段。近年来，部分省份已经开始通过土地整治、城乡建设用地增减挂钩试点等探索开展宅基地的退出和补偿工作。但在现实中，农村宅基地退出改革却并未如改革者所愿，而且也并不受农户欢迎，退出意愿普遍偏低。

为什么会出现这种现象？问题的根源在哪里？土地管理者和众多学者从不同视角进行了卓有成效的研究，这些研究为推动我国农村宅基地退出制度完善起了积极作用。但在现有文献研究中，从家庭因素视角探讨农村宅基地退出机制改进尚缺乏专门化和系统化的研究；我国现有宅基地退出管理实践中，偏重于实物或货币补偿，对宅基地退出过程中的"家庭发展"问题关注不够。中国是家庭本位的国家。尤其是 20 世纪 80 年代以来，随着社会转型、经济发展以及计划生育政策的实施，中国家庭经历了激烈的震荡。家庭规模越来越小型化、家庭结构越来越核心化、家庭功能部分社会化、留守家庭与空巢家庭快速增加。农村家庭的变迁和演化给"一户一宅"的宅基地制度带来了冲击。国家层面也提出分类推进农业转移人口在城镇落户时要充分考虑其随迁家属问题。所以，以家庭为决策单元探讨农村宅基地退出机制改进有其合理性。

农村宅基地制度改革思路的核心思想之一是"在充分保障农户权益的基础上，探索宅基地自愿有偿退出机制"。本书在这一改革思路指导下，构建家庭多因素综合分析框架，试图回答以下问题：第一，农户宅基地退出意愿与受偿价格的家庭影响因素有哪些？有何影响？如何影响？第二，农户宅基地退出后其家庭境况有无变化、有无改善？第三，如何以家庭发展为导向推进农村宅基地自愿有偿退出？

二、学术史梳理及研究动态

（一）与本研究相关的学术史梳理

随着我国工业化和城镇化的发展，与其他制度一样，农村宅基地利用管理制度也在不断地变迁与演化。农村宅基地利用管理研究具有鲜明的时代特征，紧跟现实需求，解决现实问题。现有文献对农村宅基地利用管理研究大致可划分为三个阶段。

（1）20世纪八九十年代对农村宅基地利用管理研究主要集中在宅基地所有权、使用权、转让权等权益以及登记、审批、纠纷处理等实际运用问题进行探讨。高旭斌（1982）提出应制定《社员宅基地管理条例》，以完善宅基地利用管理；李忠孝、赵宏松和李成员（1993）探讨了农村宅基地有偿使用的科学理论、政策法规、社会实践等依据。

（2）进入21世纪后，现行的农村宅基地制度与新的经济基础及社会现实产生了偏差。在这一阶段，学者们主要从产权治理、激励机制、外部监管、法治建设等方面对宅基地使用管理制度进行了积极的研究。赵之枫（2001）提出应适时尝试建立完善的宅基地有偿使用和出让制度；章波等（2006）提出应依法准许宅基地入市。

（3）近年来，农村宅基地使用权流转成为研究的新重点，研究成果主要集中在宅基地流转制度完善、宅基地退出意愿影响、权益保障以及退出补偿等方面（俞振宁等，2023；周亚娟等，2021；邹秀清等，2020；郭元元等，2020；孙鹏飞等，2019；王静等，2015；朱新华，2012，2014；陈霄，2012；张怡然等，2011；张秀智等，2009；吴苓，2007）。

由于国内外土地产权安排的不同，农村宅基地是我国农村土地制度中特定的概念，宅基地置换也是我国特有的统筹城乡土地利用的实践。虽然各国的土地制度有所不同，但国外相关研究成果对于本书的研究仍有借鉴和启示作用。国外类似问题研究，更多关注的是农村居民点用地管理以及建设过程中的生态保护、权益保障问题以及农村土地整理等问题。国外对农村居民点增长的管理研究始于19世纪40年代，为了改善农村生产、生活条件，保护农村生态环境,学者们对农村居民点空间布局优化的理论及应用进行了大量研究,代表性的学者有卡斯特罗等(Castro et al.,1998)、福永和哈夫曼(Fukunaga and Huffman,2009)、艾伦和博尔克斯(Allen and Borchers,2016)等。在此后的研究中,国外学者提出农村居民点建设中应注重规划的合理性及对景观、生态、环境的保护,主要研究者有曼东多和格尔曼(Mandondo and German,2015)、沃森等(Wossen et al.,2015)、瓦格纳和汉娜(Wagner and Hanna,1983)等。国外开展土地整理较早,欧洲国家土地整理的历史可以追溯到中世纪,随着人地关系的演进,土地整理综合化越来越成为基本趋势。20世纪90年代后,土地整理的综合效益受到学者们的广泛关注,例如,阿米尔塔和西瓦库马尔(Amirtha and Sivakumar,2018)、万海伦布鲁克(Van Huylenbroeck,1996)、威尔和亚历山大(Will and Alexander,2018)、卡勒森等(Callesen et al.,2022)等。

(二)与本书相关的研究动态

围绕本书拟解决的问题,与本书相关的文献研究主要分为四类。

1. 农户宅基地退出的意愿与影响因素研究

(1)针对农户宅基地退出意愿的研究,可能是研究区域的异质性带来了两种不同的观点,大部分文献研究通过实地调研发现目前我国农户宅基地退出意愿普遍较低。邹湛露等(2023)以广东省为例、马长发和文婷婷(2020)以乌鲁木齐市为例、洪德和等(2019)以金寨县为例、王静等(2015)以王口镇和独流镇为调查对象,发现农户退出意愿偏低及其影响因素。张秋琴等(2014)以贵州省样本为例,近一半的农户对宅基地退出表现出不赞同,但彭长生和范子英(2012)通过对安徽省6个县1413个农户的问卷调查分析发现,在一定前提下,90%的农户愿意退出宅基地;张文斌等(2023)分析了甘肃省835名农户的退出意愿,结果表明完善社会保障等条件和提高农户认识对农户闲置宅基地腾退意愿有积极影响。

(2)对农户宅基地退出意愿影响因素的研究,国内学者普遍认为经济补偿标准、经济收入状况、家庭劳动力非农就业状况、家庭赡养人口状况、社会保障完善程度等是影响农户宅基地退出的主要因素,其中,影响农户宅基地退出因素中有关"家庭特征"的探讨中,郭贯成和陈盈蒙(2022)揭示了不同家庭生命周期下农户家庭退出意愿的影响因素。孙鹏飞等（2019）、李振远和郑传芳（2011）选择户主年龄、受教育程度、非农就业率、家庭劳动力数量、户主是否担任村干部、种植业收入比重等指标来反映家庭特征。赵侠（2008）以浙江省湖州市为例，选取户主职业类型、年龄、宅基地房屋面积、家庭主要收入来源、家庭类别、家庭拥有房屋数、家庭年收入等指标反映家庭特征。胡峰（2008）认为农户层面影响宅基地流转的主要因素是经济利益和农民能否享受与城镇居民同等待遇。

2. 农村宅基地退出的补偿问题研究

现有研究主要从补偿主体、补偿对象、补偿模式、补偿标准和补偿机制完善等方面进行了探讨。

（1）在补偿主体方面。徐小峰等（2012）认为按照"谁受益，谁补偿"原则，由地方政府、农村集体经济组织、企业或个体经纪人补偿。吴萍（2022）考虑到当前的现实困境，提出构建以政府引导为主的多元补偿主体。

（2）针对补偿对象方面。雷绪斌等（2023）、叶海明（2009）提出对主动拆除旧宅并交出空闲宅基地的村民，地方政府或集体经济组织可以按其住房和宅基地给予适当的货币补偿。徐小峰等（2011）提出将自愿退出的农户和"拆旧建新"中愿意使用标准面积宅基地的农民作为补偿对象。

（3）在补偿模式方面。目前许多地方进行了宅基地流转试点，形成了苏南模式、天津模式、成都模式、浙江模式和北京模式，形式上表现为"宅基地换房""宅基地换社保""宅基地换身份"。蔡国立（2012）归纳分析了宅基地换货币、宅基地换房以及宅基地换宅基地三种模式。肖碧林等（2011）总结了城中村和园区村改造、宅基地整理、增减挂钩以及城乡统筹四种宅基地置换模式。

（4）在补偿标准测算方面。刘义等（2014）、郭元元和冯应斌（2020）分别基于城乡建设用地增减挂钩背景和易地扶贫搬迁背景探讨了农村宅基地退出补偿价格与周转指标价格评估。赵强军和赵凯（2012）采用片价修正法对宅基地价值进行测算。许恒周等（2012）测算出山东省临清市农户退出宅基地的平均受偿意愿为 704.22 元/平方米。

（5）在补偿机制完善方面。彭小霞（2015）提出宅基地增值收益应打破政府垄断的模式。吕军书和翁晓宇（2019）、庄开明和黄敏（2017）认为宅基地退出机制可以通过建立宅基地的经济补偿机制及其他利益导向机制等途径实现。

3. 农户宅基地退出权益保障研究

目前，在宅基地流转受到法律限制及宅基地退出机制缺失的情况下，大部分国内学者通过研究认为宅基地置换中农民意愿未得到充分尊重，补偿低，置换后农民生活状况不佳，权益未能受到充分保障。李跃和施爱玲（2011）根据山东省肥城市西付村居民宅基地置换前后福利变化情况的调查，发现农民福利水平在宅基地置换后有相当程度的降低。肖碧林等（2011）认为目前在政府主导下的宅基地置换中，农民意愿未得到充分尊重，且宅基地置换后的土地收益分享很少，长远利益缺乏保障。张曙光（2009）认为，宅基地换房只是有效地解决了农民的住房问题，而农民和村集体的财产权和发展权并未得到保障。蔡玉胜（2009）的研究认为，宅基地换房模式在实践中暴露出农民缺乏定价权问题、土地收益分享问题、集中居住后的农民就业问题。肖顺武和董鹏斌（2023）基于中国式现代化视域对农户权益保障制度存在的多重困境做出回应。周宏霞（2009）认为行政强制造成的农民生产方式的被迫改变，生活成本上升，被迫放弃耕地和在原宅基地上从事的生产活动，造成农民被动失业。冯应斌等（2019）提出在统一补偿标准的前提下，应该根据不同地区、不同类型农户采取针对性的政策措施，稳妥推进宅基地退出工作。苑韶峰等（2020）基于复杂适应系统理论和多主体模拟方法对微观主体的交互行为进行仿真模拟，从微观农户尺度对宅基地退出补偿进行定价。

4. 农村宅基地退出机制完善研究

学者们大都认可，制度缺陷是造成目前农村宅基地退出困境的主要障碍因子，并为此提出了完善退出机制的不同思路。

（1）在责任主体划分方面，有学者强调了宅基地退出中政府的作用，汪本学和周玉翠（2017）认为须强化政府在宅基地流转中的社会公共服务职能，培育宅基地流转交易市场；有学者强调村民自治的作用，魏西云（2015）、夏柱智（2019）探讨了宅基地管理村民自治的路径选择，徐忠国等（2015）分析了杭州市八一村的宅基地村民自治实践。

（2）在退出机制完善的具体措施中，有学者强调规划的引领作用，许树辉（2004）认为应加强土地利用规划、村庄建设规划、城乡规划、环境保护规划在宅基地用地审批中的指导作用。张世全等（2012）认为宅基地退出机制的关键问题是处理好退出后的资金保障、补偿标准、产权关系和整理复垦。朱新华（2012）提出了构建"点面结合"的宅基地退出机制。陈梦娇等（2015）提出了基于土地收储完善农村宅基地有偿退出机制的做法。雷绪斌等（2023）、郑晴（2018）完善了宅基地退出的动力机制和激励机制。刘卫东等（2019）提出多主体行动协同的退出模式构建和空间规划引导是宅基地退出机制完善的努力方向。

（三）与本书相关的文献述评

目前对农村宅基地退出制度的研究，涵盖了经济学、社会学、管理学、法学等多种学科范畴，取得了丰硕成果，但与本书相关方面的研究还存在以下不足之处：

（1）关于"农村宅基地退出意愿与影响因素"方面的研究，已有研究虽有家庭因素与宅基地退出意愿影响的研究，但大多偏重家庭特征因素，且家庭特征指标选择较为零碎，缺乏对家庭因整合在一个整体框架内，尤其是家庭结构、家庭功能和家庭生命周期等对宅基地退出意愿的影响及其影响变化趋势的研究相对较少。

（2）关于"农村宅基地退出补偿"方面的研究，已有文献多注重从补偿制度设计方面进行研究，但基于家庭单元探讨货币补偿标准测算以及家庭因素对补偿标准的影响研究，在现有研究中尚需进一步强化。

（3）关于"农村宅基地退出后农户权益保障"方面的研究，现有研究更多关注的是失地农民权益保障，聚焦于"宅基地退出群体"的福利研究更多从定性角度分析，定量测度宅基地退出户的福利变化以及家庭因素对福利水平影响程度的研究尚不多见。

（4）关于"农村宅基地退出制度完善"方面的研究，已有研究主要从完善政府和市场职能角度探讨农村宅基地退出机制的改进，但从家庭发展能力、家庭城镇化和家庭生态角度探讨农村宅基地退出机制完善的文献研究还尚付阙如。

综合上述文献分析，家庭因素与农村宅基地退出机制的关系问题尚存在研究余地和空间，本书研究的切入点是以"家庭发展"为导向探讨农村宅基地退出机制改进，以期在充分保障农户权益的基础上推动我国农村宅基地合理有序地退出。

三、学术意义和应用价值

（一）学术意义

本书把家庭作为研究的基本单元，研究领域涉及土地利用、家庭发展和新型城镇化等内容，属于多学科交叉研究，在一定程度上促进了农村经济学、家庭经济学和生态经济学等边缘经济学科与土地科学的交流与融合，拓展了应用经济学的研究空间和范畴，从而把家庭发展与农户宅基地退出关系问题的研究引向深入。

（二）应用价值

农村宅基地退出制度的实施离不开农户家庭层面的整体参与。以家庭发展为导向通盘考虑农村宅基地退出机制的完善，厘清家庭因素与农户宅基地退出的关系，以家庭为决策单元推动农村宅基地退出路径转变，在实践上可为管理部门改善农村宅基地管理、节约集约用地、统筹城乡发展提供决策参考，对指导农户有序合理地退出宅基地具有实践意义。

第二节　研　究　内　容

一、研究对象

在前人研究的基础上，结合实践需求，本书聚焦于农户闲置宅基地，具体研究对象设定为：

（1）家庭因素与农户宅基地退出的互动影响关系。探讨家庭因素对农户宅基地退出意愿和受偿价格的影响以及宅基地退出后对农户家庭福利状况的影响。

（2）在遵循自愿且补偿资源一定的约束条件下，以家庭发展为导向，探讨农户宅基地退出机制改革的路径与政策响应。

二、研究框架

依据研究对象确定研究框架，主要研究内容布局如下。

（1）影响农户宅基地退出意愿的家庭因素分析。在理论分析的基础上，整合家庭结构（family structure）、家庭禀赋（family endowment）、家庭生命周期（family life-cycle）、家庭功能（family function）等多种因素，构建"F-self"家庭多因素分析框架，并在此框架内，运用数理统计方法对不同假说进行验证，即家庭禀赋、家庭结构、家庭功能、家庭生命周期等家庭因素对农户宅基地退出意愿是否有显著影响？是否存在倒U形曲线关系？

（2）影响农户宅基地退出受偿水平的家庭因素分析。第一，测算农户对宅基地退出补偿意愿的受偿水平，以期从家庭单元视角设定合理的宅基地退出补偿价格。第二，基于补偿意愿的受偿价格，进一步检验家庭禀赋、家庭结构、家庭功能、家庭生命周期如何影响农户宅基地退出的受偿意愿？

（3）农户宅基地退出对家庭福利状况的影响研究。宅基地退出的实质是家庭资产的重新配置，追求的是家庭福利最大化。宅基地退出后农户家庭期望得到什么，又获得了什么？是否实现了预期家庭福利最大化的目标？选择"家庭福利"为切入点，以宅基地退出户为调查对象，实证检验宅基地退出后的家庭福利变化。

（4）基于家庭层面农户宅基地退出机制完善的路径探寻。基于家庭因素对农户宅基地退出的影响认知，把家庭作为一个有机整体，探讨完善农村宅基地退出制度的实现路径：第一，微观视角下家庭发展能力与宅基地退出的关系，探讨农户宅基地退出过程中家庭发展能力的构建；第二，群落视角下家庭生态系统与宅基地退出的关系，探讨农户宅基地退出过程中家庭生态系统的优化；第三，宏观视角下城镇化家庭转向与宅基地退出的关系，探讨农户宅基地退出过程中家庭成员在"就业－居住－公共服务"三个维度的同步整合。

（5）家庭发展导向下的农户宅基地退出支持与支撑体系构建。制度改进过程其实是利益调整过程，宅基地制度的完善不能忽视各方利益博弈的考察，分析政府、集体、家庭（"三权分置"）在推动农村宅基地退出中的利益诉求、角色定位和职责划分，构建以家庭发展为中心的农村宅基地退出机制改进的支持与支撑体系。

依据本书研究的主要内容，本书主要分为九个部分，具体框架如图1－1所示。

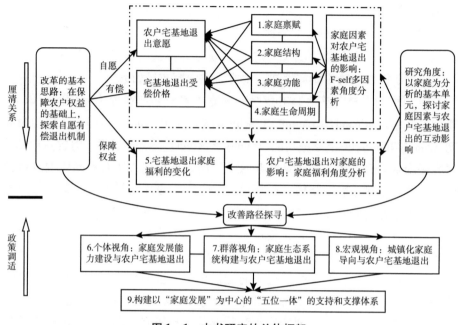

图1-1　本书研究的总体框架

三、研究重点与难点

（一）研究重点

本书研究主要包括：第一，基于理论假设和演化博弈论的基础上，重点探讨家庭结构、家庭功能、家庭生命周期对农户宅基地退出意愿、受偿价格的影响；第二，在农村宅基地退出机制改进的路径探寻中，重点是建立运用种群生态学和群落生态学理论与方法研究农户宅基地退出中家庭能力生成与家庭环境优化的分析框架。

（二）研究难点

本书研究难点主要体现在：第一，家庭多因素多维度的考察，尤其是家庭结构、家庭功能、家庭生命周期和家庭福利的维度划分和定量表达转换。第二，问卷设计与调查。本书研究的关键在于调研获取数据，对问卷质量设计要求高、需要扎实的实地调研、需要研究团队通力协作，防止出现数据失真影响研究结论的判断。

第三节　思　路　方　法

一、研究思路

本书采取"现实出发引出问题、理论入手提出假设、模型构建实证检验、归纳演绎提出政策"的研究思路，研究方法主要包括文献综合法、调查研究法、类比分析法、交叉移植法、数理分析法、演化博弈分析法等。总体研究思路如图 1-2 所示。

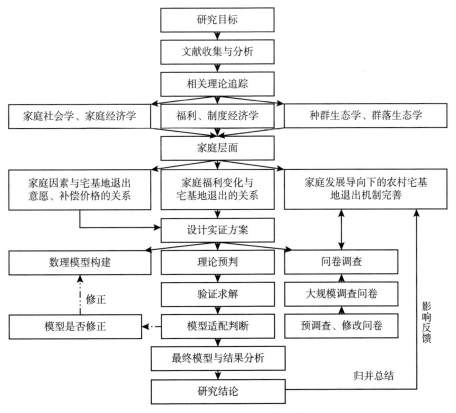

图 1-2　本书研究的总体思路

二、具体研究思路

本书研究的具体思路如图 1 - 3 所示。

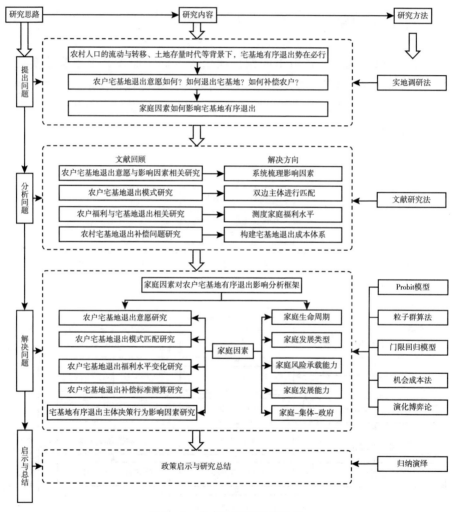

图 1 - 3　本书研究的具体思路

（一）实地调研法

选择我国中部地区与东部地区宅基地政策试点县的农村家庭为调查对象，区域选择一定程度上区分了宅基地与农户的自然经济社会特征。利用设计规范的访谈编码和提纲进行半结构化访谈，初步了解调研村庄。根据理论预判需要求解的问题，进行针对性的问卷设计，对调查的目标群体、调查方式、抽样方式等问题进行实证设计。

（二）文献研究法

在确定以家庭因素为研究切入点后，通过进一步对文献进行分析总结，理清该家庭因素与宅基地退出之间的发展脉络，有助于完善研究逻辑，激发创新思维。同时，其他研究主题的模型设定、变量设置等都是本书研究的有益参考。

（三）理论分析与实证研究相结合

在了解家庭生命周期理论、双边匹配理论和演化博弈理论等的基础上，引入家庭因素对农户宅基地退出意愿、农户宅基地退出模式匹配等方面进行分析。采用 Probit 模型、改进的离散粒子群算法等方法进行实证检验。体现了理论分析与实证研究相结合，使研究具有合理性和可行性。

第二章

农村宅基地相关概念界定与理论基础

第一节　宅基地退出的相关
概念界定

一、宅基地内涵及特点

（一）宅基地内涵

农村宅基地是指农民家庭或个人按照法律的规定用以建造住所而占有、利用的集体所有土地（陈小君、蒋省三，2010）。这里的住所指的是包含居住房屋、附属设施等的住宅。

（二）宅基地特点

1. 无偿性

农村集体经济组织成员可以无偿获得农村宅基地，农村集体经济组织有权将组织内部 10% ~ 15% 的土地分配给本组织内部成员用于宅基地、自留山或自留地。

2. 一户一宅

我国法律限定每户农村村民只能够占有一处宅基地。这里的"户"是指具有行政村常住户口并有资格享受集体资产分配的农村集体经济组织成员的家庭。

3. 房地一体

农村宅基地确权采取"房地一体"的原则，即宅基地及其地上建筑物、构筑物会统一颁发不动产登记书，以赋予农户相关的财产权。

二、"三权分置"下宅基地功能转变

我国农村土地管理注重把握农民与土地的关系，而农民与土地的关系则由土地在农户生产生活中所发挥的功能来承载。农村宅基地管理大体采取"三权分置"的管理思路，主要在政府的制度供给和主导之下，农户享有宅基地的使用权和资格权，农村集体经济组织拥有宅基地所有权，并参与经营农村集体财产，监督和管理农户对宅基地的使用。

从产权的角度看。我国宅基地管理经历了由"两权分离"到"三权分置"的演化过程，且宅基地所发挥的功能也随宅基地权利的分离发生了一定的变化（如图2-1所示）：使用权渐渐分离为资格权和使用权，分别承载着社会保障的功能和财产性功能。"三权分置"下宅基地功能可进一步解释为生产功能、社会保障功能、心理功能和资产功能（刘鑫、董继刚，2018）。

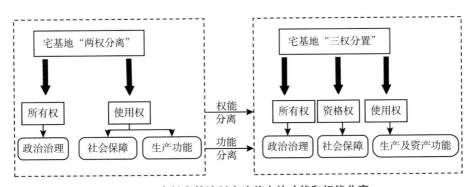

图2-1 农村宅基地制度改革中的功能和权能分离

1. 生产功能

生产功能指的是宅基地对农业生产的帮辅作用。对只进行农业生产的纯农户来说，宅基地是农业生产的辅助房。对于兼业的农户而言，宅基地则是经营性用房。

2. 社会保障功能

为保障农民实现住有所居，我国法律和制度上都限制了农村的宅基地作为商品进行交易，但事实上，我国农村的相关社会保障体系并不完善，农户收入普遍不高，在抵御生活风险上能力不够。故宅基地的社会保障功能在当前社会条件下仍有非常重要的作用。

3. 心理功能

有农户受祖业观影响，农村宅基地是继承的重要财产之一，具有家族象征意义，农户对宅基地可能有强烈的家族观念和心理依赖感。

4. 资产功能

资产功能是指宅基地使用权人通过出售、出租宅基地等渠道获得利益，并以此参与市场资源的再配置，继续发挥宅基地的功能效用，是提高经济效率功能，社会转型、城市化不断加深的产物。

三、"三权分置"下的宅基地使用制度

按照"三权分置"的宅基地管理理念，宅基地的权利束可分解为宅基地的资格权、所有权和使用权。

（一）宅基地的所有权、资格权

宅基地的所有权包括占有、使用、收益、处分的权利，"三权分置"下所有权逐渐分离出使用权归农村集体经济组织的农户所有，所有权仍归农村集体经济组织所有。因此，宅基地的所有权在权能本质上归农户所有。

宅基地的资格权可理解为为享有一定权利而具备的一些前提条件。即农户拥有农村集体经济组织成员身份就有依法申请宅基地使用权的权利（刘鑫、董继刚，2018）。

（二）宅基地的使用权

一方面，宅基地的使用权是宅基地产权结构的重要成分，表明经济活动中宅基地如何使用以获得收益、如何受损以及相互之间如何补偿；另一方面，

宅基地使用权是其所有权基础上分化出的一种用益物权（徐忠国、卓跃飞和吴次芳，2018），经由初始的分配和使用权的衍生获得，前者要有农村集体经济组织成员的身份，后者要通过地上屋的继承和赠予或出租活动取得。

（三）宅基地使用权的流转

为保证农村集体的利益，在符合当前法律规定的前提下，宅基地的使用权只能在本集体内部流转，但受让方在本村不能拥有其他宅基地，以避免财务纠纷问题。此外，在一些宅基地试点地区，宅基地的使用权也有尝试转给拥有农业户口的非集体经济组织成员的现象，但这种做法的具体成效还有待观察。现阶段，我国宅基地管理采用"房地一体"的管理思路，故宅基地使用权的流转将会伴随着地上房屋的转让，为赋予农户更多的财产权，宅基地"三权分置"改革提出要逐步探索农民住宅住房财产权的抵押，从试点实践来看，主要有以下几种（林依标，2018）：

1. 直接抵押的融资模式

直接抵押的融资模式的法律关系只在抵押人和抵押权人之间产生。

2. 反担保和担保结合的模式

反担保和担保结合的模式由担保公司作为第三方，为抵押人抵押农房提供一定限度的担保。担保公司有权在贷款出现风险时向抵押权人代偿抵押人的债务，并有权处置农房。这种模式降低了交易成本，方便农户交流。

3. 农户间共同担保的模式

农户间共同担保的模式，一般是经由农村合作社中的社员互相保证进行贷款，但往往需由多个保证人承担连带责任。

4. 批量授信模式

批量授信模式一般要由银行对村委会授信签约，并对拥有不动产权证书的农民进行批量授信。这种情形下的农户农房不需要评估公司评估宅基地的价值，可由借贷双方自行确定房产价值，经审批后作抵押登记。

四、"三权分置"下宅基地有偿退出

（一）宅基地的退出方式及程序

目前，农民宅基地的退出方式主要有：第一，经由村庄的规划设计和基

础设施改造达到村庄整治的目的，统一村民宅基地的使用标准，汇总退出的
超标使用或闲置的宅基地再利用，改造原有宅基地，但这种方式投入成本大。
第二，由地方政府引导宅基地退出，通过城中村治理或宅基地换房，引导农
民放弃原宅基地成为城镇居民，但这种方式的补偿成本较高，需辅以完善的
社会保障措施（如图 2 - 2 所示）。

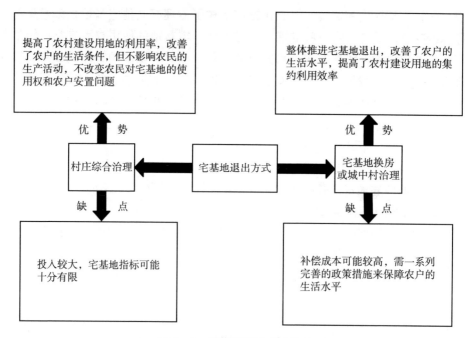

图 2 - 2　宅基地退出方式比较

从宅基地制度改革试点实践来看，我国宅基地退出程序主要按照"明确
退出主体—退出审批—退出后消灭登记"的顺序进行（戚航，2018）。

（二）宅基地退出补偿

我国农村宅基地有偿退出的补偿方式主要有建设性补偿、货币补偿以及
实物补偿。其中的建设性补偿是指在完善乡村规划和基础设施的前提下重新
建设新社区，作为农户因宅基地退出要承受的财产损失的补偿；实物补偿是
指为农民重新分配住房或安置房。现实中，也有三种方式结合使用的情形。

有关补偿标准的测算方式也有很多种。其中，基于农户宅基地所能体现的功能效用，主要从住房保障价值、经济价值、期望价值等角度进行计算：

1. 基于宅基地的直接经济价值

有研究者认为宅基地退出后应进入市场化运作，因此，要更侧重宅基地的直接市场价值。

2. 基于宅基地的功能效用视角

有研究者认为宅基地不仅有社会保障的功能和生产的功能，更有可能因为消费偏好、市场变化而产生长远的"期权"价值。因此，应以一种发展的眼光看待宅基地的补偿，借鉴机会成本、福利经济学、土地发展权等理论测算补偿标准。

3. 基于宅基地功能转变视角

这种观点从宅基地当前价值出发，纵观宅基地的全寿命周期，当宅基地的功能发生变化时，审视对应宅基地的价值变化，并以此作为补偿标准的设计基础。

4. 基于宅基地价值的来源

这种观点认为"失去什么，就补偿什么"，从宅基地价值产生的源头出发，综合考量宅基地价值组成及影响价值的内外部因素，在国家政策制度的背景下测算补偿标准。

目前，理论上并无统一的宅基地补偿标准，对其价值的测算大多依托于试点实践，适应不同的补偿方式进行具体设置。

（三）宅基地退出增值收益分配

"三权分置"下宅基地退出的权利主体主要涉及宅基地的权利变化主体和权利所有主体。但围绕地方政府是否参与宅基地退出后利益分配的问题学者们都有不同的意见。有学者认为地方政府应以服务者的角色参与宅基地退出，不应享有宅基地退出的收益，这也是本书研究理论模型的前提。但从宅基地的收益结构和地方政府的决策行为角度上来看，地方政府本质上拥有宅基地退出后产生的土地增值剩余部分的权利，例如，乡村风貌改变、城乡发展协调等。另外，宅基地退出产生的增值收益来源有以下几个：

1. 外部环境的影响

由于城市建设用地供给不足，对农村建设用地产生的需求造成宅基地的自然增值。

2. 用途变化的影响

宅基地退出后可能直接进行指标流转用于生产经营，或通过复垦等方式转变用途，由用途转变引起宅基地的价值增加。

3. 土地投资增加价值

宅基地退出后通过复垦整理或改良，增加技术、资金、劳动力等生产资料的投入，从而提高了土地的生产率和生态功能，产生超额利润。

第二节　家庭发展的相关概念界定

一、家庭福利水平

家庭作为人类社会的基本单位，是社会成员最重要的福利资源（Amirtha and Sivakumar，2018），其基本作用是其他社会保障制度不可替代的。从每个家庭的角度来看，家庭成员共同生活、生产和消费，分工明确。由于同一家庭的成员福利状况存在巨大差异，若仅对个人福利状况单独研究可能会影响研究结果（华红琴，2015）。家庭福利与个人福利密切相关，但是也不能将个人福利作为家庭福利的代表，而家庭福利的测度是个人福利测度的衍生。特别是对农村来说，家庭通常是生产决策的基本单元。因此，本书将以农村家庭福利作为研究对象，研究宅基地退出与家庭福利水平变化的关系。

二、家庭发展能力

中国是家庭本位的国家，家庭往往是最基本的决策单元，特别是在实施计划生育政策之后，中国家庭由原来的大家庭逐渐变成核心的三口之家。在此趋势下，农户个体发展和家庭整体发展之间的联系越发密切，家庭发展能力受到越来越多的挑战。农户不能脱离家庭生存和发展，农户发展需要整个家庭发展能力的支撑。对于家庭发展能力如何进行定义，许多学者根据家庭发展理论对家庭发展能力进行定义。吴帆和李建民（2012）主要从支持、经济、学习、社会交往与风险应对等六个方面对家庭发展能力进行分析。李永萍（2019）基于家庭策略、家庭禀赋探讨了家庭发展能力的有效基础。基于以上学者的分析，家庭发展能力受到各种类型资源加总组合的影响，但是家庭发展能力不仅受到这些基础变量的影响，而且还与家庭发展目标相关。因此，本书认为若要尽可能全面地衡量家庭发展能力的内涵，不仅要考虑影响家庭发展能力的基础资源变量，还需要考虑家庭功能以及家庭发展的需求。

三、家庭生命周期

生命周期从狭义的概念上看只是一个简单的生命科学术语，其代表的含义是从出生到死亡的整个自然生命过程（徐小言，2018）。众多学者将其本义进行跨学科交叉和拓展，广泛运用于自然界和人类社会各种客观事物的阶段性变化及其规律。家庭是社会的基本单元，因此家庭生命周期便是从单一的个体发展成群体的生命周期演变而来。家庭生命周期是由美国人类学家格利克（Glick，1947）最早提出，他认为家庭生命周期是一个家庭从初创、发展直至消亡的全过程，具体分为单身、新婚、满巢、空巢、退休和鳏寡等六个阶段，后续的学者在格利克家庭生命周期划分的研究基础上不断进行修正和完善（Wagner and Hanna，1983；Amirtha and Sivakumar，2018）。由于中国乡村人口数量仍然占到比较大的比重，而且农村家庭观念较为浓厚，其存在的社会问题也较多，因此家庭生命周期被广泛应用于农村问题的研究上。彭继权、吴海涛和孟权（2018）探究了家庭生命周期与农户生计策略的影响关系。褚培新、杨子和饶芳萍（2017）研究了家庭生命周期与土地规模经营之间的影响关系。林善浪、叶炜和梁琳（2018）从家庭生命周期的不同阶段分析了农户的农地流转意愿。

恰亚诺夫（1996）最早提出家庭农场的经营状况主要随家庭生命周期性发展而起落。同时，奥尔森（Olson，1971）认为集体行动理论强调的是集体合作的效用在现代生活和工作中能产生较大的影响。中国是家庭本位的国家，由于农村地理分布的特征，容易形成小规模的团体，因此农户决策时通常是从家庭目前的状态特征出发（林丽梅等，2018）。由于不同阶段的家庭生命周期其农户的家庭禀赋、家庭结构、家庭消费偏好等家庭状态特征在家庭生命周期内均会发生变化并形成不同的阶段，而这种变化会影响到农户是否退出宅基地的决策。基于此，本书从家庭发展动态变化的角度，借鉴相关家庭生命周期划分标准，探讨家庭生命周期对农户宅基地退出意愿的影响。

第三节 相关理论基础

一、双边匹配理论

虽然宅基地退出是现行体制下解决农村土地配置率低下问题的最优途径，并且根据国务院关于宅基地制度改革试点及各地总结报告可知，部分地区已取得较好的退出成效，但是各地区在实际执行宅基地退出政策中仍然存在许多问题，例如，购房补贴、货币补偿模式难以契合农村家庭长远发展的需求，以地养老模式存在权属不完整、不符合农户切实需求等问题。这些问题可能的原因是宅基地退出模式差异性大（黄健元、梁皓，2017），不同类型的农户和不同地区的经济水平对宅基地退出模式有不同的要求。因此，不能忽视农户的切实需求和社会经济水平实施宅基地退出模式，应通盘考虑宅基地退出模式与退出主体之间的供需关系。已有学者注意到农户意愿、农户类型及地区水平与宅基地退出模式和补偿的关系。龚宏龄和林铭海（2019）从农户意愿角度出发，考察其对于各种补偿方式的选择偏好程度。黄琦、王宏志和徐新良（2018）探讨了宅基地退出外部环境与农户退出行为之间的关系。以上学者的研究均有涉及农户意愿及社会外部条件的异质性对宅基地退出补偿及政策有不同的偏好，但是并没有系统地研究宅基地退出模式与农户之间的供需匹配关系。同时，本书在调研时发现：一定数量的农户对当地政府所制定的宅基地退出模式并不是很满意，并且，当地政府设定的宅基地退出模式同样存在不适合所有农户的发展现状，这些情况可能会降低农户退出宅基地的意愿，阻碍当地宅基地有序退出的进程。

因此，基于以上分析，本书认为农村家庭选择宅基地退出模式是一个双边匹配决策问题。双边匹配决策是通过双方的相互评价，以双方主体满意度最大化为目标来实现最优匹配过程的（乐琦、樊治平，2015）。许多学者在多个方面展开双边匹配问题研究，例如，从竞争与协同效应研究制造任务的匹配问题（任磊、任明仑，2018），从机会主义和不确定性研究服务匹配问题（赵金辉、王学慧，2016）。然而，针对本书所研究宅基地退出模式双边匹配的特点，其农户意愿、行为决策等往往受到家庭禀赋、家庭功能等方面的影响，通盘考虑农村家庭禀赋的异质性，尽可能全面地分析农村家庭的实际需求，结合当地经济水平，将更能获得符合实际情形、满足农户需求的稳定匹配结果。

二、福利经济学理论

目前，学者对于宅基地与农户福利问题的研究主要有四个角度：一是从农户分化的角度定量分析农户对宅基地福利的认同程度（张梦琳、舒帮荣，2017）；二是以微观福利为视角探讨影响农户宅基地流转意愿的主要因素（王丹秋等，2015）；三是对比宅基地政策实施前后农户福利水平的变化（姚树荣、熊雪锋，2018）；四是从不同宅基地处置模式的特点，通过可行能力理论或福利分配理论测度农户福利水平变化的差异性（于伟、刘本城和宋金平，2016）。除此之外，杨丽霞等（2018）研究发现近郊和远郊的农户退出宅基地之后，其福利水平均有显著提升，远郊村的福利指数提升幅度较大为0.1849。是什么原因导致了对于不同类型的农户，其宅基地退出对家庭福利水平的拉动作用存在显著差异呢？国内已有少部分学者注意到这种情况，但大多都试图从个体特征、家庭基本特征、风险认知等进行解释。然而，在这些因素当中，农村家庭的抵御风险能力是一个不容忽视的重要变量。因为农村家庭退出宅基地获得相应补偿的同时，也给农村家庭带来了无法预测的风险，而且农村家庭风险承载能力与宅基地退出偏好存在一定的关系（朱新华、陆思璇，2018）。农户宅基地退出、风险承载能力与家庭福利水平三者之间到底具有怎样的相互关系？农村家庭的风险承载能力是否就是影响农户宅基地退出对家庭福利水平变化产生差异的关键呢？

因此，本书将从理论上阐释农户宅基地退出、家庭风险承载能力对家庭福利水平的影响，然后基于 CFPS 数据，对家庭风险承载能力与农村家庭福利水平进行测量，构建面板门限回归模型，实证检验农村家庭的风险承载能力对宅基地退出与家庭福利水平的影响。研究目的就是检验农户宅基地退出对家庭福利水平的影响是否会因风险承载能力而发生结构性变化，以及不同类型的农村家庭，其农户宅基地退出对家庭福利水平的影响是否会因各自风险承载能力的不同而产生差异。

三、产权理论

土地产权是有关土地财产的一切权利总和，包括土地所有权、使用权、抵押权等多项权利。依据西方产权理论，土地产权制度决定了社会生产力，明晰的产权是市场交易的基础性条件，也是资源是否得到高效利用和优化配置的重要前提。合理的土地产权制度能够起到一定的激励和约束作用，对降低市场交易成本，实现土地增值收益的公平分配有重要意义。

"三权分置"下农村宅基地制度改革是为适应城乡一体化发展而制定的重要举措，而宅基地有偿退出是体现这一举措的重要方面。随着宅基地管理制度的发展，我国农村宅基地管理制度也渐渐丰富为"集体所有，成员使用；一户一宅，限定面积；无偿分配，限定流转，长期未利用收回"的内容，农村宅基地制度的改革是一场利益诱致性的制度变迁。对于完善宅基地产权关系体系有重要意义。

四、博弈理论

博弈论是研究具有利益关系的决策主体的行为选择及行为之间的相互作用或达到利益均衡问题的理论，广泛应用于微观经济学、社会学、心理学等许多领域。博弈分析是为了实现相关利益主体的决策均衡和各主体利益最大化的方法论，其基本要素有参与主体、行为及行为结果、信息、战略、支付函数和均衡状态。非合作博弈按照信息是否充分和决策的动态性又可分为完全信息和不完全信息的静态博弈、完全信息和不完全信息的动态博弈（徐四桂，2018）。演化博弈作为演化理论和博弈理论融合的结果，强调博弈均衡的动态调整过程，克服了传统博弈理论中"理性经济人"的严格假设的弊端，是博弈论进一步发展的产物。

"三权分置"下农户宅基地有序退出主体主要涉及农村集体经济组织、组织内农民以及地方政府。其中，农村集体经济组织享有宅基地所有权，并协助农户行使其宅基地使用权，组织内农户享有宅基地资格权和使用权，地方政府是制度创新的主体，进行制度设计和对其他主体行为的监管活动。宅基地退出后倘若经由复垦进行流转还可能涉及家庭农场、农民合作社、农民企业等新型农业经营主体的孕育。考虑到农户宅基地有偿退出过程复杂，多方利益交叉，而演化博弈在探索制度演化、形成和创新上有很好的优势，克服了传统博弈理论中假设博弈方理性经济人，不能根据信息变化做出最佳反应的弊端，故建立农村集体经济组织、农户和地方政府的多主体演化博弈模型进行研究。

五、土地发展权理论

土地发展权是经由土地所有权和使用权衍生出的"期权"。是英美等西方国家为适应城市发展和土地用途管制、平衡产权利益和土地增值收益分配而建立的一种土地制度。例如，法国早期颁布的《改革土地政策的法律》，提出土地发展权中超过建设容积率限度的部分归属于国家，限度指标范围内的土地发展权可赋予开发者自由支配（徐忠国、卓跃飞和吴次芳，2018）。我国最早是在 1992 年编制的《各国土地制度研究》中第一次提出土地发展权的概念，但法律上对此还没有很严格而清晰的认定。从当前宅基地管理的制度体系上看，我国的土地发展权应属于国家所有。

在乡村振兴战略的背景下，宅基地退出涉及的农民利益问题即是补偿问题，当前的宅基地补偿标准的测算中已关注了土地发展权的问题，从土地发展权的角度考量宅基地有偿有序退出的农户补偿，可以缓解利益相关者间的利益冲突和产权纠纷等层面的问题，并严格限制土地利用方向，既维护了利益相关者产权的稳定性，又实现了农村资源的优化配置。

|第三章|
我国农村宅基地管理制度变迁、现状及存在的问题

第一节　基于"两权"到"三权"转变的农村宅基地管理制度变迁

我国农村宅基地的管理主要经历了由"两权分离"到"三权分置"的制度演变。本书分析了改革开放以来有关宅基地管理的重要政策文本，经由相关政策的演进阐述宅基地管理制度的演化。根据政策文本发布的时间及相关表述，可按照时间轴将其划分为三个阶段（如图 3 – 1 所示）。第一阶段为 1978 ~ 1982 年，是宅基地制度改革的萌芽阶段。第二阶段是 1983 ~ 2013 年，是宅基地"两权分离"的制度改革阶段，第三阶段是 2014 年至今，是宅基地"三权分置"的制度改革阶段。

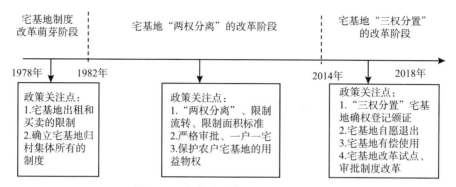

图3-1 宅基地政策演进阶段的划分

第一阶段，宅基地制度改革萌芽阶段（1978～1982年）。这一阶段的宅基地制度改革处于萌芽时期，主要明确了宅基地所有权的归属，相关法律政策法规的颁布达到了巩固社会主义公有制的目的，虽然对宅基地的买卖有严格的限制，但法律上还是允许农村房屋和宅基地一体做出转让。

第二阶段，宅基地"两权分离"的改革阶段（1982～2014年）。这一阶段的宅基地制度改革总体呈现"两权分离"的管理制度，除巩固村集体所有权地位外，对农民的宅基地使用权以及宅基地用益物权的保护也有作具体说明。相比之前较为模糊的法律规制，这一阶段的政策法规相对具体。特别对宅基地"一户一宅、面积法定、流转限时以及审批制度"有了更多明确的表述，对城镇居民购买农户宅基地明令禁止并在这一时期的文本中有多次强调。说明这一阶段的改革加强了对农村宅基地管理的规范。

第三阶段，宅基地"三权分置"的改革阶段（2014年至今）。这一阶段突出宅基地管理的"三权分置"，注重宅基地退出中权利产生的变化、社会保障机制的逐渐完善。特别是2018年中央一号文件把农村宅基地的"两权"特别诠释为"三权"，正式确立了宅基地"三权分置"的管理思路，有关审批制度下放、抵押转让制度规范以及增加农民财产性权利的内容也逐渐丰富。根据2019年及以后的中央一号文件的内容，可以看出新一轮的宅基地制度改革除继续完善宅基地的产权制度外，将渐渐丰富宅基地改革试点内容，完善相应的制度设计和政策法规。当前的宅基地制度改革依托乡村振兴战略的宏观背景，旨在面对当前制度缺陷，为城乡融合和推动乡村现代化建设助力。

为引导农户自愿有序退出宅基地，我国政府出台了一系列与宅基地退出相关的政策。《中华人民共和国土地管理法（2019 年修正）》中提出，允许进城落户的村民依法自愿退出农村宅基地，鼓励农村集体经济组织探索盘活利用闲置宅基地的有效方式。《中共中央 国务院关于坚持农业农村优先发展做好"三农"工作的若干意见》（2019 年）也明确指出，平稳推进宅基地制度改革是探寻盘活农村土地方法和统筹城乡建设的基本依据。在高质量推进乡村振兴的关键时期，重新审视和评价现有宅基地退出政策对有效盘活农村宅基地资源具有重要的现实意义。

1984 年，美国公共政策学家约翰·金登（John W. Kingdon）基于组织行为的"垃圾桶模型"提出多源流理论。该理论认为，"一个项目被提上议程是由于在特定时刻汇合在一起的多种因素共同作用的结果，而并非它们中的一种或另一种因素单独作用的结果"。这种共同作用是由问题源流（problem stream）、政策源流（policy stream）和政治源流（political stream）三者的连接与交汇共同推动政策之窗的开启。政策之窗开启后，政策议题被政策主体关注，最终形成政策决策。多源流理论不仅可以解释政策主体决策的内在机理，也为政策制定和实施提供一种分析范式。我国农村宅基地退出作为土地制度改革的重要内容，宅基地政策的制定和实施也是问题源流、政策源流和政治源流共同作用的结果，符合多源流理论逻辑。

（1）问题源流：焦点问题催化政策行动。问题源流由社会问题积累而成，包括重大事件或危机事件、项目运作的反馈信息和监控指标数据的变化，决策者关注到这些突出的社会问题后继而催化政策行动。近年来，围绕宅基地退出频发恶性事件，例如，2009 年山东某地大规模农户被迫退出宅基地、2017 年江西某地发生强拆空心房致死、2023 年山西某地发生的因宅基地纠纷导致死亡等悲剧事件，这些事件暴露了农村宅基地纠纷背后深层次的制度问题。社会环境中各种焦点问题累积后形成问题源流，催化了宅基地退出新政策的制定或现有政策的调整。

（2）政策源流：法治依据的需求。政策源流是由政策孕育、讨论、征求意见、受到关注和再设计的过程，这个过程是由政府部门、专家和研究人员等组成的政策共同体中产生。为推进农村宅基地制度改革，各地纷纷以试点的形式推进政策的改变，形成了具有鲜明地域特征的苏南模式、天津模式、浙江模式以及北京模式等。政府部门、农户、农村集体等各方利益相关者之间的研究讨论和实践探索推动了宅基地退出政策方案的产生。政府行为决定了政策的发布级别，政策共同体决定了政策导向，方案意见影响政策级别和政策时效。因此，政策源流层面涉及政策时效、政策级别、功能导向等。

（3）政治源流：民众意愿与政治环境共同影响。政治源流中民众意愿和政治环境两个重要因素影响议程的产生。民众意愿代表的国民情绪，反映了民众较为普遍的利益诉求。民众意愿的认知了解既可以成为政策议程设立的推动因素，也可能成为阻碍因素。宅基地管理制度的改革、宅基地"三权分置"的实现形式、乡村振兴战略等政治环境，催生了宅基地退出政策出台的政治环境。决策者选择政策参与对象和政策工具时，以自愿有序退出宅基地为出发点，以最大限度满足民众合理诉求为落脚点，给予相应激励措施和保障，尽可能使宅基地退出政策规范。

（4）政策之窗的开启。问题源流、政策源流、政治源流三种"溪流"单独运行，但经政治环境、外部事件等力量的推动，在关键时间点三种"源流"耦合，最终带来政策之窗的开启。例如，2017 年 10 月中央提出实施乡村振兴战略，在这一战略的指引下，我国农村宅基地退出政策又在顶层设计上对目标和路线进行了调整。国家出台的相关政策的外溢效应也发挥了推动作用，例如，《中共中央 国务院关于坚持农业农村优先发展做好"三农"工作的若干意见》《农村人居环境整治三年行动方案》《深化党和国家机构改革方案》等国家政策进一步明确了引导农户退出宅基地的作用、主体和方式。因此，在问题源流、政策源流和政治源流的共同作用下，我国农村宅基地的退出机制、退出模式、退出补偿、退出后的权益保障以及宅基地再利用方式、模式、途径等逐步健全完善。

通过梳理改革开放以来有关宅基地管理的政策文本体现政策意图，可以呈现我国宅基地管理制度的演化过程，主要可以分为两个阶段，即宅基地的"两权分离"和"三权分置"的制度改革阶段。

根据制度变迁理论，制度变迁是以利益诱致为始，以外部利益内部化为终（陆红生，2007），即当客观条件变化时，会产生外部利润，但这种外部利润体现在现有的制度改革上。改革开放以后，宅基地的社会主义公有制得到进一步的确立、巩固。随着城镇化的推进，农村人口规模迅速扩大，产生了建房需求，出现了大量的农村建房现象。为规范农村建设用地的使用制度，减少滥用耕地建房的现象，农户使用权逐渐从所有权中分化出来，"两权分离"的宅基地管理制度得到确立，要求宅基地一户一宅、限定其面积和流转以及严格审批等制度机制也相应得到创新。

随着新型城镇化的不断推进，农村剩余劳动力不断向城市转移，农村社会结构也随之发生了巨大变化，女性化、老龄化等问题日渐突出，过去松散的宅基地管理制度严重抑制了乡村经济的发展，同时，由于资源禀赋、政府行为以及风俗习惯的差异，农村地区尤其是发达地区以及城乡接合部的宅基地功能因城市化的原因有了大幅度的攀升（徐四桂，2018），宅基地在农村的社会生活中所发挥的功能也在发生着巨大转变。相比"两权分离"时期，宅基地的社会保障功能、生产功能、资产功能渐渐消失。在此背景下，以"有偿"为探索方向的宅基地使用、退出制度逐渐成为减少农村宅基地闲置和超面积使用现象，弥补城市建设用地供给不足的重要方式，故而产生了"三权分置"的宅基地管理制度改革，新的制度充分体现了农村宅基地的财产性权益，宅基地的资格权也独立成权，使用权渐渐纯化成一种典型用益物权，在一定程度上重新调整了农民与土地的关系，使得"农民"也逐渐由一种身份转变为一种职业。此外，由此制度的不断规范和完善也带动了相关制度改革，农民获得了更多的财产性收入，推动了乡村经济的发展。

第二节 "三权分置"视角下我国农村宅基地退出现状总结

我国"三权分置"的宅基地管理思路来自浙江省义乌市试点，"三权分置"的宅基地制度体系，给予了农民更多的财产性权利。这种管理思路不断得到推广，成为我国宅基地改革的主要思路和方向。

一、"三权分置"下我国农村宅基地退出总体现状

当前，宅基地改革的主要任务是通过规范宅基地管理制度，完善宅基地退出后的保障和宅基地获得的方式，继续探索宅基地的有偿使用、有偿自愿退出。自 2015 年 3 月开展土地制度改革三项试点工作以来，宅基地制度改革试点县逐渐由 15 个扩大到 33 个，截至 2018 年 11 月底，33 个试点县已实施征地 1275 宗共 18 万亩，退出闲置、零星的宅基地约 14 万户共 8.4 万亩。

试点针对历史原因形成的宅基地超标和一户多宅的情况和继承占有宅基地等情况进行了改革，积极探索宅基地有偿使用，形成了包括农房活化、零星宅基地转型、宅基地综合整治等多种宅基地的利用方式。在宅基地自愿有偿退出和有偿使用方面，也进行了多种尝试，但实施时间较短，尚未形成可复制的、可推广的制度经验。

通过解决历史遗留问题，我国"三权分置"的宅基地管理方向基本确定，保障了农民的土地权益，在满足农民多样化需求方面做出了诸多努力。并对农房抵押、宅基地流转和实现宅基地有序退出方面进行了一定程度的制度设计，增加了农民的财产性收入。

二、宅基地管理试点实践举例

通过收集 33 个试点的宅基地管理数据，对其中的典型做法进行分析。以下各试点基本按照"三权分置"的管理思路，因地制宜地探索适合本地区的宅基地管理制度体系，均取得了不少成果。

浙江省义乌市积极探索"三权分置"的宅基地管理制度体系，积极促进宅基地价值的增值，并在 2017 年上半年进行了"集地券"改革，通过宅基地的跨村安置，将零散的、废弃的宅基地进行复垦以盘活城市建设用地的存量，提高了农村土地的利用效率。截至 2018 年 8 月，已有超过 3000 户农户退出了宅基地，农户贷款金额已超过 33 亿元，占全国试点金额的 1/3 以上。

福建省晋江市在"三权分置"的探索中，注重发挥村集体在村庄规划中的主导作用，村级"两规合一"，以户为单位，限定每户农户 150 平方米的宅基地使用面积标准，注重保护农民的住房需求，在适度放活宅基地的使用权上，推动宅基地抵押贷款从独立授信向批量授信转化，带动了很多农户增收，截至 2018 年 8 月，已有超过 15300 宗共 5600 亩闲置的宅基地和农户房屋的使用权参与了流转。

四川省泸县立足于农村社会结构发生剧烈变化的现状，探索宅基地的有偿使用、有偿退出。以人为单位，根据每户人口的变化动态调整宅基地的使用，以保障村集体组织成员住有所居的基本要求。此外，为顺应城乡一体化发展，在一定程度上增加了非农人口比例，试点的农村集体经济组织获得的平均收入超过 100 万元，非农收入占比达到 70% 以上，充分发挥了宅基地的资产性功能。

江西省余江县为促进农村产业融合，积极发展乡村旅游、休闲农业等多种形式的农村产业，通过严格审批制度、完善相应的保障制度，充分激发农户、农村集体经济组织的积极性、创造性，并在完善农村基础设施层面进行了诸多探索。到 2018 年 6 月，退出的宅基地超过 32000 宗共 4500 亩，并发放农民住房抵押贷款 1500 万元。

安徽省金寨县将宅基地制度改革与脱贫攻坚相结合，先对农户的住房条件进行改善，经由政策和制度创新，引导农户迁移到规划好的居民点或城市，并将农户退出的宅基地进行复垦，用来发展农业生产。特别地，实施 "1 + X" 的村庄布点规划①，并结合村级土地利用规划，将宅基地统一管理，提高了宅基地的利用效率。

重庆市大足区将 "三权分置" 的改革进一步深入，经由户籍制度改革，允许农户转户以后还允许持有承包地和农村宅基地。同时，对自愿放弃土地权利的农户设计了一种宅基地交易制度。此外，通过地票交易，对退出后的宅基地进行复垦，成为村集体拥有的耕地，或成为新增的建设用地进入地区交易所交易，实施宅基地复垦超过 350 宗共 200 亩，涉及补偿金额超过 850 万元。

海南省田心村采用村企联合，分散退出模式。田心村位于海口市南部，经济水平相对落后，村民居住环境较差，宅基地资源闲置和浪费情况严重。2009 年，由全村 32 户共 83 位村民与企业合作并以土地使用权等财产性权益参与入股成立 "海口田心乐生态农业专业合作社"。随着合作社越办越好，农民收入越来越高，在村民的推动下，田心村开启了农户自主推动当地宅基地的退出进程。

江西省大余县充分发挥 "智治" 在基层治理中的重要作用，研发建立了 "农村宅基地智慧管理" 和 "乡村治理智慧管理" 两大平台，实现四大功能，初步实现了宅基地数字化管理。

江苏省沛县以 "市场之手" 配置资源，建立 "三审五书" 产权交易机制，形成 "三优三保" 交易模式，促进产业融合，推广农民闲置宅基地作价入股、自建自营盘活利用，发展农文旅融合、农产品加工、公益性服务等项

---

① 每个行政村 1 个中心村庄、不超过 3 个保留自然村庄。

目。胡寨镇韩楼村采取有偿退出和长期租赁的方式有偿退出 42 户，长期租赁 28 户，整合建设用地 52 亩发展农文旅融合项目。

三、宅基地管理试点做法的分析及对比

通过查阅相关文献资料和新闻报道（徐四桂，2018），收集了我国 33 个宅基地制度改革试点的相关资料，并根据试点所处地区的人口流动及规模、经济发展水平、资源禀赋及产业结构等基本情况，将 33 个改革试点的改革方向分为四类：第一类是基本保障型、第二类是规范管理型、第三类是有偿退出型、第四类是市场主导型。具体分类如表 3-1 所示。

表 3-1   试点实践分类

试点改革方向	试点名称
基本保障型	青海湟源、黑龙江安达、西藏曲水、河南长垣、安徽金寨、甘肃陇西、山西泽州
规范管理型	江苏武进、广西北流、陕西高陵、北京大兴、浙江德清、福建晋江、河北定州、内蒙古和林格尔、辽宁海城、新疆伊宁、广东佛山南海、吉林长春九台
有偿退出型	海南文昌、安徽宣城、宁夏平罗、江西余江、西藏曲水、贵州湄潭、四川泸县、湖南浏阳
市场主导型	天津蓟县、浙江义乌、云南大理、上海松江、四川郫县、重庆大足

（1）基本保障型。这类试点的城镇化水平大多不高，经济发展水平较低，农业生产方式比较传统。改革的主要方向是保障农户"住有所居"，或结合脱贫攻坚开展宅基地管理制度改革工作，按照先加强政府管理基础，一段时间后再大范围推进宅基地制度的改革。

（2）规范管理型。这类试点地区的城镇化水平较高，辽宁海城、新疆伊宁还是国家城镇化试点县，经济发展水平相对高，人口密集，不乏资源消耗严重的城市。这类地区有规模很大的外来人口进出，城市郊区的租房和住房需求都比较大，宅基地隐性流转的违法现象也有不少。宅基地的改革方向主要是经由完善村级规划，积极开展宅基地的权属调查以及确权登记工作，规范农村宅基地管理，并探索与宅基地使用权合法流转相适应的支持支撑体系。

（3）有偿退出型。这类试点地区大多位于中部地区的农村腹地，主要从事传统的农业生产活动，人口流出量较大，因此宅基地的闲置现象较为普遍。宅基地制度改革的方向主要是寻找适合本地区的宅基地退出方式，或者将宅基地退出与农村的适度规模经营融合，培育新型的农村经营主体，促进农村现代化建设。

（4）市场主导型。这类试点的产业特征都十分明显，宅基地财产性功能突出。宅基地退出后通过发展休闲农业、乡村旅游等特色产业促进农民增收。这类试点地区大多依托于政府引导，积极投入到建立科学合理的宅基地流转市场中。

由图 3 - 2 可以看出，从数量上看，试点宅基地改革较多趋向于宅基地的规范管理，这表明当前宅基地制度改革更趋向于完善宅基地的管理制度、有偿使用制度，对于宅基地管理的相关体制机制的探索还有待深入。但以市场主导型和基本保障型为特征的宅基地改革占比较少。一方面，可能是由于试点地区经济发展水平较低的地区较少，或经过一段时间改革逐渐转为规范管理的改革方向。另一方面，可能对当前"三权分置"下的宅基地制度改革还不够深入，一些地区还未充分认识市场主导下宅基地制度改革的优越性和实现路径。

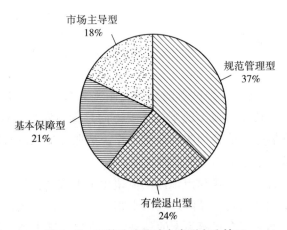

图 3 - 2　宅基地改革试点类型占比情况

从改革的具体措施上看，可将试点的主要改革方向进行划分，具体如表 3 - 2 所示，根据马克思主义经济学的分析框架，制度变迁始于劳动、技术、人口、人地关系与生产要素相对价格等外部条件的变化，这种变化会产生当前制度体系下无法转变为内部收益的外部利润，当这种外部利润内含的需求产生时，会产生改革制度的需求（陆红生，2007）。按照这种分析，我国农村宅基地制度在试点实践中的创新应源于试点区客观条件的变化，故按照客观条件变化的差异进行此分类。

表 3 - 2　　　　　　　　　　宅基地退出试点做法比较

外部条件	制度创新方向
村级规划、基础设施薄弱	村级规划体系建设、基础设施完善
宅基地分布零散	地票交易、宅基地复垦整理成耕地、转化入市
管理缺位	因地制宜的有偿使用、退出制度
产权制度缺失	确权登记制度、权属调查
宅基地资产功能突显	完善宅基地抵押及转让的制度以及农村金融体系建设
有农业产业化基础	产业融合、培育新型农业主体

从表 3 - 2 可以看出，试点地区的具体措施更趋向于规范宅基地管理的方向，对于完善农村基础设施和相关的金融财税制度方面也有一定探索，这表明引导宅基地有偿退出、完善宅基地流转市场可能成为今后宅基地改革的方向之一。但对于加强农业产业化发展、基本保障制度、与市场需求相结合的方向不多。说明立足于宅基地发展现状，重视显化宅基地的财产性收益，以促进乡村现代化建设的方向仍有待探索。

第三节　我国农村宅基地退出中存在的问题

以上分析可以看出，按照"三权分置"的管理思路，以"有偿"作为完善宅基地制度，健全相关体制机制的探索方向是我国宅基地制度改革的重要方面，通过本章的分析和总结，我国农户宅基地退出仍存在以下不足：

（1）农村发展条件不足。我国村级规划体系、基础设施的配置还不够完善，宅基地制度的改革方向主要是规范宅基地管理，宅基地退出的稳定性还不够。

（2）相关体制机制不完善。农民行使宅基地使用权的权益并未充分得到实现，尤其是与宅基地有关的管理制度和法律制度还很不完善，很多现实问题的解决缺乏一定的法理基础。

（3）从"三权分置"的角度对宅基地的探索和实践还不够。现有的试点改革实践还未全面覆盖"两探索两完善"①的试点改革要求，对于"三权分置"的探索和实践不够充分。

（4）宅基地有序退出的内生动力不足。试点地区的农户退出多在政府的主导下进行，农户及村集体在这个过程中缺乏应有的话语权，表现为宅基地退出的内生动力不足。农户及农村集体经济组织的积极性和创造性未得到充分发挥，地方政府面临地方财政压力和中央政府的行政监督压力，制度创新活力不够。

（5）我国现有宅基地退出管理实践中，偏重于实物或货币补偿，对宅基地退出过程中的"家庭发展"问题关注不够。中国是家庭本位的国家，现行的农村家庭的变迁和演化给"一户一宅"的宅基地制度带来了冲击。应进一步强化以农民家庭发展为主体的原则，加强对宅基地退出农户家庭工作的监督与管理，保障农村宅基地的"有序退出"和"有序承接"。

---

① 完善宅基地权益保障和取得方式、探索宅基地有偿使用制度、探索宅基地自愿有偿退出制度、完善宅基地管理制度。

第四章

农户对现行宅基地政策认知水平
测度及其影响因素

　　近年来，因农村宅基地纠纷引发的矛盾冲突性事件在各地时有发生。这些因宅基地纠纷引发的事件，其主要原因是农户对现行宅基地政策缺乏一定的认识。因此，提高农户对宅基地退出政策的认知水平是降低宅基地纠纷发生的概率，促进农村宅基地改革工作开展的重要途径之一。

　　目前国内学者围绕宅基地改革展开了一系列研究，例如，从宅基地"三权分置"制度（丁文、于水，2017）、农户宅基地退出意愿（蔡安宁、冯健，2018；张志会、李松和綦群高，2018）、农户退出宅基地行为响应等方面进行分析（黄贻芳、钟涨宝，2013；钱龙、钱文荣和陈方丽，2015；杨应杰，2014）。宅基地退出是宅基地改革的重要措施，农户意愿是影响这一重要措施能否有序推进的关键之一（张琳等，2018）。大部分文献从农户个人特征、家庭特征以及宅基地基本情况等角度出发，挖掘影响农户宅基地退出意愿的主要因素，有学者注意到农户宅基地退出意愿及响应行为可能受到农户对宅基地政策认知水平的影响

（吴云青等，2017）。因此，许多学者们对农户对宅基地政策的认知程度展开了进一步的分析。研究发现年龄、受教育程度、距离县城远近、家庭总收入对农户对宅基地政策的认知程度产生了较大影响，且对不同政策的认知程度有明显差异（刘芳等，2017）。综上所述，农户意愿是宅基地有序退出的前提，且受到多方面因素的影响，而农户认知水平是影响农户宅基地退出意愿的主要因素，但是在实证分析中对农户认知水平的测度方式较为粗略，大多以笼统地询问农户是否了解此政策来衡量其认知水平，而鲜有将宅基地政策予以系统地整理并进行划分。

基于此，本书将依据宅基地"申请—使用—管理—退出"的环节划分宅基地政策的类型，选取农地"两权"抵押政策试点县市邵武市为调查区域，通过随机抽样的方式选取农户进行问卷调查，利用受访农户对各个维度的认知水平进行打分，构建多元回归模型对调研数据进行分析，以此为基础进一步挖掘影响农户认知的主要因素，针对结论提出相关建议，以期推进农村宅基地有序退出的进程。

第一节　理论分析及研究设计

一、理论分析

认知是人对所接收的信息进行筛选，经过类似计算机处理信息的过程之后形成的内在的心理过程。尽管认知的概念源自于心理学领域，由于多学科交叉研究的发展趋势，认知这一概念现已广泛运用于行为经济学、制度经济学等领域。农户是"有限理性经济人"，农户与环境交互形成的认知一定程度上能够影响农户的生产决策行为。农业生产的主要参与者是农户，为明晰农户决策行为的影响机理，学者在研究农业经济领域引入农户认知这一元素，主要从不同角度对农户认知展开研究：一是产权认知，从产权认知对土地流转方面进行分析（吕晓、臧涛和张全景，2017；高佳、宋戈，2017）；二是技术认知，从技术认知对农业生产技术展开研究（陈永桃、陈英和马婷婷，2017；黄晓慧、王礼力和陆迁，2019）；三是环境认知，从环境认知角度对农户生产方式进行差异分析（徐涛等，2018；邝佛缘等，2018）；四是风险认知，从风险认知角度探析宅基地退出、土地流转等方面的影响程度（刘芳、李成友和张红丽，2017；郑晶、林慧琦，2018；程静、刘飞和陶建平，2018；安海燕、洪名勇，2016）；五是土地政策认知，通过调查农户对土地政策的认知水平，认为农户对土地政策的认知水平是影响农户土地决策行为，提高土地政策实施效率的关键要素（陈振、郭杰和欧名豪，2018；贺志武、胡伦和陆迁，2018）。已有学者关注到农户对于土地政策的认知水平是基于"认知—意愿—行为"这一流程影响农户土地决策和土地政策实施效率。因此为进一步明晰农户政策认知与土地政策实施进程的具体影响关系，学者从农户对土地政策认知角度出发对农户意愿（安海燕、洪名勇，2016；张慧琴、吕杰，2017；黄炎忠等，2018）、农户满意度（朱新华、王晗，2016；周小平、席炎龙和钟玲，2017；陈振等，2018）、农户行为等方面展开一系列的研究（付文凤等，2017；高名姿、张雷和陈东平，2017；陈秋分、李先德，2016）。尽管学者从各种角度对农户认知展开研究，但是上述研究都有一个共同的目的，即农户认知水平都与各类农业政策的实施效果有关，所以，定量分析农户认知水平是研究的核心。因此，本书立足于农村土地制度改革背景，为保障农业用地，盘活农村土地，定量分析农户对宅基地政策认知水平及明晰其影响因素，以期促进农村闲置宅基地有序退出和妥善管理。

二、研究思路

对于农户认知水平的定量测度，大都是利用问卷的形式对农户进行调查，由于农户认知的内容、角度存在一定的差异性，学者依据研究内容的特点从不同维度建立指标体系测量农户认知水平。马婧和罗剑朝（2018）根据计划行为理论将农户认知用行为态度、主观规范和控制认知来定量测度。孙伟艳和翟印礼（2016）认为农户农业补贴政策认知差异的复杂性决定农户农业补贴政策认知的多维性，从了解程度认知、关注程度认知、赞成程度认知、满意程度认知、发挥效果认知五大维度出发，测度农户农业补贴政策认知水平。安海燕和洪名勇（2016）认为土地抵押贷款是土地产权的运用，因此从对土地产权的认知和对抵押政策的认知两个方面设计题项。

　　大部分学者对政策进行枚举，依据李克特（Likert）量表设置若干个选项进行打分。但是由于本书研究的主体是农户对宅基地政策的认知水平，所涉及的方面较为繁杂，若笼统地罗列相关的政策，而忽视各个环节的政策对农户利益影响的差异性，难以测量出农户对宅基地政策真实的认知水平，因此本书将宅基地涉及的相关政策按照宅基地"申请—使用—管理—退出"分为四个维度，能够更好地明晰农户对宅基地的认知水平。

　　本书具体分析框架，如图 4 - 1 所示。

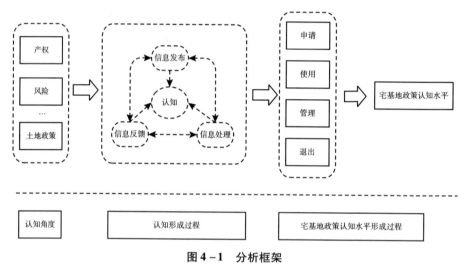

图 4 - 1　分析框架

第二节　样本及数据描述

　　本书采用问卷调查的方式，并通过半结构化访谈辅助分析数据结果。为确保问卷各题项的准确性和可答性，本书将宅基地政策按照"申请—使用—管理—退出"分为四个维度考察（如表 4 - 1 所示），采用五级李克特量表设计，由被调查者根据自身了解选择非常不了解、不了解、听说过但具体不了解、有一定程度的了解和非常了解五种答案，分别给予 1 ~ 5 分，得分越高表示农户对宅基地政策的认知水平越高。在加入相关农户家庭基本特征、宅基地基本特征等题项后对部分正在办理宅基地退出的农户进行预调研的基础上对问卷进行修改，最后形成正式的调查问卷。为避免农户出现消极或虚假答题的情况，我们在开展调研时，并没有在问卷中出现"认知"和"水平"等词汇，而是以调研宅基地政策了解情况为名展开调查，在一定程度上预防农户担心自身认知水平低下而出现消极或虚假答题的情况以确保测量的真实性。调查问卷的数据结果分析采用 SPSS 25.0 统计软件分析。

表 4 - 1   宅基地政策认知水平测量量表

维度	题项	测量目的
申请	您是否了解申请宅基地的基本资格	考察农户是否清楚申请宅基地相关政策
	您是否了解宅基地审批制度及申请流程	
	您是否了解申请宅基地建房的规定	
使用	您是否了解一户一宅政策	考察农户是否清楚使用宅基地相关政策
	您是否了解宅基地使用面积限额政策	
	您是否了解宅基地继承问题	
	您是否了解宅基地抵押贷款政策	
	您是否了解宅基地租赁买卖交易相关手续	
管理	您是否了解落实宅基地集体所有权政策	考察农户是否清楚管理宅基地相关政策
	您是否了解保障宅基地农户资格权政策	
	您是否了解适度放活宅基地和农民房屋使用权政策	
	您是否了解宅基地确权登记发证的程序	
	您是否了解宅基地转让政策	
	您是否了解城镇居民不得购买宅基地政策	
	您是否了解对超出限额标准的宅基地进行征税	
退出	您是否了解我国现行的宅基地退出相关政策	考察农户是否清楚退出宅基地相关政策
	您是否了解撤村建居政策	
	您是否了解宅基地自愿有偿退出政策	
	您是否了解宅基地开发整理复垦政策	
	您是否了解不得以退出宅基地使用权作为农民进城落户的条件	
	您是否了解当地宅基地退出的补偿标准	

为准确调查到农户对宅基地政策的认知水平，本书在考虑到样本的代表性和典型性的基础上，选取中国东部沿海地区福建省邵武市，对该县市乡镇村的农户进行问卷调查。选取邵武市为调查区域的原因有以下两点：一是因为邵武市是农地两权抵押政策的试点县市；二是邵武市开展各项乡村产业，例如，特色小镇、农业园等项目。政策试点和乡村产业发展对于农户了解宅基地政策的程度有一定的影响。此次调查以户为单位，共访问农户数 1200 户，回收问卷 1056 份，经过严格的数据清洗，剔除存在部分信息前后矛盾及重要信息缺失等无效问卷后，获取有效问卷 956 份，有效问卷回收率为 79.7%。

第三节　数据分析及结果

一、信度与效度检验

本书按照宅基地"申请—使用—管理—退出"四个维度设计问卷，开展预调研并咨询有关部门，修正问卷的相关内容，确保问卷的可答性和效度。问卷调查结束后，经过严格的数据清洗过程，对有效回收问卷进行信度检验。本书研究的被解释变量农户对宅基地政策认知水平及其下设四个维度的 Cronbach's α 值均在 0.7 以上，通常来说，Cronbach's α 系数如果大于 0.6 说明信度可以接受，本书中宅基地政策认知水平的 Cronbach's α 系数达到 0.952，下设四个维度的 Cronbach's α 系数也均大于 0.6，如表 4-2 所示，说明本次问卷调查数据具有较高的信度。

表 4-2　　　　　　　　　　　量表信度系数

维度	宅基地申请	宅基地使用	宅基地管理	宅基地退出	宅基地政策认知水平
题项数（个）	3	5	7	6	21
Cronbach's α	0.893	0.764	0.797	0.885	0.952

二、描述性统计与方差分析

宅基地政策认知水平及其维度认知水平均值分析情况，如表 4 – 3 所示。自变量单因素方差分析结果，如表 4 – 4 所示。

表 4 – 3　　宅基地政策认知水平及其维度认知水平均值分析

自变量	类别	申请	使用	管理	退出	认知水平
户主政治面貌	共产党员	4.25	14.88	21.25	15.23	55.61
	群众	4.94	14.76	20.92	14.71	55.32
	共青团员	4.34	15.10	20.68	14.89	55.01
	其他党派	4.10	14.69	20.86	14.77	54.42
户主学历	大专及以上	4.67	15.00	20.97	15.00	55.64
	高中或中专	3.77	15.07	21.05	14.81	54.70
	初中	3.69	14.91	20.84	14.88	54.32
	小学及以下	3.53	14.70	20.92	15.02	54.17
家庭成员主要从事行业	服务业	5.63	14.87	20.77	15.31	56.59
	工业	5.91	14.76	20.99	14.49	56.15
	农业	4.41	14.74	21.15	14.86	55.16
家庭成员社会经验	担任干部	5.97	14.91	20.26	14.79	56.97
	在外经商	4.95	14.65	21.06	15.18	55.84
	两者皆有	6.09	14.94	20.91	15.10	57.02
	两者皆无	4.75	14.31	20.69	14.74	54.48
家庭年均收入	80000 元以上	5.56	15.07	21.03	15.03	56.69
	50001 ~ 80000 元	4.11	14.98	20.74	14.88	54.71
	10001 ~ 50000 元	3.03	14.94	21.10	15.02	54.08
	0 ~ 10000 元	2.91	14.84	20.49	14.84	53.08
是否在城镇买房（或落户）	是	4.74	15.00	21.20	14.92	55.85
	否	4.61	14.79	20.61	14.88	54.89
宅基地面积	150 平方米以上	5.84	14.86	20.97	14.91	56.59
	101 ~ 150 平方米	5.63	14.87	20.77	15.31	56.58
	0 ~ 100 平方米	2.78	15.30	20.55	14.83	53.45

续表

自变量	类别	申请	使用	管理	退出	认知水平
宅基地使用情况	在用	5.47	14.80	21.06	15.15	56.47
	闲置	4.74	14.82	20.65	14.89	55.10
	废弃	3.76	14.49	20.34	14.41	53.00
宅基地确权情况	两证均办理	5.97	15.10	20.94	15.28	57.30
	办理建设许可证	4.86	15.02	20.76	14.78	55.42
	办理宅基地使用证	3.81	14.92	20.88	14.92	54.54
	没有办理相关证件	3.74	14.35	20.44	14.58	53.11
宅基地所在行政村开发程度	好	3.89	14.73	19.96	14.69	53.26
	较好	3.59	14.58	20.42	14.59	53.18
	一般	3.65	14.47	20.67	14.30	53.09
	较差	3.73	14.66	19.90	14.57	52.86

表4－4 自变量单因素方差分析结果

自变量	申请	使用	管理	退出	认知水平
户主政治面貌	3.182	0.241	0.037	1.314	3.333
户主学历	0.103*	1.655	3.786	0.974	2.083
家庭成员主要从事行业	0.439	2.083	4.365	1.329	0.444
家庭成员社会经验	0.750*	0.068*	0.276***	0.974**	1.204***
家庭年均收入	0.127*	0.350*	0.957*	0.032*	0.907**
是否在城镇买房（或落户）	1.970	2.083	0.444	0.794	0.320
宅基地面积	0.130	0.375	0.167	0.024	0.630*
宅基地使用情况	0.429**	2.400	3.909	2.167	1.696*
宅基地确权情况	0.417	1.458	2.473	0.725	1.333**
宅基地所在行政村开发程度	2.270	2.231	0.421	0.698	0.450

注：***、**和*分别代表1%、5%和10%的显著性水平。宅基地开发程度变量部分样本量不满足方差分析的条件，通不过方差齐性检验，故不作单因素方差分析。

（一）农户对宅基地政策的认知水平与政治面貌、学历、主要从事行业上差异不显著

在户主政治面貌这一特征上，身为共产党员的农户对宅基地政策的认知水平最高（55.61），其他党派的农户对宅基地政策的认知水平最低（54.42），政治面貌为群众以及共青团员的农户对宅基地政策的认知水平较为接近，并且介于共产党员和其他党派认知水平之间，但是差异并不显著。

在户主学历这一特征上，随着户主学历水平的增加，对宅基地政策的认知水平呈现递增的趋势。学历为小学及以下的农户对宅基地政策的认知水平最低（54.17），学历为初中（54.32）和高中或中专（54.70）的农户认知水平依次增加，但是增加的趋势不明显。然而大专及以上的农户其认知水平（55.64）与未继续高等教育的农户存在一定的差异性，但在单因素方差分析中，仅有申请这一维度的宅基地政策在10%水平下显著，其余维度的宅基地政策在学历上并未通过显著性检验。这可能是因为学历仅能够帮助农户在申请宅基地这一方面更加清晰整个流程，但在使用和管理中缺乏一定的生活经验，对这些维度的政策敏感性可能较低，因而学历对宅基地政策总体认知水平的影响并不显著。

在家庭成员主要从事行业这一特征上，从事服务业（56.59）、工业（56.15）和农业（55.16）的农户其宅基地政策认知水平几乎差别不大。其中，从事服务业的农户相对于从事工业和农业的农户认知水平较高，这可能的原因是从事服务业农户所处环境中接触的信息相对较多，导致农户形成认知的方式和途径也较为不同。然而方差分析结果显示，四个维度的宅基地政策认知水平在从事行业这一特征上并未通过显著性检验。

（二）农户对宅基地政策的认知水平与家庭成员社会经验、家庭年均收入存在显著差异

在家庭成员社会经验这一特征上，农户家中既有在外经商又有担任干部的成员其认知水平（57.02）高于家中成员有担任干部的农户（56.97），家中成员有在外经商的农户对宅基地政策认知水平（55.84）高于农户家中皆无在外经商和担任干部的成员，并且两者皆有的农户认知水平高于两者皆无的农户，从四个维度的均值上看，也呈现同样的大小关系。从方差分析可以

看出,在宅基地政策总体认知水平及其四个维度的认知水平上,均通过显著性检验,说明本书所调查的农户群体中,农户家庭成员的社会经验与农户对宅基地政策的认知水平存在显著差异。

在家庭年均收入这一特征上,随着家庭年均收入的增加,农户对宅基地政策的认知水平呈现相同的递增趋势。家庭年均收入在80000元以上的农户对宅基地政策的认知水平(56.69)最高,家庭年均收入在50001~80000元(54.71)、10001~50000元(54.08)和0~10000元(53.08)的农户其认知水平依次降低。其中家庭年均收入最少的农户其认知水平(53.08)最低,其各维度的认知水平均呈现较低的水平。根据与家庭年均收入在80000元以上和0~10000元的农户进一步访谈的内容,出现这一情况的原因可能是,年均收入较高的家庭,家中往往有在外经商或者务工的家庭成员,从事经济活动的类型多元化,获取信息的途径相对较多,因此对宅基地政策的认知水平相对较高。反观年均收入较低的家庭,大多这样的家庭仅从事单一的农耕生产,很少有家庭成员能够走出去,从事不同的经济活动,故而使得这类家庭对外界信息相对闭塞,对于政府颁布的宅基地政策认知水平相对较低。这进一步说明农户家庭成员的社会经验与农户对宅基地政策的认知水平呈一定的正向影响关系。

(三)农户对宅基地政策的认知水平与是否在城镇买房上不存在显著差异

对于农户是否在城镇买房这一特征上,农户宅基地政策认知水平存在一定的差异,但并不显著。已经在城镇买房的农户的认知水平(55.85)略高于未在城镇买房的农户的认知水平(54.89),但差值并不是很明显。由于这一特征变量是二元变量,采用独立T检验进行检验发现,总体认知水平和四个维度的认知水平上,均未通过显著性检验,即在各个水平上的差异都不显著。这与以往的发现相反,一般来说,在城镇买房的农户可能对宅基地政策的认知水平要显著高于未在城镇买房的农户。但是进一步调查这些已经在城镇买房的农户时,发现其对原有宅基地的依赖性不是很高,对宅基地如何处置并不是很关心,当提及是否还愿意回到老宅居住,一些农户表示并不是很愿意,这可能是因为在城镇买房之后,农户的基本居住需要得到了保障,居住在较为舒适的城镇环境不太愿意回农村居住,原有的宅基地功能体现得并不明显,因此并不热衷于了解宅基地相关政策。对于那些未在城镇买房的农户，对现有的居住环境满意度较低，在询问是否愿意在现有宅基地上修缮或重建房屋，大多数农户表示更希望能够在城镇买房改善居住环境，因此农户对于现有宅基地的政策敏感度也较低，故而进一步佐证这两类农户对于宅基地政策的认知水平不存在显著差异。

（四）农户对宅基地政策的认知水平与宅基地面积、使用情况、确权情况是否提升生活水平上存在显著差异

宅基地面积是宅基地的基本特征之一，拥有不同大小的宅基地面积的农户其认知水平存在差异。宅基地面积在 150 平方米以上的农户认知水平（56.59）最高，宅基地面积在 0 ~ 100 平方米的农户认知水平（53.45）最低，且方差分析结果表明，所有维度的认知水平在宅基地面积上存在显著差异。这可能的原因是国家对于超额面积的宅基地开始采取一些措施，使得拥有宅基地面积较多的农户害怕失去自己的宅基地，因此会更愿意去了解一些相关的政策以保障自己的权益，而拥有面积较少的农户则无这些顾虑，故而不会去关心宅基地政策的内容。

宅基地使用情况是宅基地功能变迁的一种表征，宅基地是具有一定福利性质的农村用地，给农户提供居住的基本社会保障。同时随着农村经济的发展，农户利用宅基地生产部分农产品，宅基地衍生出生产功能。但随着城乡之间人口的迁移，宅基地的居住功能和生产功能逐渐减弱，宅基地的资产功能开始凸显。从本次调查发现，使用宅基地的农户对于宅基地政策的认知水平（56.47）最高，而废弃宅基地的农户其认知水平（53.00）最低，这可能的原因是使用宅基地的农户对于宅基地的功能感知度较高，而废弃宅基地的农户没有意识到宅基地的功能价值，故而导致其认知水平的差异。

宅基地确权情况是宅基地权属关系的具体表现。对于宅基地确权情况，办理两证的农户对于宅基地政策的认知水平（57.30）明显高于没有办理两证的农户（53.11）。单因素方差分析表明，农户对宅基地政策的认知水平及其四个维度的认知水平均在确权情况上差异显著。

（五）农户对宅基地政策的认知水平与宅基地所在行政村的开发程度不存在显著差异

宅基地所在行政村的开发程度代表整个村集体的经济状况，有研究表明，

宅基地所在行政村的开发程度与农户对村貌治理、宅基地整理等政策存在一定相关性。但从均值分析上看，宅基地所在行政村开发程度好的认知水平（53.26）最高，但是与开发程度较好（53.18）、一般（53.09）、较差（52.86）的认知水平较为接近，且方差分析显示，在宅基地所在村的开发程度这一特征上，农户的认知水平并不存在显著的差异，这与之前的研究相反。其可能的原因是村集体和政府过于注重治理和开发程度的结果，忽视农户对政策的执行成效能否带来相关的利益。在调研福建省邵武市和平古镇时，询问当地农户是否觉得古镇开发使得更换居住地改善了生活状况，部分农户表示并无感觉。因此，宅基地所在行政村的开发程度对于农户的认知水平其相关性并不显著。

三、多元回归分析

通过前述研究，分析农户宅基地政策认知水平在解释变量上的组间是否存在显著差异。为进一步明晰农户宅基地政策认识水平是否与解释变量存在因果关系以及存在何种因果关系，以农户认知水平作为被解释变量，家庭特征变量、宅基地相关特征变量等作为解释变量进行多元线性回归分析，具体回归结果如表4-5所示。

表4-5　　　　自变量对宅基地政策认知水平的回归分析

自变量	申请	使用	管理	退出	总体
户主政治面貌	0.077 ***	-0.113 ***	0.048	-0.018	0.098
户主学历	0.047 *	-0.028	-0.032	-0.080	-0.083
家庭成员主要从事行业	0.048 *	0.110 ***	-0.067	-0.025	0.192
家庭成员社会经验	-0.035 *	0.069 *	-0.034	0.136 ***	0.091 *
家庭年均收入	0.098	0.079	-0.247 **	0.202 **	0.285 **
是否在城镇买房（或落户）	0.094	-0.041	0.018	-0.016	-0.066
宅基地面积	-0.014	-0.022 **	-0.007	0.058 *	0.076 ***
宅基地使用情况	-0.059 *	0.004	-0.102 *	0.075	0.283 ***

续表

自变量	申请	使用	管理	退出	总体
宅基地确权情况	-0.021	0.224**	-0.124**	-0.161*	0.097*
宅基地所在行政村开发程度	-0.009	0.076	-0.217***	0.100*	-0.025

注：***、**和*分别代表1%、5%和10%的显著性水平。

通过进行共线性检验，VIF最大值为1.15，且均小于10，说明解释变量之间不存在多重共线性。对多元回归模型进行检验，F=5.49，并且通过1%的显著性检验，说明模型具有统计意义。

由表4-5我们可以发现，在家庭特征变量中，户主政治面貌、户主学历、是否在城镇买房和家庭成员主要从事行业并未通过显著性检验，即农户宅基地政策认知水平与他们的政治面貌、学历、是否在城镇买房以及家庭成员主要从事行业并不存在统计意义上的因果关系。家庭成员社会经验、家庭年均收入对农户认知水平呈正相关且通过显著性检验，这说明从事非农行业、社会经验丰富和年均收入越高的农户对宅基地政策的认知水平越高。

在宅基地特征变量中，宅基地面积、使用情况、确权情况，这些变量与农户对宅基地政策的认知水平存在显著的因果关系，宅基地所在行政村的开发程度与农户认知水平呈负相关但不显著。其中，宅基地面积正向影响宅基地政策认知水平，在前面的均值分析中，宅基地面积在150平方米以上的农户认知水平高于宅基地面积在101~150平方米的农户认知水平，这也进一步佐证了宅基地面积越大反而妨碍农户对宅基地政策的认识水平。宅基地使用情况、确权情况均对农户的认知水平呈正向影响，这表明，正在使用与办理相关证件的宅基地均有助于提高农户对宅基地政策的认知水平。

其中，宅基地所在行政村的开发程度并不显著影响农户对宅基地政策的认知水平，而宅基地面积、宅基地使用情况等基本特征则存在显著影响。这与前述的组间差异分析的结果相吻合。宅基地所在行政村开发程度代表村集体的经济资本，而宅基地相关的特征属性则代表农户个人的经济资本。行政村的开发程度从一定意义上来说能够带动农户的经济资本的提高，能够推动农户最大程度地用宅基地获得利益，间接促进农户了解宅基地政策的意愿，从而提升农户的认知水平。但是调查分析发现，村集体在开发过程中过于注重开发的项目和结果，而不是以提升农户利益为目的进行开发，忽视农户对于村集体行为的理解及对政策执行成效的心理预期，导致其所在村的农户对实施政策的认知水平较低的情况。

第四节　研究结论与政策启示

一、主要结论

通过四个维度对农户宅基地政策认知水平进行定量分析，不同类型的农户其认知水平存在显著的差异，为进一步明晰影响农户对宅基地政策的认知水平的关键要素，利用均值分析、独立样本 T 检验、多元回归模型进行分析。研究结果表明：家庭特征变量中，家庭成员的社会经验、年均收入存在显著的差异性和相关性；宅基地基本特征变量中，宅基地面积、使用情况、确权情况均差异显著且存在一定的相关性。其中，农户宅基地政策认知水平与户主的政治面貌、学历、从事的主要行业存在组间差异但并不显著，与是否在城镇买房不存在组间差异，并且相关性未通过统计检验；在宅基地所在行政村的开发程度不存在组间差异，并且因果关系也不显著。主要的发现总结为以下两点：

（1）在家庭特征变量上，农户对宅基地政策的认知水平与户主学历特征呈正比例关系，与户主政治面貌、家庭成员所从事的行业存在较大的差异，但均未通过显著性检验，在是否在城镇买房这一特征上，两类农户对宅基地政策的认知水平十分接近，且不存在显著的组间差异。农户对宅基地政策的认知水平与家庭成员社会经验和家庭年均收入均存在显著差异并且呈正相关的因果关系。

（2）在宅基地相关特征变量上，宅基地面积、使用情况、确权情况均存在显著的组间差异性，并且正向影响农户宅基地政策的认知水平。宅基地所在行政村的开发程度对农户的认知水平并不存在显著的差异性和因果关系。

二、政策建议

宅基地改革是我国农村土地制度改革的核心对象之一，如何有序推动宅基地改革进程，农户对宅基地政策的认知水平起到关键作用，因此如何提高农户宅基地政策认知水平是促进宅基地改革进程的有效途径之一，根据本书的研究结论提出以下政策建议：

（1）选取合适的政策宣传途径，注重农户家庭经济发展。对在外经商、担任干部等社会经验丰富的农户进行政策解读和宣传，将农户组织成宣传小组，向家庭成员和亲戚朋友讲解现行的宅基地政策。大力扶持家庭年均收入较低的农户家庭，组织其家庭成员参加政策宣传、技能培训等培训班，并让其参与政策标语的撰写以及宣传政策到户的过程，同时评选出最佳宣传能手和最懂政策农户，并设计相应的激励政策，激励由农户向农户宣传解读政策，摆脱由政府贴标语的传统宣传模式。

（2）合理管控宅基地面积和使用，切实做好宅基地确权工作。着重对于宅基地面积较大、宅基地废弃的农户积极进行沟通，抓住关键点对其进行政策的解说，以期合理有效地利用超额和空闲宅基地。对于面积较小、正在使用宅基地的农户进行实地测量以及办理证件，以确保农户的基本权益，并引起示范效应。

（3）明确以提升农户的获得感与幸福感为目的，提高农户对乡村建设政策执行的感知水平，鼓励农户自发性地参与乡村开发建设，并采用投票的方式决定乡村建设的方案。同时适度放活农户对宅基地的使用权，放宽农户利用宅基地从事乡村开发项目的配套经营活动，并提供相应的策划方案供农户参考，例如，新型民宿酒店、农家娱乐馆等。

第五节　本章小结

农户对国家现行宅基地政策的认知水平是影响农户宅基地退出的关键，合理度量农户认知水平及挖掘其影响因素是促进农户宅基地有序退出的途径之一。选取农地"两权"抵押政策试点县市邵武市为调查区域，将宅基地政策按照"申请—使用—管理—退出"进行梳理，划分四个维度定量测度农户对宅基地政策的认知水平，利用均值分析、多元回归分析等方法明晰其影响因素。研究发现，农户宅基地政策认知水平在户主个人特征、是否在城镇买房不存在显著的差异性和相关性；但在家庭成员社会经验、年均收入、宅基地基本特征属性等变量上存在显著差异和相关性。因此，需要根据影响农户认知水平的因素，制定合适的政策宣传方式以及相应的激励措施，以提升农户宅基地政策认知水平为导向进一步推进农村宅基地改革进程。

第五章

家庭生命周期对农户宅基地
退出意愿的影响

农户宅基地的退出实质是家庭资产的重新配置，追求的是家庭生命周期内福利最大化。探讨农户宅基地退出意愿与家庭生命周期之间的关系是推动农村宅基地有序退出的重要途径之一。处在家庭生命周期不同阶段的农户，其家庭禀赋、家庭结构、家庭消费偏好等家庭特征会发生变化，而这种变化会对农户宅基地退出意愿产生影响。本书以家庭生命周期为研究视角，采用宅基地退出政策试点市福建省晋江市 300 份农户问卷调查数据，建立 Probit 回归模型探讨家庭生命周期对农户宅基地退出意愿的影响，对促进农村宅基地有序退出和节约集约利用农村土地具有较强的现实意义。

第一节　理论分析及假设

一、农村家庭生命周期划分

虽然许多学者利用家庭生命周期对相关问题

进行分析，但是学术界对家庭生命周期的划分标准尚没有明确的统一。同时，由于中西方的家庭规模和家庭观念等的差异性，如果把国外的划分标准直接运用于中国农村问题研究上，研究结果就会产生较大的偏差且模型的解释度也存在局限性。因此，国内众多学者结合我国实际情况和研究对象，对我国农村家庭生命周期进行了划分。本书在借鉴褚培新等学者对家族生命周期划分的基础上，根据本书研究对象的特点和研究目的，将农村家庭生命周期划分了 5 个阶段，具体的划分结果如表 5 - 1 所示。

表 5 - 1 　　　　　　　　中国农村家庭生命周期划分及主要特征

家庭生命周期	家庭状态主要特征
形成期	年轻，新婚，二人世界
初创期	已婚，育有子女且最小的子女小于 16 岁
成熟期	家庭成员是否均在 17 ~ 70 岁这一年龄段
满巢期	同时具有 70 岁以上的老人并且有 16 岁以上的子女
衰老期	夫妻健在，成年子女离家

二、农村家庭生命周期与宅基地退出意愿

中国是家庭本位的国家，由于农村地理分布的特征，容易形成小规模的团体，因此农户决策时通常是从家庭目前的状态特征出发。[①] 由于处于不同阶段的家庭生命周期其农户的家庭状态特征，例如，劳动力数量、经济状况、兼业情况、物质资本会发生变化，而这种变化可能会影响农户做出是否退出宅基地的决策。下面将理论分析处在不同生命周期阶段的农村家庭宅基地退出意愿并提出相应的假设。

形成期家庭是由两个从原生家庭分离出来的年轻个体相结合而形成，其主要特征是两个年轻的家庭成员并且没有需要抚养的小孩。由于农村家庭形成的独特性，新婚家庭组建时间相对会更早，新婚夫妇尚不需要抚育小孩，双方的父母年龄尚在壮年并且身体相对健壮，因此不需要履行赡养夫妻父母的职责，

---

① Olson M. The Logic of Collective Action [M]. London：Cambridge Harvard University Press，1971.

其家庭负担较轻。同时，大多数新婚家庭根据家庭目前的生活状况和需求，夫妻双方比较倾向于外出就业，外出就业的机会更多，就业面也更广泛，促使年轻夫妻更加愿意留在城市，回到农村从事农业生产活动的意愿较低。因此，大多数新婚夫妇对自有的宅基地关注程度不高和宅基地利用效率较低，更多的只是在逢年过节和农忙时节返乡居住。基于此种情形，本书提出以下假设：

H1：形成期家庭宅基地退出的意愿会较高。

初创期家庭的主要特征是夫妻已经育有子女且最小的子女小于 16 岁，处于初创期的家庭是由形成期家庭孕育了新的家庭成员发展而来。在这一阶段，从之前的夫妻双方均外出就业开始转变为一方在家抚养子女，一方继续外出务工，或夫妻双方均回乡务农和双方均继续外出工作。由于在新婚家庭阶段已经积累了一定的家庭资本，并且需要抚养子女，加上对外出成本的权衡，因而更希望"居有定所"。基于以上分析，与形成期家庭相比，本书提出以下假设：

H2：初创期家庭宅基地退出的意愿比形成期家庭低。

成熟期家庭的主要特征是家庭中的子女逐渐长大成人，同时，从最初的外出工作的新婚夫妻已经成为 50~60 岁较年长的父母，由于缺乏学习新技术新知识的能力和具有较强烈的恋乡恋土情结，更倾向于留在家乡或家乡不远的地方就业，或倾向于利用务农经验，耕地和种植其他农产品以获取更多的家庭资本。外出的子女也会时时回家协助父母或在家乡寻求就业的机会。因此，成熟期家庭稳定性较强，家中自有的宅基地成为家庭成员解决居住的基本保障。基于以上分析，与初创期家庭相比，本书提出以下假设：

H3：成熟期家庭宅基地退出的意愿比初创期家庭低。

当家庭处于扩大时期时，该时期家庭的主要特征表现为家庭人口最多，各个阶段的年龄均有，家中不仅有抚养的小孩还有赡养的老人，家庭结构更为复杂。该阶段通常是青年夫妻外出打工，但由于户籍制度的影响和在外生活成本较高，此类家庭更多地将子女交予年长的父母抚养。因此，满巢期家庭对宅基地的需求更大，而这种需求不仅利于在家年长的父母进行耕种，还保障了外出打工的青年夫妻返乡的居住需求。基于以上分析，与成熟期家庭相比，本书提出以下假设：

H4：满巢期家庭宅基地退出的意愿比成熟期家庭低。

当一个家庭逐渐由初创期演变到衰老期，也就是所谓的衰老期家庭阶段，其主要特征是家中仅有年老夫妻独自居住。由于科技的迅速发展，信息传递方式的转变，年轻人与老年人的思想产生了较大的差异，三代同堂或是四世同堂的居住方式容易产生家庭矛盾。所以为了避免矛盾，多数年老夫妻都是独自居住在乡下老宅。在这一阶段，衰老期家庭更多关注的是得到更好的医疗和养老保障。基于以上分析，本书提出以下假设：

H5：衰老期家庭宅基地退出的意愿会更高。

综上分析，我们发现农村家庭处于不同阶段的特征，例如，家庭劳动力数量、家庭经济水平、家庭社会资本和家庭结构等呈现先扩张后收缩状态，近似呈倒 U 形发展趋势，如图 5 - 1 所示。同时，在一个完整的家庭生命周期内，农户对宅基地居住功能的需求随着家庭生命周期的演变呈现先降低后增加再降低的运动形态，相对应地其宅基地退出意愿随着家庭生命周期的演变近似呈正 U 形发展趋势，即家庭宅基地退出意愿 "形成期家庭和衰老期家庭 > 初创期家庭 > 成熟期家庭 > 满巢期家庭"，如图 5 - 2 所示。

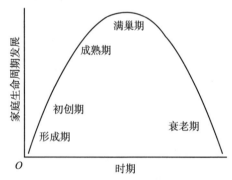

图 5 - 1　家庭生命周期呈倒 U 形

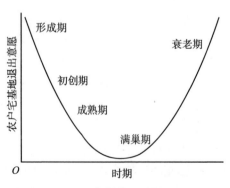

图 5 - 2　退出意愿近似呈正 U 形

第二节 研究设计

一、模型设定

本书的研究目的是验证处于不同的家庭生命周期阶段是否对农户宅基地退出意愿产生影响，核心是考察家庭生命周期阶段的演变能否对农户宅基地退出意愿变化做出有效解释。目前学术界尚无统一的标准对家庭生命周期不同阶段的家庭特征进行测度，本书在借鉴林善浪等（2018）的研究成果的基础上①，对家庭生命周期划分的主要依据是农户的婚姻情况、育有子女情况、家庭成员年龄分布等基本信息。由于农户是否愿意退出宅基地属于二元选择变量，故采用 Probit 模型对所有变量进行估计，具体模型如下：

$$P(Y=1) = \phi(\alpha + \beta_k familylifecycle_k + \delta_i x_i + \varepsilon_i) \tag{5-1}$$

$$P(Y=0) = 1 - \phi(\alpha + \beta_k familylifecycle_k + \delta_i x_i + \varepsilon_i) \tag{5-2}$$

其中，$Y=1$ 代表农户愿意退出宅基地，$Y=0$ 代表农户不愿意退出宅基地，$familylifecycle_k$ 代表家庭生命周期的不同阶段，α 是模型的常数项，β_k 是不同阶段的回归系数，δ_i 是控制变量的回归系数，x_i 为控制变量包括农村家庭特征、宅基地特征变量，ε_i 是模型的残差值。

另外，为了进一步挖掘在家庭生命周期不同阶段的农户宅基地退出意愿影响因素，按照前述家庭生命周期的划分，分别建立影响形成期家庭、初创期家庭、成熟期家庭、满巢期家庭、衰老期家庭退出宅基地意愿模型，具体模型如下：

$$Aspiration_k = \alpha + \delta_i x_i + \varepsilon_i \tag{5-3}$$

其中，$Aspiration_k$ 表示家庭生命周期不同阶段农户的退出意愿，δ_i 是变量的回归系数，x_i 为控制变量包括农村家庭特征、宅基地特征变量，ε_i 是模型的残差值。

---

① 林善浪，叶炜，梁琳. 家庭生命周期对农户农地流转意愿的影响研究：基于福建省1570份调查问卷的实证分析 [J]. 中国土地科学，2018，32（3）：68–73.

二、变量说明及数据描述

本书的研究数据主要来自研究团队于2017年6~8月在福建省宅基地退出政策的试点地区晋江市开展的乡村调查。研究团队利用随机抽样的方式选取受访农户，借鉴应用参与式乡村评估技术（PRA），依据设计好的调查问卷和设计规范的访谈编码及提纲进行调查。此次调查以户为单位，一共访问农户数300户，经过严格的数据清洗，剔除存在部分信息前后矛盾及重要信息缺失等无效问卷后，获得有效问卷249份，有效问卷的回收率为83%。其中问卷内容主要包含了以下几个方面：第一，农村家庭生命周期特征，如婚姻状况、育有子女数量等；第二，农村家庭资源特征，如劳动力数量、宅基地面积等；第三，农户宅基地特征，如基础设施是否完备、周边区域是否进行开发等。具体变量选取说明及描述性统计如表5-2所示。

表5-2　　　　　　　　变量选取说明及描述性统计

类别	变量	变量赋值说明	平均值	标准差	最小值	最大值
被解释变量	是否愿意退出宅基地	是=1，否=0	0.56	0.50	0.00	1.00
家庭生命周期特征变量	是否形成期家庭	是=1，否=0	0.24	0.43	0.00	1.00
	是否初创期家庭	是=1，否=0	0.29	0.45	0.00	1.00
	是否成熟期家庭	是=1，否=0	0.65	0.48	0.00	1.00
	是否满巢期家庭	是=1，否=0	0.56	0.50	0.00	1.00
	是否衰老期家庭	是=1，否=0	0.17	0.38	0.00	1.00
家庭资源特征变量	平均文化程度	小学及以下=1，初中及以下=2，高中及以下=3，大专及以上=4	2.21	0.89	1.00	4.00
	性别比例	男多=1，女多=0	0.63	0.48	0.00	1.00
	劳动力数量	16岁以上具备劳动能力人口数量	2.63	0.56	1.00	4.00
	年平均可支配收入（万元）	实际金额	0.45	0.27	0.00	0.89

续表

类别	变量	变量赋值说明	平均值	标准差	最小值	最大值
家庭资源特征变量	林地面积（亩）	0～5＝1，5～10＝2，10～15＝3	2.20	0.82	1.00	3.00
	耕地面积（亩）	0～5＝1，5～10＝2，10～15＝3	2.04	0.85	1.00	3.00
	宅基地面积（平方米）	0～100＝1，100～150＝2，150～300＝3，300及以上＝4	2.60	0.68	1.00	4.00
	是否有担任干部的经历	是＝1，否＝0	0.49	0.50	0.00	1.00
	年均随礼金额（万元）	实际金额	0.50	0.29	0.00	1.00
	是否有兼业	是＝1，否＝0	0.41	0.49	0.00	1.00
宅基地特征变量	地理位置	是＝1，否＝0	0.45	0.50	0.00	1.00
	基础设施是否完备	是＝1，否＝0	0.26	0.44	0.00	1.00
	周边是否进行开发	是＝1，否＝0	0.37	0.48	0.00	1.00

　　农户退出宅基地意愿模型的被解释变量为是否愿意退出宅基地，其中的解释变量分别包括了家庭生命周期特征变量（形成期家庭、初创期家庭、成熟期家庭、满巢期家庭、衰老期家庭）、家庭特征变量（平均文化程度、性别比例、劳动力数量、年平均可支配收入、林地面积、耕地面积、宅基地面积、是否有担任干部的经历、年均随礼金额、是否有兼业）、宅基地所在区位特征变量（基础设施建设是否完备、周边是否进行开发）。

　　其中，家庭生命周期特征变量是最为核心的解释变量，不同家庭生命周期的家庭资源特征会存在差异。经过对表5－3数据的分析，我们可以发现，从人力资本和经济资本方面上看，满巢期家庭的劳动力数量、年平均可支配收入、是否有兼业农户情况均位列第一，分别是4.66人、0.50万元、1.53人，而形成期家庭和衰老期家庭的人力资本和经济资本则处于劣势。从土地资源方面看，形成期家庭可得的耕地面积仅0.54亩，林地面积仅1.13亩。满巢期家庭和成熟期家庭拥有的土地资源最多，耕地面积分别是2.18亩和1.00亩，林地面积分别是2.26亩和2.15亩。满巢期家庭拥有宅基地的面积最多，其次是成熟期家庭、衰老期家庭、初创期家庭、形成期家庭。

表5-3　　　　　　　不同家庭生命周期阶段样本农户的家庭特征

家庭类型	劳动力数量（人）	年平均可支配收入（万元）	兼业农户情况（人）	林地面积（亩）	耕地面积（亩）	宅基地面积（平方米）
形成期家庭	1.63	0.45	0.15	1.13	0.54	2.37
初创期家庭	2.64	0.46	0.52	1.22	0.65	2.49
成熟期家庭	3.58	0.46	0.50	2.15	1.00	2.59
满巢期家庭	4.66	0.50	1.53	2.26	2.18	2.63
衰老期家庭	1.06	0.43	0.09	1.02	0.41	2.53

第三节　实证结果与分析

一、家庭生命周期与农户意愿回归分析

本书选用 STATA 13.0 软件对处于不同阶段家庭生命周期的农户是否愿意退出宅基地进行分析。首先进行联合显著性检验，检验结果为 Lr chi2(21) = 226.54，模型中的 Prob > chi2 = 0.000，卡方检验的 p 值在 1% 的显著性水平上拒绝原假设，即模型的系数显著不等于 0。模型的 R^2（Pseudo R^2）的结果基本较好，说明模型总体估计效果较好，自变量均能较好地解释因变量，即不同阶段的家庭生命周期确实会影响农户宅基地的退出意愿。模型估计结果如表5-4所示。

表5-4　　　　　　　　　　　模型回归结果

类别	变量	Probit 回归	稳健性检验	Probit 边际效应
家庭生命周期特征变量	形成期家庭	0.403 ***（-4.67）	0.396 ***（-4.77）	0.151 ***（-4.67）
	初创期家庭	0.0606 *（-0.66）	0.0805 *（-0.90）	0.032 *（-0.89）

续表

类别	变量	Probit 回归	稳健性检验	Probit 边际效应
家庭生命周期特征变量	成熟期家庭	0.0368 * (-0.46)	0.0395 * (-0.51)	0.015 * (-0.50)
	满巢期家庭	-0.219 * (-1.17)	-0.215 * (-1.72)	-0.085 * (-1.69)
	衰老期家庭	0.539 *** (-7.03)	0.535 *** (-6.99)	0.208 *** (-7.02)
家庭资源特征变量	平均文化程度	0.104 * (-2.49)	0.0955 * (-2.46)	0.037 * (-2.37)
	性别比例	-0.0288 (-0.42)	-0.0308 (-0.45)	-0.012 (-0.45)
	劳动力数量	-0.0794 (-1.25)	-0.0800 (-1.40)	-0.031 (-1.27)
	年平均可支配收入	-0.039 (-0.54)	-0.0412 (-1.05)	-0.016 (-1.02)
	林地面积	0.152 (-1.39)	0.142 (1.18)	0.055 (-1.17)
	耕地面积	0.140 *** (-3.6)	0.140 *** (3.74)	0.055 *** (3.62)
	宅基地面积	-0.166 ** (-2.21)	-0.128 * (-2.56)	-0.050 ** (-2.49)
	是否有担任干部经历	0.470 *** (-4.32)	0.463 *** (-4.65)	0.180 *** (-4.46)
	年均随礼金额	0.168 (-1.51)	0.173 (-1.60)	0.068 (-1.57)
	是否有兼业	-0.448 *** (-4.50)	-0.442 *** (-4.67)	-0.173 *** (-4.48)

续表

类别	变量	Probit 回归	稳健性检验	Probit 边际效应
宅基地所在区位特征变量	地理位置	0.415 *** (−5.75)	0.423 *** (−6.08)	0.164 *** (−5.94)
	基础设施是否完备	−0.237 *** (−3.09)	−0.241 ** (−3.24)	−0.095 *** (−3.17)
	周边是否进行开发	−0.251 *** (−3.43)	−0.257 *** (−3.50)	−0.101 *** (−3.53)
常数项		0.122 (−0.39)	0.102 (−0.35)	—

注：括号内数字为标准误。*、** 和 *** 分别表示在 10%、5% 和 1% 的置信统计水平上显著。

从表 5 - 4 的回归结果可以发现，不同阶段的家庭生命周期回归系数显著，且系数大小差异明显，其中衰老期家庭和形成期家庭的系数最大，满巢期家庭系数最小，初创期家庭和成熟期家庭系数较为接近，系数大小具体排位为：衰老期家庭 > 形成期家庭 > 初创期家庭 > 成熟期家庭 > 满巢期家庭。而家庭生命周期演化过程是从形成期家庭开始到衰老期家庭结束，且各个阶段的家庭生命周期其农户宅基地退出意愿的回归系数大小是从衰老期家庭和形成期家庭到满巢期家庭呈递减趋势，这说明随着家庭生命周期呈近似倒 U 形的演变，农户退出宅基地的意愿呈近似正 U 形变化趋势。

Probit 回归结果及其边际效应进一步说明了农户退出宅基地的意愿存在家庭生命周期的正 U 形效应。从 Probit 边际效应数值可以看出，形成期家庭和衰老期家庭的系数均较高，表明农户退出意愿较高，近似位于正 U 形曲线的两端区域，这可能的原因是因为这两类家庭人口数量相似，既没有要抚养的小孩也没有需要赡养的老人，对宅基地的依赖程度不高，其退出宅基地意愿较高，分别验证了前文提出的假设 H1 和假设 H5。初创期家庭、成熟期家庭和满巢期家庭的系数分别为 0.032、0.015 和 −0.085 且依次降低，近似位于正 U 形曲线中部和底部区域，这是因为这三类家庭规模逐渐增加，对宅基地的依赖性也随之增加，因此对于退出宅基地的意愿也随之降低，分别验证了前文提出的假设 H2、假设 H3 和假设 H4。

　　为了验证上述模型回归结果的稳定性，本书对模型进行稳健性检验。第一，多重共线性诊断，防止出现某一解释变量可由其他解释变量线性表示出，计算出模型的方差膨胀因子 VIF，其中最大的 VIF 值为 2. 82 < 3，并且远远小于 10，故不存在多重共线性。第二，"GLS + 稳健标准误"检验，对模型试验稳健标准误，检验结果表明两者估计结果基本一致。因此，验证了本书的研究结论有较强的可靠性。

二、不同阶段的家庭生命周期影响农户宅基地退出意愿回归分析

　　从上述分析可知，农户退出宅基地意愿会随着家庭生命周期的发展呈正U 形变化的趋势，影响处于不同阶段家庭生命周期的农户退出宅基地意愿因素可能会有所不同。为找寻影响因素的差异，按照公式（5 - 3）计算，分别建立形成期家庭、初创期家庭、成熟期家庭、满巢期家庭及衰老期家庭五个阶段农户退出宅基地意愿模型，回归结果如表 5 - 5 所示。

表 5 - 5　　　　　　　不同阶段的家庭生命周期影响因素回归结果

类别	自变量	形成期家庭	初创期家庭	成熟期家庭	满巢期家庭	衰老期家庭
家庭资源特征变量	平均文化程度	0. 0486 * (− 1. 32)	0. 0331 * (− 1. 16)	0. 0244 * (− 1. 48)	0. 0313 * (− 1. 95)	0. 185 *** − 4. 75
	性别比例	0. 251 *** (− 3. 58)	0. 0968 ** (− 2. 12)	0. 041 * (− 1. 5)	0. 0482 * (− 1. 66)	0. 160 *** (− 3. 16)
	劳动力数量	0. 0181 (− 0. 32)	0. 0513 (− 1. 31)	− 0. 160 *** (− 5. 81)	− 0. 158 *** (− 5. 35)	0. 351 (− 8. 22)
	年平均可支配收入	0. 0302 (− 0. 24)	0. 0131 (− 0. 17)	0. 125 ** (− 2. 48)	− 0. 0358 (− 0. 68)	0. 617 *** (− 6. 55)
	林地面积	0. 0715 ** (− 2. 09)	− 0. 0464 * (− 1. 89)	− 0. 0231 * (− 1. 33)	− 0. 0599 *** (− 3. 33)	0. 152 *** (− 5. 55)
	耕地面积	0. 0674 ** (− 2. 02)	0. 0178 (− 0. 74)	0. 0699 *** (− 4. 37)	0. 0253 (− 1. 46)	0. 0343 (− 1. 03)

续表

类别	自变量	形成期家庭	初创期家庭	成熟期家庭	满巢期家庭	衰老期家庭
家庭资源特征变量	宅基地面积	-0.00672 * (-0.14)	-0.118 *** (-3.21)	-0.024 * (-1.1)	-0.00463 * (-0.21)	-0.0107 * (-0.28)
	是否有担任干部的经历	-0.00521 (-0.05)	0.221 *** (-3.2)	0.102 ** (-2.32)	-0.0167 (-0.40)	0.176 ** (-1.99)
	年均随礼金额	-0.221 * (-1.83)	-0.171 ** (-2.12)	-0.166 *** (-3.70)	-0.102 ** (-2.12)	-0.486 *** (-5.25)
	是否有兼业	0.0147 (-0.16)	-0.206 *** (-3.71)	-0.0371 ** (-0.95)	0.0894 (-2.29)	-0.169 (-1.84)
宅基地区位特征变量	地理位置	0.237 *** (-3.24)	0.0276 * (-0.51)	0.0890 *** (-3.05)	0.0831 *** (-2.62)	-0.573 *** (-9.39)
	基础设施建设是否完备	-0.0129 (-0.20)	-0.102 ** (-2.12)	-0.0796 *** (-2.57)	0.0393 (-1.15)	-0.177 * (-2.54)
	周边是否进行开发	0.0555 (-0.77)	-0.0292 (-0.58)	0.0509 ** (-1.66)	0.0534 (-1.77)	0.332 *** (-6.38)
	常数项	0.576 * (-2.5)	1.093 *** (-5.57)	1.251 *** (-9.23)	1.402 *** (-10.81)	0.0282 (-0.14)

注：括号内数字为标准误，模型中给出的为边际效应。*、** 和 *** 分别表示在10%、5%和1%的置信统计水平上显著。

根据表5-5的回归结果显示，处于不同阶段的家庭生命周期，影响农户退出宅基地意愿的因素各有不同。

（1）平均文化程度、性别比例均对各个阶段的家庭产生了显著的正影响。家庭平均文化程度越高越能够提高家庭对现行国家宅基地政策的认知水平，更能依据目前政策对是否退出宅基地作出更有利于整个家庭福利最大化的决策；在对于性别比例赋值时，本书设定的是男性居多赋值为1，女性居多赋值为0，性别比例的回归系数显著为正，可以解释为男性居多的家庭退出宅基地意愿更高，这可能是由于在农村决策权大多数还是在男性手里，男性居多的家庭更能影响宅基地退出意愿。

（2）劳动力数量仅对成熟期家庭和满巢期家庭产生显著负影响。因为家庭人口数量较多，对宅基地的需求更大，家庭退出宅基地的意愿较低。

（3）平均可支配收入仅与成熟期家庭和衰老期家庭成正相关，并且分别通过了5%和10%的显著性检验，位于这两个阶段的家庭，主要承担的是抚养功能以及对养老和医疗的需求。因此，如果家庭可支配收入满足了抚育子女、养老和医疗的需求，处于这两个阶段的家庭更倾向于退出宅基地。

（4）从林地面积来看，对初创期家庭、成熟期家庭和满巢期家庭产生负影响，对形成期家庭和衰老期家庭有显著正影响，这可能的原因是形成期家庭和衰老期家庭的劳动力数量少，林地面积越多，林地细碎化程度越高，形成期家庭和衰老期家庭没有充足的劳动力去经营，转出林地的意愿更强烈，进而会影响到形成期家庭和衰老期家庭宅基地退出意愿。

（5）拥有宅基地面积数量同样会对农户退出意愿产生影响，可能是因为宅基地毕竟是农户在农村赖以生存发展的基础，并且大部分农户有深厚的恋土情结，但对形成期家庭和衰老期家庭宅基地退出意愿影响较小。

（6）担任村干部和外出兼业经历分别对初创期家庭和成熟期家庭产生正效应和负效应，这可能是由于担任村干部对国家现行的政策比较了解，能够让家庭成员了解到退出政策的益处，而外出兼业的农户由于留在城市成本较高和户籍制度的影响，其退出意愿较低。

（7）年均随礼金额对于各个阶段的家庭产生了显著的负影响，这可能是由于农村社交圈较小，社交关系较紧密，农户早已习惯于熟悉的社交关系，不愿意因为退出宅基地而离开现有的社交圈。

从宅基地的区位特征上看，宅基地所在的区位对各个阶段的家庭均有显著影响，其中对形成期家庭、初创期家庭、成熟期家庭和满巢期家庭的宅基地退出意愿均产生了正影响，对形成期家庭宅基地退出意愿影响最明显。当宅基地位于高速公路等相关基础设施建设较完备的地区，对初创期家庭、成熟期家庭以及衰老期家庭的宅基地退出意愿产生了显著负效应，这可能是由于农村家庭认为政府会对因市政建设征收的土地进行大量补偿，从而抑制了农户退出宅基地的意愿。当宅基地所处农村地区开发程度较好，例如，有特色小镇、养老产业等开发项目时，成熟期家庭和衰老期家庭退出宅基地意愿较高，可能的原因是区域规模性的开发，宅基地使用权可转让获取更大的收益。

第四节　本章小结

本书利用定量分析方法验证农户宅基地退出意愿存在家庭生命周期效应。研究结果表明：

处于家庭生命周期的不同阶段，农户宅基地退出意愿存在显著差异。随着农村家庭生命周期呈倒 U 形发展，农户宅基地退出意愿呈近似正 U 形变化趋势。其中，形成期家庭和衰老期家庭退出意愿较高，满巢期家庭退出意愿最低，初创期家庭和成熟期家庭退出意愿较低。

对于家庭生命周期的不同阶段，影响农户退出宅基地意愿的因素也存在差异性。平均文化程度、性别比例、林地面积、宅基地面积等因素影响显著。其中，担任村干部和外出兼业对初创期家庭的宅基地退出意愿影响最为显著，劳动力数量对成熟期家庭和满巢期家庭宅基地退出意愿影响最为显著，平均可支配收入对衰老期家庭影响最为显著。宅基地区位特征对各个阶段的家庭宅基地退出意愿均有影响，但宅基地位于高速公路等相关基础设施建设较完备的地区，对初创期家庭、成熟期家庭以及衰老期家庭产生了显著负效应；当宅基地位于农村地区有特色小镇等开发项目时，成熟期家庭和衰老期家庭退出宅基地意愿较高。

根据本章的研究结果，农户退出宅基地的意愿受家庭生命周期的影响，精准识别处于同一阶段的家庭生命周期的同质性和处于不同阶段的家庭生命周期的异质性，在充分保障农户权益的基础上，采取差别化的策略推动农户自愿有偿退出宅基地。

（1）对于退出意愿较高的形成期家庭和衰老期家庭，在政策鼓励方面，改进短期利益的补偿措施，加强对家庭长远生计发展的重视。政府积极围绕提高形成期家庭发展能力而构建政策措施，以解决农户在城镇化过程中融入度不高的问题，确实以家庭为单元推进城镇化，让外出就业的农村家庭能够充分融入城市，享受到城市的公共服务；在政策保障方面，借鉴"芬兰式的无条件收入"的做法，完善相应补助机制，对符合补助条件的农村家庭，发放相应的收入补助，对衰老期家庭养老和医疗给予足够的保障支持。

（2）对于宅基地退出意愿较低的初创期家庭、成熟期家庭和满巢期家庭。根据影响其家庭退出宅基地意愿的主要因素，大力实施乡村振兴战略，健全城乡融合发展体制机制；做好村庄规划，通过规划来完善农村生产生活、交通居住条件和基础设施；充分发挥村干部的作用，加强对国家现行宅基地政策的宣传，提高农户对政策的认知度；建立和完善宅基地有偿使用制度，采用倒逼机制促进农户对宅基地的集约节约利用。

第六章

家庭发展类型与农户宅基地退出模式的双边匹配

　　根据国务院关于宅基地制度改革试点及各地总结报告，目前，33 个宅基地政策试点县市退出零星、闲置的宅基地约 14 万户，退出面积约 8.4 万亩，农房抵押贷款约 5.8 万宗、111 亿元。在实践过程中，各地区提出多种宅基地退出模式。其中，福建晋江通过货币补偿等方式腾退宅基地面积约 6000 亩，安徽金寨对主动退出宅基地进城买房的农户实行购房补贴，全县有偿退出宅基地 2 万余户；宁夏平罗探索建立农村老年人"以地养老"模式，允许农村老人自愿将宅基地、房屋、承包经营权退回集体，置换养老服务，腾退农村闲置宅基地约 1000 户（刘卫东、郑凯文和吴宇哲，2019）。但是，由于试点范围比较窄，试点时间比较短，各方面对宅基地所有权、资格权、使用权的权利性质和边界认识还不一致，退出效果较不明显。因此，本章主要目的是基于不同类型的农村家庭匹配何种宅基地退出模式，能够使得双方满意度最大。根据宅基地不同退出模式的特点，本书采用福建省晋江市与江西省赣州市共

220 份农户问卷调查数据，从农村家庭禀赋异质性出发，构建宅基地退出模式与农村家庭双边匹配模型，设计双边主体满意度互评指标体系，以宅基地退出主体满意度和退出实施主体满意度最大化为目标，运用改进的离散粒子群算法对模型求解，获得最佳匹配方案。

第一节　理论分析及研究假设

虽然宅基地退出是现行体制下解决农村土地配置率低下问题的最优途径（岳永兵，2016），部分地区已取得较好的退出成效，但是各地区在实际执行宅基地退出政策中仍然存在许多问题，例如，购房补贴、货币补偿模式难以契合农民家庭长远发展的需求，以地养老模式存在权属不完整、不符合农民家庭切实需求等问题。这些问题可能的原因是宅基地退出模式差异性大（黄健元、梁皓，2017），不同类型的农民家庭和不同地区的经济水平对宅基地退出模式有不同的要求。因此，不能忽视农民家庭的切实需求和社会经济水平实施宅基地退出模式，应通盘考虑宅基地退出模式与退出主体之间的供需关系。对于这种供需矛盾，已有学者展开了初步研究。龚宏龄和林铭海（2019）从农户意愿角度出发，考察其对于各种补偿方式的选择偏好程度。李欢和张安录（2019）从农户福利角度出发，测度不同时期、不同安置模式对宅基地退出户的影响。黄琦、王宏志和徐新良（2018）从宅基地退出外部环境出发，发现农户退出宅基地的行为受到外部环境的影响。吴郁玲等（2018）根据农村资源禀赋的差异，提出应当执行差别性的宅基地确权和流转管理政策。以上学者的研究均有涉及农户意愿及社会外部条件的异质性对宅基地退出补偿及政策有不同的偏好，但是并没有系统地研究农民家庭与宅基地退出模式之间的供需匹配关系。同时，本书研究组在调研中发现：存在一定数量的农户对当地政府制定的宅基地退出模式并不是很满意，当地政府所设定的宅基地退出模式并非适合所有农民家庭的发展现状，这些情况可能会降低农民家庭退出宅基地的意愿，阻碍当地宅基地有序退出进程。

因此，基于以上分析，本书试图回答：不同类型的农民家庭选择何种宅基地退出模式会使得双方满意度最大？农民家庭选择宅基地退出模式是一个双边匹配决策问题。双边匹配决策是通过双方的相互评价，以双方主体满意度最大化为目标来实现最优匹配过程（乐琦、樊治平，2015）。许多学者在多个方面展开双边匹配问题研究，例如，从竞争与协同效应研究制造任务的匹配问题（任磊、任明仑，2018），从机会主义和不确定性研究服务匹配问题（赵金辉、王学慧，2016）。然而，针对本书所研究的宅基地退出模式匹配的特点，其中主要受到农户、农户所处外部环境等因素的影响。中国是家庭本位的国家，农户意愿、行为决策等往往受到家庭禀赋、家庭功能等方面的影响。石智雷（2014）从家庭禀赋等方面对农户展开研究，但家庭禀赋、家庭功能和家庭策略是家庭发展能力的综合体现，单从某一个方面分析可能存在一定的片面性。通盘考虑农民家庭的发展能力，尽可能全面地分析农民家庭发展的实际需求，结合当地经济水平，将更能获得符合实际情形，满足农户需求的稳定匹配结果。

一、基于农村家庭类型的宅基地退出模式匹配分析

农户个体发展和家庭整体发展之间的联系越发地密切。农户个体不能脱离家庭生存和发展，农户个体的发展需要整个家庭禀赋的支撑。根据比较优势理论提出的两利相权取其重（Will and Alexander，2018），针对本书拟解决的问题我们认为，不同农村家庭匹配的最优宅基地退出模式往往取决于家庭基础资源、家庭功能及家庭发展需要。虽然各试点地区的宅基地退出模式存在一定的差异性，但是大部分主要是以货币补偿为主，但对于现阶段宅基地退出的农户来说，所获得的补偿能够提升当下的生活水平，但无法保障整个家庭长远的生计发展。同时，农户在选取宅基地退出模式的过程中，根据农户是有限理性经济人，农户会综合考虑自己现有的家庭资源、家庭功能等，选取能最大化满足家庭发展需求的宅基地退出模式。实质上，农村家庭与宅基地退出模式的双边匹配问题是一个供给与需求的经济学问题。因此，农村家庭如何匹配最优的宅基地退出模式，需要从农村家庭禀赋的异质性角度出发，明晰农村家庭发展需求，尽可能使双边主体满意度最大。

为进一步分析何种农村家庭类型匹配何种宅基地退出模式，本书立足于家庭禀赋异质性的内涵，综合考虑家庭基础资源、家庭功能及家庭发展需求等方面，按照农村家庭禀赋的异质性，从务农程度、经济水平、家庭规模、家庭结构、宅基地需求程度以及家庭发展特点等六个指标，将农村家庭划分

为成长型家庭、稳定型家庭、救助型家庭等三种家庭类型,如表6-1所示。其中,务农程度以农村家庭年均农业收入与年均总收入之比衡量,经济水平通过农村家庭平均可支配收入衡量,家庭规模按照人口数量衡量,家庭结构按照家庭成员的年龄阶段来衡量,宅基地需求程度以目前人均宅基地使用面积与当地人均宅基地使用面积标准之比衡量。

表6-1 农村家庭发展类型

家庭类型	务农程度	经济水平	家庭规模	家庭结构	宅基地需求程度	家庭发展需求
成长型	+++	+++	++	++	++	家庭城镇化
稳定型	++	++	++++	++++	++++	家庭维持现状
救助型	+	+	+	+	++	家庭养老化

注:+代表指标值的大小。

根据实地调研的情况,我们将农村家庭分为三类:

(1)成长型家庭。具有较强的发展能力,整个家庭处于上升阶段,其务农程度与经济水平均处于较高水平,家庭规模较小,家庭结构相对较简单,人口供养较低,宅基地需求程度处于中等水平。此类家庭通常是一家三口或夫妇二人,夫妻中至少有一人在外务工,或有子女借读于父母务工的城市,此类家庭不仅能够依靠现有的基础资源实现家庭再生产,而且可能完成家庭城镇化的发展目标。由于经济水平难以保障在城市的居住和生活需求,对于农村居住的宅基地仅限于逢年过节回家居住,并且农地通常交由父母打理或转出。因此,对于此类农村家庭宅基地退出模式的设计应当抓住主要需求,为农户解决实际问题,例如,解决子女教育问题、提供相应的购房补贴及优惠政策帮助农村家庭在城市中落脚,以此保障农村家庭退出农村宅基地后的生活所需及推动农村家庭的长远发展。

(2)稳定型家庭。发展能力相对不强,整个家庭处于平稳阶段,其务农程度和经济水平虽然处于中等水平,但家庭规模较大,家庭结构较多样化,人口供养比较高,家庭经济需求较大,宅基地需求程度较大。此类型家庭通常是三代同堂,由于中国农村婚姻观念的特殊性,平均结婚成家年龄较低,该类型家庭的父母年龄相对年轻,健康状况尚可进行耕种,能从事一定规模的农业生产。家庭依靠自身的努力基本能够维持家庭的正常运转和再生产，但实现家庭城镇化的欲望不强。但由于村域环境的特殊性，通常用于维持家庭再生产的农业用地与农户宅基地分布相对零星，一定程度上阻碍稳定型家庭正常进行生产活动。因此，对于此类型的农村家庭，宅基地退出模式可以将农户居民点与规模生产的农业用地进行合理规划，并将农户闲置宅基地进行整治，土地整治收益部分归农户所有。既能够合理规划农业用地和农村居住用地，促进农村土地的集约节约利用，又能提高稳定型家庭发展的经济能力。

（3）救助型家庭。发展能力相对较差，整个家庭处于收缩和回落阶段，其务农程度和经济水平较差，家庭规模较小，家庭结构简单，宅基地需求程度较高。此类型家庭通常是年老夫妻单独居住，劳动能力逐渐降低，家庭依靠自身努力难以维持最基本的生存，以养老为家庭发展的主要需求。此类型家庭每个地区都会存在，并且通常年老夫妻居住宅基地的面积较大，但是使用率较小。因此，对于此类家庭，宅基地退出模式的设计应当注重养老需求，提高以地养老的保障水平。

以上是根据比较优势原理，依据各类型农村家庭的基础资源及发展需求对宅基地退出模式选取的逻辑推理。同时，在调研过程中还发现，有部分农村家庭选择货币补偿，生活水平虽得到短暂的提高，但是对于现有的居住环境以及生活方式并不是很满意，甚至后悔选择退出宅基地。可能是由于农村家庭在选择宅基地退出模式时未综合考虑家庭类型导致的结果。随着时间的推移，农村家庭与宅基地模式错配的影响会抑制试点地区准备或正在退出的农户意愿，从而不利于宅基地有序退出。

二、基于宅基地退出实施主体的宅基地退出模式匹配分析

为提高宅基地利用效率，国家不断强化农村宅基地的转让、抵押等权能，但由于实施制度上的不健全，地方政府在实践中积极探索并且形成了区域特色鲜明的宅基地退出模式，在遵循农户自愿退出的前提下，逐渐形成了以政府主导，市场、村集体共同参与的宅基地退出模式。

（1）政府为主导推行宅基地退出。通常是以宅基地换房模式对农村居民点进行统一规划，并复垦原有的宅基地。以政府为主导的宅基地退出效率高，

并且能够保障农户的基本需求，但是对大规模的居民点进行统一规划难度较大，资金需求大并且很难使所有农户满意，难以照顾到每位农户的生活习惯，在一定程度上会降低农户生活的幸福感。

（2）政府为主导，市场参与混合推行宅基地退出。通常是适度扩大宅基地使用转让范围，其主要特点实施效率较低，政府与市场由于自身的"失灵"常常在某些问题上会产生一些冲突，实施难度大，市场通常难以保障农户的长远需求，特别是家庭的长远发展能力。

（3）政府为主导，村集体参与混合推行宅基地退出。通常是通过整治部分宅基地改变其用途，或调剂给有需要的农户，或转变为经营建设用地开发企业，例如，养老企业、特色小镇等。其主要特点是实施成本高、风险大，虽能够保障农户所需，但集体土地开发经营水平不高，需要外界力量的支持。

根据以上分析，我国大部分地区宅基地退出模式虽然是以政府主导，但在不同参与主体的参与过程中，由于各参与主体的利益诉求不同，所实施的退出模式在退出效率、保障性、难易程度等方面有一定差异。其中，宅基地退出效率根据不同参与主体推行的模式下宅基地退出户数与宅基地闲置户数之比来衡量；保障性根据不同参与主体推行宅基地退出模式支付农民家庭的补偿金额来衡量；实施的难易程度以不同参与主体所推行的宅基地退出模式涉及办理退出手续的部门数量、宅基地退出完成的时间来衡量（孙云奋、王小红，2018）。具体分析如表6-2所示。

表6-2 宅基地退出模式特点分析

模式	政府主导			政府与市场混合推行	政府与村集体混合推行	
	宅基地换房	购房补贴	生态移民	地票/房票	开发经营	以地养老
退出效率	＋＋＋＋	＋＋＋	＋＋	＋＋＋	＋＋＋	＋＋
保障性	＋＋＋	＋＋	＋＋＋	＋＋	＋＋	＋＋＋＋
难易程度	＋	＋＋	＋＋＋	＋＋	＋＋	＋＋＋

注：＋代表指标值的大小程度。

以政府主导的宅基地退出模式主要包括：宅基地换房、购房补贴和生态移民三种模式，其退出效率较高、难易程度较低。其中，宅基地换房退出效率最高，难易程度最低；生态搬迁难易程度较大，并且退出效率较低；购房补贴退出效率、保障性及难易程度均处于中等水平，大部分地区均有采取这类模式。以政府为主导，市场参与混合推行的宅基地退出模式主要是房票/地票交易。地票是将政府需要的用地指标通过城乡建设用地增减挂钩与土地整理相结合完成转接交易的过程；房票是将超过需要的补偿安置的住房面积证券化的过程。这两种方式的主要特点是退出效率处于中等水平，保障性较低，难易程度较高。这是因为市场在资源配置中起决定性作用，但由于我国法律和宅基地的独特性和当地经济发展水平的限制，只适用于部分经济发达的地区。以政府为主导，村集体参与混合推行的以地养老模式是一个新模式，保障性高但退出效率较低，难易程度较高。从以上分析我们发现某一主体为主导设计的宅基地退出模式均存在自身的优势和劣势，并且单一的退出模式可能无法符合农民家庭发展的需求。如果多个主体协同合作，综合考量农民家庭类型，根据模式的优缺点取长补短，将各主体设计的宅基地模式进行组合，能够很大程度上推动宅基地有序退出，并且满足农民家庭发展需求，使得双边主体满意度最大化。

第二节　研究设计

一、研究思路

双边匹配模型是根据双边主体对匹配对象的满意度信息，尽可能获得最优的稳定双方匹配，这一模型已广泛运用于各个研究领域，现有的研究主要基于不同情境和研究领域的特点对匹配问题展开探讨，大致可分为三种类型：一对一双边匹配（如岗位匹配以及婚姻匹配）（Will and Alexander, 2018; Shi et al. , 2018）、一对多双边匹配（如教师与学生匹配）（刘鹏飞、贺霞旭和何克晶，2017），以及多对多匹配（如产品与服务匹配）（Li and Fan, 2014）。基于宅基地退出模式匹配情境，本书研究的是一个一对一双边匹配问题。从家庭类型和宅基地退出模式的特点出发，将其匹配问题采用0-1背包策略进行优化，将农村家庭假定为背包，待匹配的宅基地退出模式假定为待放入背包中的物品，建立双边主体满意度最大化的多目标优化模型，运用改进的离散粒子群算法对模型进行求解，求得符合农村家庭发展需求最优的稳定匹配。为进一步说明宅基地退出模式匹配的研究思路，本书假定存在宅基地退出平台，在这个平台中有两个匹配主体，一个匹配主体是需求方农村家庭记为 D，另一个匹配主体是供给方宅基地退出模式记为 P。宅基地退出模式和农村家庭匹配环境的多样性和信息不对称性，导致宅基地退出模式的特点和农村家庭类型不能够很好地判断，即农村家庭难以选择最符合家庭发展需求的宅基地退出模式组合。双边主体需要将各自的指标信息提供给平台，由平台依据双边主体提供的指标信息测算出双边满意度，以双边满意度最大化为目标，计算最优稳定匹配方案，如图 6-1 所示。

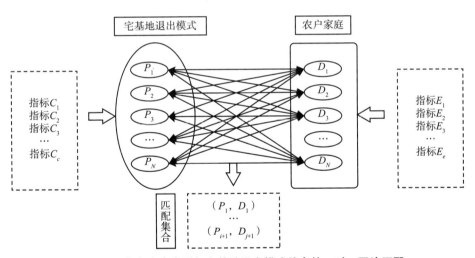

图6-1　考虑家庭类型与宅基地退出模式特点的一对一双边匹配

由图 6-1 我们可知，每一个农村家庭与宅基地退出模式的连线表示一个数值，这个数值表示双边的满意度。农村家庭根据指标集 C_c 测算出对宅基地退出模式的满意度，宅基地退出模式根据指标集 E_e 测算出对农村家庭的满意度。双边主体依据满意度值进行匹配，得到最优稳定匹配集合。

二、指标处理及模型设定

基于上述分析，宅基地退出模式匹配问题是一个多指标决策问题，涉及不同量纲和量级的指标权重的确定以及标准化等问题。因此，需要对指标进行标准化和计算指标权重。

（一）指标处理及权重的确定

利用极大熵原理建立权重优化模型，同时对指标进行去量纲化处理，并构造拉格朗日函数运用极值原理，确定指标权重。

极大熵原理指标权重优化模型：

$$\begin{cases} \max G = -\sum_{j=1}^{N} \sum_{i=1}^{M} \sum_{c=1}^{C} R_{ij}^{gc} \omega_c^g \\ \max H = -\sum_{c=1}^{C} \omega_c^g \ln \omega_c^g \\ \text{s. t.} \sum_{c=1}^{C} \omega_c^g = 1, \ \omega_c^g \geqslant 0 \end{cases} \quad (6-1)$$

去量纲化处理：

$$\begin{cases} \max F = \lambda \dfrac{G - G_{\min}}{G_{\max} - G_{\min}} + (1-\lambda) \dfrac{H - H_{\min}}{H_{\max} - H_{\min}} \\ \text{s. t.} \sum_{c=1}^{C} \omega_c^g = 1, \ \omega_c^g \geqslant 0 \end{cases} \quad (6-2)$$

构造拉格朗日函数：

$$L(\omega_1^g, \ \omega_2^g, \ \cdots, \ \omega_c^g, \ \eta) = -A_1 \sum_{j=1}^{N} \sum_{i=1}^{M} \sum_{c=1}^{C} R_{ij}^{gc} \omega_c^g - B_1 \sum_{c=1}^{C} \omega_c^g \ln \omega_c^g$$

$$- A_2 - B_2 + \eta \left(\sum_{c=1}^{C} \omega_c^g - 1 \right) \quad (6-3)$$

由极值可得：对 ω_c^g 和 η 求偏导可得：

$$\begin{cases} \dfrac{\partial L}{\partial \omega_c^g} = -A_1 \sum_{j=1}^{N} \sum_{i=1}^{M} R_{ij}^{gc} - B_1 (\ln \omega_c^g + 1), \ (C = 1, 2, \cdots, c) \\ \dfrac{\partial L}{\partial \eta} = \sum_{c=1}^{C} \omega_c^g - 1 = 0 \end{cases} \quad (6-4)$$

求得权重最优解为：

$$\omega_c^g = \frac{e^{-(A_1 \sum\limits_{j=1}^{N} \sum\limits_{i=1}^{M} R_{ij}^{gc} + B_1)/B_1}}{\sum\limits_{c=1}^{C} e^{-(A_1 \sum\limits_{j=1}^{N} \sum\limits_{i=1}^{M} R_{ij}^{gc} + B_1)/B_1}}, \quad (C=1, 2, \cdots, c; \ g=1, 2, \cdots, p)$$

$$(6-5)$$

同理可得：

$$\omega_c^{g'} = \frac{e^{-(A_1 \sum\limits_{j=1}^{N} \sum\limits_{i=1}^{M} L_{ij}^{ge} + B_1)/B_1}}{\sum\limits_{c=1}^{C} e^{-(A_1 \sum\limits_{j=1}^{N} \sum\limits_{i=1}^{M} R_{ij}^{ge} + B_1)/B_1}} \qquad (6-6)$$

其中，R_{ij}^{gc} 是农村家庭类型 D_i 给出的宅基地退出模式 P_j 根据其特点指标集 C_c 中的评价值，$R = {}_{ij}^{gc} \in \{1, 2, \cdots, 10\}$；$L_{ij}^{ge}$ 是宅基地退出模型 P_j 给出的农村家庭类型 D_i 在其家庭禀赋的指标集 E_e 的评价值，$L_{ij}^{ge} \in \{1, 2, \cdots, 10\}$。当评价值为 1 表示满意程度最低，以此类推，当评价值取 10 表示满意程度最高。

双方满意度为各指标集下满意度加权平均：

$$R_{ij}^g = \sum_{c=1}^{C} R_{ij}^{gc} \omega_c^g \qquad (6-7)$$

$$L_{ij}^g = \sum_{c=1}^{C} L_{ij}^{gc} \omega_c^{g'} \qquad (6-8)$$

其中，R_{ij}^g 为农村家庭类型 D_i 给出的宅基地退出模式 P_j 根据其特点指标集 C_c 中的满意度，L_{ij}^g 是宅基地退出模型 P_j 给出的农村家庭类型 D_i 在其家庭类型指标集 E_e 的满意度，ω_c^g 为指标集 C_c 的权重，$\omega_c^{g'}$ 为指标集 E_e 的权重。

（二）模型设定

根据上文计算出双方满意度 R_{ij}^g，L_{ij}^g 构建双方满意度最大化多目标匹配模型：

$$F = (Z_1, Z_2) \qquad (6-9)$$

$$\begin{cases} \max Z_1 = \sum\limits_{i=1}^{m} \sum\limits_{j=1}^{n} \alpha_{ij} x_{ij} \\ \max Z_2 = \sum\limits_{i=1}^{m} \sum\limits_{j=1}^{n} \beta_{ij} x_{ij} \end{cases} \qquad (6-10)$$

其中，Z_1，Z_2是双方满意度，x_{ij}是决策变量，若第 i 种宅基地退出模式匹配第 j 种农村家庭则取值为 1，若第 i 种宅基地退出模式不匹配第 j 种农村家庭取值为 0。

三、数据来源及指标体系的建立

（一）数据来源

本书的研究数据主要来自研究团队于 2018 年 6 ~ 8 月在福建省晋江市与江西省赣州市开展的乡村调查。研究团队利用随机抽样的方式选取受访农户，依据设计好的调查问卷和设计规范的访谈编码及提纲，与当地农户进行面对面半结构化的访谈。此次调查以户为单位，一共访问农户数 220 户，回收问卷 176 份，经过严格的数据清洗，剔除存在部分信息前后矛盾及重要信息缺失等无效问卷后，获取有效问卷 159 份，有效问卷回收率为 72.27%。为便于分析，对 159 份问卷的数据进行前期处理，根据家庭禀赋异质性的内涵，对 159 户农村家庭进行分类，其中成长型农村家庭有 47 户，稳定型农村家庭有 59 户，救助型农村家庭有 53 户，各类型农村家庭约占 1/3。

（二）退出模式与退出农村家庭双边满意度评价指标体系

满意度是双边主体匹配过程的重要指标，制定宅基地退出模式的参考依据，因此合理度量农村家庭与宅基地退出模式双边满意度是关键。宅基地退出模式即由宅基地退出实施主体根据当地农村家庭的特点来设计，并根据家庭禀赋、家庭结构、家庭发展需求等家庭特征对家庭类型进行判断。农村家庭的务农程度代表家庭对农业生产的依赖程度，经济水平表征出农村家庭的生活水平，同时间接表征出农村家庭劳动力数量以及农地使用程度等家庭禀赋的基础资源。家庭规模和家庭结构表明一个家庭的人口数量和代际分布。宅基地需求程度和家庭发展特点表明家庭的基本生活需求以及未来发展前景。因此构建宅基地退出模式对农村家庭满意度评价指标需要从农村家庭的务农程度、经济水平、家庭规模、家庭结构、宅基地需求程度以及家庭发展特点等六个指标构建宅基地退出模式对农村家庭满意度评价指标体系。

考虑各类型退出主体异质化所实施的退出模式特点不同，影响农村家庭评价公共政策满意度的方面是多样的，例如，公开透明、补偿标准差异、保障政策、保障方式等。结合本书所研究农村家庭对宅基地退出模式满意度评价的特点，并以调研地区农户访谈资料为基础，以宅基地退出模式补偿的标准、程序与保障为三个维度，建立评价指标体系。其中，在补偿标准中，其公开公平程度是农户关心的重点，补偿标准能否及时并且补偿的金额是否达到农户的心理期望是农户对政策实施满意度评价的关键。同时农户之间会产生对比的心态，在与农户访谈的过程中，有部分农户担心自己退出后补偿金额如果比别的农户差异程度较大则表示不愿意退出宅基地。在补偿标准中主要涉及公开、公平、及时、足额以及差异程度等方面。在其他公共政策的研究中发现，农户往往会对办理手续的复杂程度和政策执行所需要的时间产生较大的不满，这是由于农户通常不了解政府服务的流程并且通常与政府距离较远。补偿程序主要包含办理退出手续的复杂程度以及宅基地退出完成的时间。宅基地退出补偿最主要的是能否提高农村家庭生活水平以及保障其长远发展。补偿保障主要以农户预期水平是否能够提高和是否能够契合农户预期家庭发展前景来评价。基于以上分析，最终形成农村家庭和退出模式双边满意度评价指标体系，具体如表6－3和表6－4所示。

表6－3 农村家庭评价宅基地退出模式的指标体系

模式	指标	指标说明
宅基地退出模式补偿标准	公开程度	农户认为补偿标准是否公开
	公平程度	农户认为补偿标准是否公平
	及时程度	农户是否及时收到补偿标准
	足额程度	农户认为补偿标准是否充足
	差异程度	农户认为补偿标准是否存在较大差异
宅基地退出模式补偿程序	退出手续复杂程度	办理退出手续的部门数量
	宅基地退出完成时间	宅基地退出程序完成的时间
宅基地退出模式补偿保障	生活水平	农户预期生活水平是否提高
	家庭发展前景	是否契合农户预期家庭发展前景

表6-4 **宅基地退出模式（实施主体）评价农村家庭的指标体系**

模式	指标	指标说明
宅基地退出农村家庭	务农程度	农村家庭年均农业收入与年均总收入之比
	经济水平	农村家庭平均可支配收入
	家庭规模	家庭人口数量
	家庭结构	家庭成员的年龄分布
	宅基地需求程度	人均宅基地使用面积与当地人均宅基地使用面积标准之比
	家庭发展特点	未来家庭发展状态

第三节 实证结果与分析

一、农村家庭与宅基地退出模式双边主体满意度测算

通过利用公式（6-1）~公式（6-6）将各指标值标准化并确定权重，退出模式评价农村家庭的6项指标权重分别是 $\omega_c^{g'} = (0.18, 0.14, 0.12, 0.11, 0.23, 0.22)$；农村家庭评价退出模式的3项指标权重分别是 $\omega_c^g = (0.26, 0.51, 0.23)$。根据退出模式对农村家庭各指标的评价值及相应指标权重，利用公式（6-7），计算退出模式对农村家庭的满意度，如表6-5所示。同理，利用公式（6-8）和农村家庭对退出模式各指标的评价值及相应指标权重，可计算得到农村家庭对退出模式的满意度，如表6-6所示。

表6-5 **退出模式对农村家庭的满意度**

类别	退出模式	家庭类型									
		D_1	D_2	D_3	D_4	D_5	D_6	D_7	D_8	D_9	D_{10}
成长型农村家庭	P_1	5.71	5.22	3.07	7.09	4.42	4.94	8.59	1.46	5.45	5.80
	P_2	5.96	4.60	5.57	6.93	2.53	4.44	6.90	4.41	6.09	1.52
	P_3	8.82	2.20	2.08	5.19	5.26	4.81	3.76	5.87	7.57	3.77

续表

类别	退出模式	家庭类型									
		D_1	D_2	D_3	D_4	D_5	D_6	D_7	D_8	D_9	D_{10}
稳定型农村家庭	P_1	4.76	8.71	2.04	5.55	5.17	2.49	5.03	6.29	5.71	5.50
	P_2	4.44	4.55	5.94	6.69	4.26	4.48	7.54	6.27	7.70	6.00
	P_3	3.20	5.06	2.00	4.64	4.13	4.87	4.20	5.45	1.72	3.97
救助型农村家庭	P_1	2.82	3.85	3.21	7.95	4.52	5.66	6.83	6.54	5.85	5.82
	P_2	3.83	3.04	7.77	4.98	7.50	5.18	1.23	6.96	3.45	5.99
	P_3	5.13	3.76	6.86	6.32	3.71	3.78	4.79	4.53	8.79	4.07

注：因篇幅有限，故选取各类型农村家庭10户列出。

表6-6 农村家庭对退出模式的满意度

家庭类型	成长型退出模式			稳定型退出模式			救助型退出模式		
	P_1	P_2	P_3	P_1	P_2	P_3	P_1	P_2	P_3
D_1	7.02	4.13	6.12	7.29	4.97	4.56	4.42	3.04	5.76
D_2	4.90	5.58	3.34	1.87	3.94	3.19	5.06	5.69	3.65
D_3	5.73	4.24	4.68	7.37	6.16	2.88	4.20	4.60	7.68
D_4	4.65	6.62	5.63	4.47	4.44	3.55	4.86	7.20	4.88
D_5	5.47	3.37	3.58	6.23	6.25	5.04	6.06	4.76	5.34
D_6	4.87	2.91	4.28	2.84	2.70	5.40	4.59	5.36	7.39
D_7	5.83	6.44	5.65	5.74	4.29	5.16	6.58	5.92	3.87
D_8	6.31	5.79	5.75	4.85	4.26	5.64	4.15	5.19	4.21
D_9	3.29	5.44	6.27	3.31	5.28	3.13	4.63	3.63	5.89
D_{10}	4.38	4.66	4.22	2.98	5.61	3.73	3.84	6.13	7.19

注：因篇幅有限，故选取各类型农村家庭10户列出。

二、双边匹配模型结果及分析

为使得双边主体满意度最大化，根据前述分析建立双边匹配模型，设置3种退出模式分别与3种农村家庭类型共159个农村家庭进行匹配，即：

成长型农村家庭：

$$\begin{cases} \max Z_1 = \sum_{i=1}^{47} \sum_{j=1}^{3} \alpha_{ij} x_{ij} \\ \max Z_2 = \sum_{i=1}^{47} \sum_{j=1}^{3} \beta_{ij} x_{ij} \end{cases} \qquad (6-11)$$

稳定型农村家庭：

$$\begin{cases} \max Z_1 = \sum_{i=1}^{59} \sum_{j=1}^{3} \alpha_{ij} x_{ij} \\ \max Z_2 = \sum_{i=1}^{59} \sum_{j=1}^{3} \beta_{ij} x_{ij} \end{cases} \qquad (6-12)$$

救助型农村家庭：

$$\begin{cases} \max Z_1 = \sum_{i=1}^{53} \sum_{j=1}^{3} \alpha_{ij} x_{ij} \\ \max Z_2 = \sum_{i=1}^{53} \sum_{j=1}^{3} \beta_{ij} x_{ij} \end{cases} \qquad (6-13)$$

其中，$x_{ij} = 0$ 或 1 由于双边主体数量上存在一定的差异，农村家庭最多选取一个宅基地退出模式进行匹配，而宅基地退出模式可以匹配多个农村家庭，将该模型利用 0-1 背包策略进行转化，利用改进的离散粒子群算法进行求解，结果如表 6-7 所示。

表 6-7　　　　　　　　　　　　　匹配的结果

退出模式	成长型农村家庭		稳定型农村家庭		救助型农村家庭		满意度
	户数（户）	满意度	户数（户）	满意度	户数（户）	满意度	
购房补贴	23	134.72	18	73.74	11	57.09	265.55
宅基地换房	20	80.55	31	141.05	10	47.87	269.47
以地养老	4	8.56	10	38.33	32	111.42	158.31
满意度	223.83		253.12		216.38		693.33

（1）成长型农村家庭中有 23 户匹配"购房补贴"退出模式，其双方总体满意度为 134.72；有 20 户成长型农村家庭匹配"宅基地换房"退出模式，其双方总体满意度为 80.55；仅有 4 户成长型农村家庭匹配"以地养老"退

出模式，其双方总体满意度仅有 8.56。

（2）稳定型农村家庭中有 18 户匹配"购房补贴"退出模式，其双方总体满意度为 73.74；有 31 户稳定型农村家庭匹配"宅基地换房"退出模式，其双方总体满意度为 141.05；有 10 户稳定型农村家庭匹配"以地养老"退出模式，其双方总体满意度仅有 38.33。

（3）救助型农村家庭中有 11 户匹配"购房补贴"退出模式，其双方总体满意度为 57.09；有 10 户救助型农村家庭匹配"宅基地换房"退出模式，其双方总体满意度仅有 47.87；有 32 户救助型农村家庭匹配"以地养老"退出模式，其双方总体满意度有 111.42。

其中，成长型农村家庭匹配"购房补贴"退出模式户数最多，双边主体满意度最大；稳定型农村家庭匹配"宅基地换房"退出模式户数最多，双边主体满意度最大；救助型农村家庭匹配"以地养老"退出模式户数最多，双边主体满意度最大。就此次调研样本而言，发现"宅基地换房"与"购房补贴"退出模式综合满意度较高，反观"以地养老"退出模式综合满意度较低。

按照一对一双边匹配满意度最优的结果，将样本中所有成长型农村家庭均选取"购房补贴"退出模式，双边总体满意度为 265.55；但若采取 3 种模式进行组合，双边总体满意度为 223.83。同样地，将所有稳定型农村家庭采用单一的"宅基地换房"，双边总体满意度为 269.47，当综合 3 种模式进行组合，双边总体满意度为 253.12。救助型农村家庭也存在这种关系，单一匹配"以地养老"退出模式的双边总体满意度为 158.31，组合 3 种模式的双边总体满意度为 216.38。这说明，对该样本来讲，多样化退出模式的组合能够进一步提高双边主体满意度，但如果由于条件限制不能进行多样化的退出模式组合，采用一对一的退出模式的匹配组合为：成长型农村家庭匹配"购房补贴"退出模式，稳定型农村家庭匹配"宅基地换房"退出模式，救助型农村家庭匹配"以地养老"退出模式。

第四节　本 章 小 结

我国现行的宅基地退出模式是农村家庭与退出实施主体双边参与的过程，为推动宅基地有序退出进程，应分析现有退出模式特点，通盘考量当地经济水平与农村家庭，设计切合农村家庭发展的退出模式。本书从家庭禀赋出发划分农村家庭类型，并结合现有退出模式的特点，以最大化双边满意度为目标函数，构建 3 种农村家庭类型与 3 种宅基地退出模式双边匹配模型，利用改进的离散粒子群算法进行求解。研究结果表明：

（1）成长型农村家庭与"购房补贴"退出模式匹配，这种匹配模式适合农村家庭向城镇转型的发展需求，购房补贴能够一定程度上帮助农户在城市落脚，促进进城农户群体在城市融合，并且退出后的宅基地能够得到合理的配置，降低闲置宅基地低效利用的程度。

（2）稳定型农村家庭与"宅基地换房"退出模式匹配，这种匹配模式通过整治零星分散且面积较大的宅基地，不仅能够帮助稳定型农户改善农村居住环境，提升农户的幸福感和满意度，还能促进农村家庭土地规模化经营，提高稳定型家庭发展的经济能力，从一定程度上提高当地的经济发展水平。

（3）救助型农村家庭与"以地养老"退出模式匹配，这种匹配模式较为新颖，对于救助型的农村家庭通常是年老夫妻独自在农村生活，子女在新的宅基地或城市居住。此类型家庭宅基地面积大，利用率低，并且其最基本的需求是养老。"以地养老"不仅能够让老人在农村养老，还能够促进农村养老产业的发展。

通过本章研究表明，宅基地退出模式设计应当根据农民家庭发展能力的差异性，契合农民家庭不同发展层次的需求，根据分类治理的思想实施差别化的宅基地退出保障政策，由此得出如下建议：第一，对于成长型家庭退出宅基地之后，农户在城市立足需要一定的时间，可参照"芬兰式的无条件收入"与我国台湾地区的"家庭发展账户"，各城镇根据不同情况设立"宅基地退出后家庭发展账户"，鼓励宅基地退出的家庭利用购房补贴进行社会资产投资，使其通过资产的累积和投资尽快实现相互融合。第二，对于稳定型家庭退出宅基地之后，应当重视农民家庭对退出后居住环境的期望程度与土地规模化经营水平，以不改变农户原有生活习惯为基础，加强新居民点的选址与规划。同时，可开展相关培训课程以提升农户经营水平，让农民家庭经济发展能力得到进一步的提升。第三，对于救助型家庭退出宅基地之后，应切实保障农民家庭的基本生活需求，特别是那些鳏、寡、孤、独等家庭，完善其养老、医疗最低生活等各种社会保障，使得此类家庭在宅基地退出后能在新的环境中满足基本家庭需求。

第七章

家庭风险承载能力对农户宅基地
退出福利水平变化的影响

本章主要目的是探讨农户宅基地退出前后家庭福利变化情况。农村宅基地是我国具有福利性质的土地资源。这种独特的福利性质源自农户无偿取得宅基地，通过农户对宅基地进行一系列的处置之后还会产生其他福利，这些福利的总和恰好构成农村家庭福利的重要组成部分（陈利根、王琴和龙开胜，2011）。宅基地所产生的福利是农村家庭福利的重要组成部分，宅基地退出将会对农村家庭福利产生一定的影响。虽然各地在遵循农户自愿基础上实施有偿退出政策，宅基地退出进程取得了一定的成效，但是由于宅基地退出制度存在差别化，农村家庭存在异质性（上官彩霞等，2014）。因此，宅基地退出对农村家庭福利产生的影响是存在差异的。为明晰农户宅基地退出与家庭福利水平之间的关系，本章立足于农村家庭风险承载能力，通过构建面板门限模型，利用2014～2016年中国家庭追踪调查（CFPS）数据进行实证检验。

第一节　理论分析及研究方法

国内已有少部分学者注意到宅基地与农户福利问题，但大多都从个体特征、家庭基本特征、风险认知等试图进行解释。然而，在这些因素当中，农户家庭的家庭风险承载能力是一个不容忽视的重要变量。因为农户家庭退出宅基地获得相应补偿的同时，也给农户家庭带来了无法预测的风险，而且农户家庭风险承载能力与宅基地退出偏好存在一定的关系。那么，农户宅基地退出、家庭风险承载能力与家庭福利水平三者之间到底具有怎样的相互关系？农户家庭的家庭风险承载能力是否就是影响农户宅基地退出对家庭福利水平变化产生差异的关键呢？出于研究这些问题的动机，本书将从理论上阐释农户宅基地退出、家庭风险承载能力对家庭福利效益的影响，然后基于 CFPS 数据，对家庭风险承载能力与农户家庭福利水平进行测量，构建面板门限回归模型，实证检验农户家庭的家庭风险承载能力对宅基地退出与家庭福利水平的影响。研究目的就是检验农户宅基地退出对家庭福利水平的影响是否会因家庭风险承载能力而发生结构性变化，以及不同类型的农户家庭，其农户宅基地退出对家庭福利水平的影响是否会因各自家庭风险承载能力的不同而产生差异。

从理论上讲，农户宅基地退出、家庭风险承载能力与家庭福利水平三者之间存在一定的联系。因此，本书将先对农村家庭风险承载能力与家庭福利水平进行合理测度。另外，从农村家庭风险承载能力的角度切入，分析农村家庭风险承载能力的改变对农户宅基地退出与家庭福利水平产生的结构性影响，为农户宅基地有序、合理地退出以提高其家庭福利水平提供新的解释。

一、宅基地退出后农村家庭风险承载能力测度体系构建、量化

贝克提出的风险社会理论其内涵揭示了随着经济发展，风险作为一种无法预估的损失却存在于人们的日常生活中（苏芳、田欣和郑亚萍，2018）。通常作为城镇居民对于不确定性带来的风险有一定的止损能力，但是对于以地为基本生计资产的农户，所面临的风险要比城镇居民增加许多，例如，生

产风险、健康风险、社会风险及政策风险等（乌尔里希·贝克，2004）。农村家庭的福利水平往往会受到这些风险的影响。农户如何应对这些风险？处理这些风险的能力如何？许多学者大多基于农户的脆弱性，从可持续生计理论对农户处理风险能力进行分析，综合衡量收入状况、资产情况、家庭情况等，对生计资产进行测度作为农村家庭风险承载能力的代理变量。

农村家庭风险承载能力代表着农村家庭承载各种类型风险的能力，也是农村家庭抵抗外界负面冲击的缓冲器。对于以农村家庭为承载风险主体，面临宅基地退出后，农村家庭可能在生活、生产等方面产生风险。为了能够尽可能地降低宅基地退出后给农村家庭带来的风险损失，本书基于可行能力理论并结合宅基地退出的实际情况，将从承载农业生产、政策决策、居住环境和社会保障这四个方面风险选取相应指标，建立农村家庭风险承载能力测度指标体系，利用熵权法对承载各种类型风险的指标进行客观赋权，测算出农村家庭宅基地退出后承载风险的能力，具体如表7-1所示。

表7-1　基于宅基地退出后农村家庭风险承载能力测度指标及权重

承载风险类型	测度指标	指标说明	权重
农业生产风险 （0.4195）	家庭农业收入情况	农业收入占总收入百分比	0.1111
	家庭劳动力数量	家庭成员年龄16~59周岁人数	0.0586
	家庭从事非农人员	掌握非农谋生技能的人数	0.2200
	家庭农业机械数量	是否拥有拖拉机、割机等	0.1262
	家庭住房使用情况	是否生产出租或闲置	0.4842
政策决策风险 （0.3051）	户主学历	户主的文化程度	0.7671
	宅基地上房屋所有权情况	是否自建、购买或租赁	0.0116
	拥有城镇住宅情况	是否拥有城镇住房	0.2214
居住环境风险 （0.1178）	家庭住房条件	家庭住房结构	0.5583
	家庭整洁度	家庭是否整洁干净	0.1798
	家庭成员人均居住面积	房屋面积与家庭总人数之比	0.2618
社会保障风险 （0.1576）	新农合参与情况	是否参与新农合	0.2187
	新农保参与情况	是否参与新农保	0.3131
	物价水平接受情况	是否能够接受当前物价水平	0.4682

由表 7 - 1 可知，农业生产风险主要选取家庭农业收入情况、家庭劳动力数量、家庭从事非农人员、家庭农业机械数量以及家庭住房使用情况等。政策决策风险主要选取户主学历、宅基地上房屋所有权情况以及拥有城镇住宅情况等。居住环境风险主要选取家庭住房条件、家庭整洁度以及家庭成员人均居住面积等。社会保障风险主要选取新农合参与情况、新农保参与情况以及物价水平接受情况。选取这些指标的原因是：首先，在农户宅基地退出前，宅基地不仅可用于居住、生产经营，例如，生产烟叶、出租等，还拥有社会保障的特点，例如，新型农村社会养老保险、新型农村合作医疗等能够帮助农户享受到医疗、养老等方面的保障。其次，农户宅基地退出后，宅基地所附带的居住、生产经营、社会保障等功能都会消失，农村家庭搬到新的居住环境之后，生活成本随之增加，而人均居住面积可能会减少。因此，当农村家庭面临宅基地退出后的农业生产风险时，其家庭住房的使用情况若是闲置、掌握非农谋生技能人数多，则风险损失较小，因而承载此类风险的能力较强；当农村家庭面临宅基地退出后的政策决策风险时，户主的学历越高、其家庭住房所有权和拥有城镇住房的情况，能够在政策发生时更好地辅助该家庭做出决策；当农村家庭面临宅基地退出后的居住环境风险时，原有的住房结构较差、人均面积较小时，搬迁到新居产生的风险较小，因此承载居住环境风险的能力较强；当农村家庭面临宅基地退出后的社会保障风险，若新农合、新农保参与度较高，能够接受物价水平，能够有效抵御退出宅基地后丧失的社会保障功能带来的风险。

综上所述，通过测度宅基地退出后的农村家庭风险承载能力，为进一步分析宅基地退出与农村家庭福利水平的变化提供了基础，同时为政府宅基地退出政策制定和实施提供新的视角。

二、农村家庭福利水平测度构建、量化

(一) 理论分析

福利经济学主要用于评价当前社会经济行为的好坏，通常以满足人们需要而产生的效用作为原则对福利水平进行测算，用于检验社会政策实施情况的标尺。例如，江春、向丽锦和肖祖沔（2018）通过比较社会福利水平的变

化检验货币政策实施的有效性。汪险生等（2019）考虑了土地征收与农户福利之间的关系。关信平（2017）则从多方面的社会政策对我国总体福利水平进行分析。研究政策效用和福利水平息息相关，而针对不同类型的政策和研究群体，所涉及的福利指标有所差异。因此，如何有针对性地度量福利水平是分析政策效用的关键。就本书以农户为研究对象而言，学者大致使用以下三种方法对农户福利水平进行测度：一是通常选择 2 ~ 3 个指标作为福利水平的代理变量，利用政策实施前后的变化幅度分别构建模型进行分析。这种方法较为片面，无法全面测度出福利水平。随着森（Sen）的可行能力理论提出，打破了无法全面测度福利水平的局限性，通过 5 个可行方面建立测度福利水平的指标体系，对其进行赋权，最终测度出综合福利水平（李成友、孙涛和李庆海，2019；朱兰兰、蔡银莺和刘小庆，2016）。但是这种方法虽然能综合测度出福利水平，但赋予权重过于主观，并且只是进行简单的加总，不具备福利本身微观经济学的内涵。因此，学者为了避免这种情况的发生，建立收入 – 消费效用函数对福利水平进行测度（丁琳琳、吴群和李永乐，2016），而不是主观地对指标进行赋权，但是这个测度方法偏重经济学中的收入元素，并未考虑到影响农户群体的福利元素。

以上三种方法度量农户福利水平各有优劣，在指标选取、测度方法等方面很难做到合理的平衡。本书在此基础上将 3 种方法进行有效的结合，在以下几个方面进行改进：首先，将森（Sen）的可行能力理论与陈志鸿和李扬（2018）构建的终身效用模型进行结合，构建以消费、闲暇时间、满意度为终身效用模型。其次，对于测度农户福利的数据大多是采用部分乡村的问卷调查，缺少地区间的变化，本书采用的中国家庭追踪调查（CFPS）数据涵盖了全国 25 个省份，能够提供较为详细的区域对比数据。此外，以往的测度方法所选取的指标忽视了隐性福利，本书在效用模型中加入的满意度包含了农户对教育、医疗以及居住环境的评价，能够更加全面地衡量福利水平。

（二）模型构建

本书主要基于陈志鸿和李扬（2018）构建的终身效用模型的基础上，将满意度融入进去，模型综合考虑了农户退出宅基地后的消费、娱乐时间、满意度三个方面，需要说明的是，满意度包含了农户退出宅基地后对教育、医疗、居住环境等的评价。这三个因素构成了衡量农户生活的重要部分，综合体现出显性福利与隐性福利，例如，消费的差异反映出了农村家庭经济水平的高低，娱乐时间的长短可以反映农村家庭的社交情况，满意度则能体现出各类基础设施配套的情况。

为衡量不同家庭的福利水平，我们定义 $U_i(\lambda)$ 为在家庭 i 的预期终身效用，其中消费被乘以一个因子 λ：

$$U_i(\lambda) = E_i \sum_{a=1}^{100} \beta^a u(\lambda C_{ai}, l_{ai}, M_{ai}) S_i(a) \qquad (7-1)$$

其中，β 是年龄折现因子，$S_i(a)$ 是生存到这一年龄的概率，C_{ai} 是家庭成员的年消费，l_{ai} 是家庭成员休闲娱乐的时间，M_{ai} 是家庭成员满意度。

对于效用函数具体形式如下：

$$U(C, l, M) = \bar{u} + \log c + v(l) + \mu(m) \qquad (7-2)$$

娱乐时间的效用为 $v(l)$：

$$v(l) = -\frac{\theta\varepsilon}{1+\varepsilon}(1-l)^{\frac{1+\varepsilon}{\varepsilon}} \qquad (7-3)$$

满意度函数为 $\mu(m)$：

$$\mu(d_i) = d_e + d_m + d_l \qquad (7-4)$$

其中，效用函数的截距项 $\bar{u}$ 取 5，β 取 0.99，ε 为工资对劳动供给的弹性系数取为 1，θ 是娱乐时间在效用中的权重取 14.2，d_i 为第 i 个家庭的满意度，d_e、d_m、d_l 分别代表对教育、医疗、居住环境的满意度。

第二节　宅基地退出对不同家庭风险承载力福利变化的分析

一、宅基地退出与农村家庭福利水平

（一）宅基地退出的积极影响

宅基地作为保障农村家庭的基本生活所需的土地资源，福利保障是宅基地特有的功能特点。随着城镇化的发展，在家庭风险承载能力一定的前提下，农村家庭逐渐走向城镇，而宅基地退出不仅能够解决农村土地闲置现状，还能对农村家庭各方面产生一定的影响，家庭福利水平提升最能综合体现出宅基地退出对农户产生的积极影响。学者通常从以下几个方面分析宅基地退出对家庭福利的积极影响：第一，农户经济状况得到了一定水平的提升，农户宅基地退出后，为农户提供了各种非农就业机会，增加了农户非农收入；第二，农户居住状况得到一定改善，农村居民点进行统一规划，宅基地退出增加了农户居住面积，增强了农户住房结构质量；第三，农户社交情况发生了相应的变化，农户退出宅基地之后进行集中居住，与亲朋好友互动的时间也逐渐增加，不再出现由于宅基地零星分散而造成一户独居的现象。

（二）宅基地退出的消极影响

农户退出宅基地并不能提升全体农户的福利水平，若未综合考虑农村家庭自身的风险承载能力，极大可能会导致农村家庭福利水平下降，甚至使生活水平达到贫困线以下。宅基地退出很可能会使农村家庭面临生产、社会等风险。首先，宅基地作为农村家庭生产资产的一部分，退出之后获得的补偿保障可能无法代替原有作为资产抵御风险的效用。其次，由于对农村居民点进行统一规划，降低农户经营农地效率，减少农村家庭原有的农业收入，部分家庭的非农收入短时期内勉强支撑家庭生活。并且，农户宅基地退出之后对现有生活状况的满意度也有所降低。基于以上分析，本书认为宅基地退出对农村家庭福利水平的影响具有双重效应。

二、家庭风险承载能力与农村家庭福利水平

家庭风险承载能力的强弱代表家庭抵抗各种风险能力的高低，对生活在农村风险社会中的家庭起到一定保护作用。家庭是承载风险的基本单位，通过抵御风险来降低家庭福利的损失。因此，农村家庭承载风险的能力同样直接影响到农村家庭福利水平的高低。对宅基地退出过程产生的不确定风险，家庭风险承载能力能够保护宅基地退出对农村家庭福利水平产生的负影响。家庭风险承载能力越强，越能化解宅基地退出过程中产生的风险，福利水平越能够得到一定提升。反之，家庭风险承载能力较弱的农村家庭较难抵御其他外部风险，更加难以抵御宅基地退出带来的风险冲击，其福利水平很有可能会跌落至贫困

线附近。并且，农村家庭风险承载能力越强越说明家庭经济状况较好，更容易获得较好的生活水平。另外，较强风险承载能力的农村家庭有利于家庭成员获得更好的教育、就业培训等，增加农村家庭的收入，家庭福利水平随之提升。基于以上分析，本书认为农村家庭风险承载能力与农村家庭福利水平存在一定相关关系，风险承载能力较好的家庭能够显著提高家庭福利水平。

三、家庭风险承载能力是影响农村家庭福利水平变化的重要门限变量

宅基地退出虽然能够提高农村家庭生活水平、居住状况等方面，但是随之产生的风险对农村家庭福利水平有一定负影响。在家庭面临的原有的风险问题没有被解决，对于风险承载能力较弱的农村家庭，宅基地退出产生的风险将可能显著降低其福利水平。家庭风险承载能力越强，农村家庭从宅基地退出获得的补偿也能发挥最大效用提升家庭福利水平。越能促进宅基地退出进程。因此，农户是否宅基地退出必须与其家庭风险承载能力相匹配，若农村家庭风险承载能力较小，抵御宅基地退出风险的能力有限，抑制了宅基地退出对农村家庭福利水平的促进作用。此时，选择宅基地退出可能会使农村家庭福利水平跌落至贫困线。已有的文献多数关注宅基地退出与家庭福利之间的关系，忽视了风险承载能力是宅基地退出对农村家庭福利水平的重要变量，这种变量在计量经济学称为"门限变量"，产生的效应称为"门限效应"。基于以上分析，本书认为风险承载能力、宅基地退出、家庭福利水平三者之间存在门限效应，当农村家庭风险承载能力较弱时，宅基地退出对农村家庭的福利水平产生负影响，当农村家庭的风险承载能力达到某个门限值以后，宅基地退出能够显著提升农村家庭福利水平。

第三节　实证研究设计

一、数据来源

为了能够较为全面地研究农户宅基地退出的家庭福利变化，本书选用中

国家庭追踪调查（CFPS）2014 年、2015 年和 2016 年构成的面板数据，其中 2015 年为宅基地政策试点实施的第一年。由于 CFPS 数据缺少广东、海南、新疆和西藏，以及我国港澳台地区的数据。由于数据保密需要 CFPS 不提供市级代码，因而上海和天津等直辖市城市，还有大量二线城市无法直接比较。因此，全国 25 个省（自治区、直辖市）2014～2016 年平均样本规模约为 13000 户，较为全面地包含了家庭禀赋、家庭结构等重要信息。为保证数据信息的完整性与一致性，根据调查代码对 2014 年、2015 年、2016 年 3 年调查年度均出现的样本个体进行匹配，同时对核心指标的缺失值利用插值法进行处理，确保了研究结果的有效性和样本在时间上的一致性，并对其进行补充调研，最终得到宅基地退出农户样本户 3450 户，农户样本户数占各年度匹配后农户有效样本的比重为 76.68%，具有一定的代表性。

二、计量模型的设定

本书以农村家庭福利水平为因变量，以宅基地退出和家庭风险承载能力为自变量，同时加入相应的控制变量，构建模型：

$$Benefit_{it} = \alpha Hw_{it} + \beta_1 RTC_{it} + \beta_2 GDP_{it} + \beta_3 Hca_{it} + \beta_4 Ha_{it} + \mu_{it} + \varepsilon_{it} \quad (7-5)$$

其中，i 代表农村家庭，t 代表时间，α 和 β_i 为预估各变量系数。$Benefit_{it}$ 为因变量，代表农村家庭福利水平；Hw_{it} 是自变量也称门限依赖变量，代表农户宅基地是否退出；RTC_{it} 是门限变量代表农村家庭风险承载能力；GDP_{it} 是当地生产总值；Hca_{it} 是宅基地补偿金额；Ha_{it} 是宅基地面积；μ_{it} 是农村家庭的固定效应；ε_{it} 是随机扰动项。为了明晰农村家庭风险承载能力在宅基地退出与家庭福利水平的关系中起到的作用，在此基础上进一步构建单门限与双门限模型：

$$Benifit_{it} = \alpha_1 Hw_{it} I(RTC_{it} \leq \delta_1) + \alpha_2 Hw_{it} I(\delta_1 < RTC_{it} \leq \delta_2) + \beta_1 RTC_{it}$$
$$+ \beta_2 GDP_{it} + \beta_3 Hca_{it} + \beta_4 Ha_{it} + \mu_{it} + \varepsilon_{it} \quad (7-6)$$

$$Benifit_{it} = \alpha_1 Hw_{it} I(RTC_{it} \leq \delta_1) + \alpha_2 Hw_{it} I(\delta_1 < RTC_{it} \leq \delta_2) + \beta_1 RTC_{it}$$
$$+ \beta_2 GDP_{it} + \beta_3 Hca_{it} + \beta_4 Ha_{it} + \mu_{it} + \varepsilon_{it} \quad (7-7)$$

其中，δ_1、δ_2 为风险承载能力的预估门限值，且 $\delta_1 < \delta_2$，$I(\cdot)$ 为示性函数，判别条件成立时为 1，不成立时为 0。计量模型中所涉及的变量定义及说明如表 7-2 所示。

表 7 - 2 变量定义及说明

变量类型	变量名称	变量符号	变量说明
因变量	家庭福利水平	Benefit	具体测算值
自变量	宅基地退出	Hw	实地调研值
门限变量	家庭风险承载能力	RTC	具体测算值
控制变量	当地生产总值	GDP	农户所在当地当年生产总值
	宅基地补偿金额	Hca	农户退出宅基地补偿金额实际值
	宅基地面积	Ha	农村家庭宅基地面积实际值

第四节 实 证 检 验

一、描述性统计及多重共线性检验

(一) 描述性统计分析

从表 7 - 3 可以发现，农村家庭福利水平的平均值为 6.311，最大值和最小值分别为 13.808 和 2.758，这表明 2014 ~ 2016 年全国 25 个省份农村家庭福利水平总体得到提升，且不同农村家庭福利水平差值较大。

表 7 - 3 描述性统计

变量	均值	标准差	最小值	最大值
Benefit	6.311	5.368	2.758	13.808
RTC	1.397	0.413	0.438	2.873
Hw	0.212	0.409	0	1
Hca	4.069	8.101	0	80
Ha	4.773	0.637	2.303	6.957
GDP	10.048	0.599	7.79	11.257

根据测算结果，在 25 个省份的宅基地退出前后福利水平变化差作趋势变化图的基础上，运用 Jenks 自然最佳断裂点分级法，将 25 个省份划分为 5 个等级区域类型。划分具体结果如表 7-4 所示。

表 7-4　　　　　　　　家庭福利水平变化分值区间及其划分结果

福利水平变化等级划分	下降	增加较不明显	增加不明显	增加明显	增加较明显
分值区间	[-0.535，-0.342]	[0.420，1.463]	[2.115，3.749]	[3.852，5.956]	[7.508，8.082]
省份	云南省、贵州省	黑龙江省、河北省、湖北省、辽宁省、安徽省	广西壮族自治区、山西省、宁夏回族自治区、甘肃省、陕西省、青海省	河南省、山东省、浙江省、内蒙古自治区、重庆市、福建省、北京市、吉林省、江西省、湖南省	江苏省、四川省

从宅基地退出情况看，选择宅基地退出的农户分布较集中在东部地区，而东部地区宅基地闲置率也高达 13.7%。2014~2016 年农村家庭风险承载能力均值为 1.397，说明整体风险承载能力较好，最小值和最大值分别为 0.438 和 2.873，说明不同农村家庭的风险承载能力存在较大差异。

（二）多重共线性检验

为避免变量之间存在高度相关而出现的多重共线性问题，本书对回归模型中各个变量之间进行相关性检验，如表 7-5 所示。

表 7-5　　　　　　　　　　　相关系数矩阵

变量	$Benefit$	RTC	Hw	Hca	Ha	GDP
$Benefit$	1					
RTC	0.153***	1				
Hw	0.021*	0.045**	1			
Hca	-0.027*	0.018	-0.057***	1		
Ha	0.150***	0.028	0.004	-0.135***	1	
GDP	0.025**	0.025	0.036*	-0.082***	0.036*	1

注：*、**和***分别表示在 10%、5% 和 1% 的置信统计水平上显著。

从表 7－5 可以发现，农村家庭福利水平与家庭风险承载能力、宅基地退出面积、当地生产总值成正相关，而当地宅基地退出补偿金额成负相关。虽然各变量之间存在一定的相关性，但相关系数均不高，最高的相关系数也仅为 0.153，远低于共线性的临界值 0.7，且 VIF 均值也为 1.01，在后续实证分析中不会出现多重共线性问题。

二、门限效应检验及估计结果分析

（一）门限效应检验

根据前述的面板门限回归模型以农村家庭风险承载能力门限变量进行研究，利用 STATA 13.0 检验是否存在门限效应和门限个数，具体结果如表 7－6 所示。

表 7－6　　　　　　　　　　　门限效应检验结果

福利水平	门限模型	F 值	p 值	临界值		
				1%	5%	10%
增加较明显	单一门槛	15.726 **	0.020	17.610	10.492	7.605
	双重门槛	9.826 **	0.037	16.278	8.783	6.671
	三重门槛	－31.186	0.660	1.093	－0.5150	－7.442
增加明显	单一门槛	14.099 ***	0.000	16.416	10.613	8.463
	双重门槛	12.345 ***	0.000	21.626	13.117	8.553
	三重门槛	0.000	0.390	0.000	0.000	0.000
增加不明显	单一门槛	6.126 ***	0.000	13.714	7.858	5.157
	双重门槛	4.092 ***	0.000	14.509	9.117	5.972
	三重门槛	0.000	0.120	0.000	0.000	0.000
增加较不明显	单一门槛	13.640 ***	0.000	15.403	9.192	7.087
	双重门槛	3.463 ***	0.000	14.982	8.793	6.424
	三重门槛	0.000	0.087	11.329	5.619	3.084

续表

福利水平	门限模型	F 值	p 值	临界值		
				1%	5%	10%
下降	单一门槛	15.761 ***	0.000	24.740	16.743	13.258
	双重门槛	10.369	0.333	32.898	21.126	14.330
	三重门槛	0.000	0.247	0.000	0.000	0.000

注：* 、** 和 *** 分别表示在10%、5%和1%的置信统计水平上显著。

由表7-6门限效应检验结果可知，以农村家庭风险承载能力为门限变量，对于福利水平增加较明显、福利水平增加明显、福利水平增加不明显、福利水平增加较不明显和福利水平下降的地区，单一门槛和双重门槛均通过了1%的显著性水平，而三重门槛未能通过显著性水平的检验。这说明宅基地退出对农村家庭福利水平的影响存在基于农村家庭风险承载能力的双重门槛效应。

（二）门槛估计值

在检验存在双重门槛效应之后，现需要估计出双重门槛模型的门槛值并进行检验，本书估计出福利水平增加较明显、福利水平增加明显、福利水平增加不明显、福利水平增加较不明显和福利水平下降的地区以农村家庭风险承载能力为门限变量的门槛值及95%置信区间，如表7-7所示。

表7-7   门槛估计值

福利水平	第一个门限估计值		第二个门限估计值	
	门限估计值	95%置信区间	门限估计值	95%置信区间
增加较明显	1.112	[1.028, 1.778]	1.256	[1.167, 1.264]
增加明显	1.078	[1.078, 1.344]	1.715	[1.343, 1.777]
增加不明显	1.236	[1.229, 1.340]	1.749	[1.044, 1.823]
增加较不明显	1.227	[0.703, 2.312]	2.161	[0.703, 2.312]
下降	1.083	[0.650, 2.153]	1.201	[1.200, 2.360]

以福利水平增加较明显的地区为例，根据表 7 - 7 可知，第一个门槛值和第二个门槛值分别为 1. 112 和 1. 256，似然比值均小于显著性水平的临界值，这说明模型的两个门槛值与实际门槛值相等。同样地，以福利水平增加明显、福利水平增加不明显、福利水平增加较不明显和福利水平下降的地区农户为研究对象的两个门槛值与实际门槛值也相等。为更加清晰地说明门槛值估计和置信区间的构造过程，本书以全国 25 个省份的 2 个门槛值为例，提供似然比函数加以佐证，如图 7 - 1 和图 7 - 2 所示。

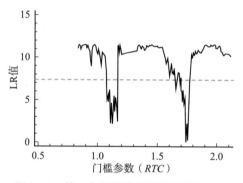

图 7 - 1　第一个门槛的估计值和置信区间

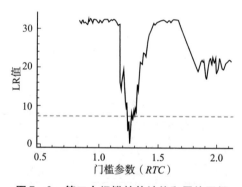

图 7 - 2　第二个门槛的估计值和置信区间

（三）门限回归估计结果

为进一步考察不同农村家庭风险承载能力下宅基地退出对农村家庭福利水平产生的影响，基于估计出门槛值之后，对门限模型的各个参数进行估计分析。对福利水平增加较明显、福利水平增加明显、福利水平增加不明显、福利水平增加较不明显和福利水平下降的地区进行单独模型估计，以农村家庭风险承载能力为门限变量，具体估计结果如表7-8所示。

表7-8　　　　　　　　　双重门限回归模型参数估计

变量	增加较明显	增加明显	增加不明显	增加较不明显	下降
Hw	0.5533	- 0.3875	- 0.3864	0.1165	0.9446
Hca	0.0072	0.0001	0.0538	0.0583	0.0271
Ha	1.5951	0.7298	1.6032 **	1.6672 **	1.2411 **
RTC	2.0627 ***	3.4273 ***	2.6822 ***	1.2262 ***	1.0887 **
GDP	0.3022 *	6.5916 **	1.4213	2.7405	1.7030 *
RTC_1	- 2.3173 **	- 1.2433	3.5436 **	- 5.6664 ** -	- 5.5511 ***
RTC_2	- 1.4668	- 0.0291	- 2.6939 -	- 3.9612 ***	- 2.9941 **
RTC_3	2.5320 **	1.3864 **	1.2509 **	0.3654 ***	0.0109 **
常数项	3.9080 *	10.1700 **	2.0378	3.1536	3.1450
RTC_1	RTC < 1.112	RTC < 1.078	RTC < 1.236	RTC < 1.227	RTC < 1.083
RTC_2	1.112≤RTC < 1.256	1.078≤RTC < 1.715	1.236≤RTC < 1.749	1.227≤RTC < 2.161	1.083≤RTC < 1.201
RTC_3	RTC≥1.256	RTC≥1.715	RTC≥1.749	RTC≥2.161	RTC≥1.201

注：*、** 和 *** 分别表示在10%、5%和1%的置信统计水平上显著。

从表7-8可知，以研究区域划分为福利水平增加较明显、福利水平增加明显、福利水平增加不明显、福利水平增加较不明显和福利水平下降的门限模型中，农村家庭风险承载能力的系数分别是2.0627、3.4273、2.6822、1.2262、1.0887，且都通过了显著性水平检验，这说明农村家庭的风险承载能力对其福利水平有显著的正向促进作用，在控制其他变量的前提下，增强农村家庭风险承载能力能够有助于农村家庭福利水平的提升。

从福利水平增加较明显的样本上看，当风险承载能力小于第一个门槛值1.256时，其门槛依赖变量回归系数为 - 2.3173，且通过了显著性水平检验，这说明宅基地退出对全国25个省份的农村家庭福利水平提升呈负效应。当风险承载能力介于两个门槛值之间时（1.112≤RTC<1.256），门槛依赖变量回归系数由 -2.3173 增加到 -1.4668，这说明宅基地退出对各地区农村家庭福利水平的影响逐渐增强。当风险承载能力大于第二个门槛值 1.256 时，其回归系数增加至 2.5320，宅基地退出对农村家庭福利水平的正向提升作用变得十分明显。从福利水平增加明显的地区上看，风险承载能力小于第一个门槛值时，宅基地退出对该地区农村家庭福利水平提升同样呈负效应；当风险承载能力介于两个门槛值之间时，宅基地退出对该地区农村家庭福利水平的影响逐渐增加但未通过显著性检验；当风险承载能力大于第二个门槛值时，其门槛依赖变量回归系数为 1.3864，通过了 5% 的显著性检验，这说明对于该地区农村家庭来说，风险承载能力越强，越能促进宅基地退出正向拉动农村家庭福利水平提升。对于福利水平增加不明显、较不明显及下降地区，同样存在这样的规律，当其风险承载能力分别跨过相应的门槛值（1.749，2.161，1.201）之后，宅基地退出正向拉动农村家庭福利水平的提升才变得非常显著。据此，本书认为宅基地退出与农村家庭福利水平存在显著的非线性关系，宅基地退出对农村家庭福利水平的影响存在基于农村家庭风险承载能力的双重门槛效应，且宅基地退出对农村家庭水平的影响大小与方向都取决于农村家庭风险承载能力的大小。当家庭风险承载能力较弱时，农户选择退出宅基地不仅不能够提升家庭福利水平，反而会有所降低，甚至会跌落至贫困线附近；只有当风险承载能力达到一定门槛值时，农户退出宅基地才会显著拉动农村家庭福利水平的提升。

此外，由表 7-8 估计结果可知，当风险承载能力大于第二个门槛值时，各地区的门槛依赖变量回归系数分别是 2.5320、1.3864、1.2509、0.3654 和 0.0109，这说明宅基地退出对福利增加较明显的地区正向影响最大，其次是福利水平增加明显、不明显、较不明显的地区。这可能的原因是福利变化较好的地区的经济较为发达，农户非农就业机会多，政府补偿金比较充足等。同时，近几年江西、湖南等经济崛起也使得当地农户的风险承载能力得到一定的提升，而云南、贵州等经济发展仍较为缓慢，因此农村家庭福利水平提升不明显。并且，在控制变量上，地区生产总值、宅基地面积、宅基地退出补偿金均对农村家庭福利水平有显著的正向促进作用，这也进一步验证了农村家庭福利水平与当地经济水平和农村家庭资产存在显著的正相关关系。

三、稳健性

为增加研究结论的可靠性，本书从两种不同角度进行稳健性检验。首先，选取子样本进行回归，选取东部、中部、西部、东北地区中各一个省市作为研究子样本进行检验。其次，利用层次分析法测算风险承载能力，用新测算的风险承载能力进行门限检验回归。估计结果显示，农户宅基地退出、农村家庭风险承载能力和福利水平之间的双重门槛效应依然存在，各回归系数的正负方向未发生变化，仅有显著水平和系数产生较小的变化，但都通过了显著性检验，由此可以说明本书研究的估计结果和研究结论是稳健的。

第五节 本 章 小 结

农村家庭普遍面临的一个问题是如何通过宅基地退出达到提升家庭福利的目的，学者从多方面也对其进行了研究，但是未能得出较为全面的结论，可能忽视了宅基地退出与农村家庭福利之间的具体影响机制。本书立足于农村家庭风险承载能力的角度从理论上分析不同农村家庭风险承载能力下，宅基地退出对农村家庭福利水平的门槛效应，选用 2014～2016 年中国家庭追踪调查（CFPS）数据，构建以农村家庭风险承载能力为门限变量的门限面板回归模型进行实证检验，考察了不同风险承载能力下农户宅基地退出对家庭福利水平的影响。研究结果表明：

（1）不管对于福利水平增加较明显、福利水平增加明显、福利水平增加不明显、福利水平增加较不明显和福利水平下降研究区域的农户，其家庭风险承载能力对其家庭福利水平都产生直接的正向促进作用，在其他条件一定的情况下，家庭风险承载能力越强，越能够推动农村家庭福利水平的提升。

（2）农户宅基地退出与农村家庭福利水平存在一定的非线性关系。农户宅基地退出对农村家庭福利水平的影响大小和方向都显著存在基于风险承载能力的双重门槛效应。当风险承载能力低于第一个门槛值时，农户宅基地退出抑制农村家庭福利水平的提升，当风险承载能力大于第一个门槛值时农户宅基地退出对福利水平的促进作用会随着风险承载能力的增强而增加。

（3）当地地区生产总值、宅基地面积、当地宅基地退出补偿金额对农村家庭福利水平的提升都具有显著的正向影响，即当地经济水平越好，农户宅基地面积越大，宅基地退出越能够推动农村家庭福利水平的提升。

根据本章研究可知，农村家庭在发展过程中需要及时有效的信息与风险应对能力等，这是农村家庭仅依靠自身获取信息困难，并且难以提高抵御风险的能力，政府应当完善公共服务机构来支撑农村家庭风险承载能力的短板，扩大化公共服务体系中的风险服务模块。

第一，各省份农村家庭退出宅基地应当综合考虑自身家庭风险承载能力，宅基地退出并非只带来福利水平的提升，当抵御风险能力较弱时，盲目地退出宅基地反而会产生副作用，打破农村家庭原有的系统平衡会对福利水平产生负面效应，只有当抵御风险能力达到临界门槛值时，宅基地退出才可能会对农村家庭福利水平产生正向效应。因此，各省份农村家庭宅基地退出必须根据自身家庭风险承载能力有步骤、有序地稳步推进宅基地退出。

第二，为进一步促进宅基地退出能够提升农村家庭福利水平，各地区农村家庭要全方位、多角度地切实增强自身风险承载能力。首先，农村家庭需要增强承载农业生产风险、政策决策风险、居住环境风险以及社会保障风险的能力。对于承载农业生产风险来说，农村家庭应当重视家庭住房使用情况，增加掌握非农谋生技能的人数。对于承载政策决策风险来说，农村家庭应当提升学历水平，积极配合政府进行宅基地确权工作。对于承载居住环境风险，应重视住房结构以及居住环境的整洁度。对于承载社会保障风险，农村家庭应积极参与新农保、新农合等保险，保障良好的身体状况。其次，农村家庭应当有意识地接触有关家庭风险的管理观念，能够规范化评估家庭自身承载风险的能力。此外，虽然农户常与风险打交道，但是对于如何应对风险作出相应决策的能力还有待提高，因此，政府应当培养具有一定风险管理观念和风险应对能力的新时代农户。

第八章

基于家庭发展能力的农户宅基地
退出补偿标准测算

本章的研究目的主要是测算农村宅基地退出补偿标准。在充分保障农户权益的基础上，探索宅基地自愿有偿退出机制，是我国现行宅基地制度改革的核心。从第六章的研究结论可以看出，宅基地退出模式与农村家庭双边主体是否满意，直接影响到农村家庭发展。在农村宅基地退出实践过程中，对于不同类型的农村家庭如何进行补偿，补偿标准如何测算，是农村宅基地退出实践过程中的重要问题。从农村家庭发展而言，宅基地退出的补偿标准是否满意、是否能契合其他家庭长远发展的策略，这些是关系到农村家庭发展能力能否进一步提升的关键。因此，本书采用宅基地退出政策试点市福建省晋江市的 200 份农户问卷调查数据，基于农村家庭发展能力提升视角，并考虑到地方政府的财政约束，对农村宅基地退出补偿标准的测算，既切实保障了农村家庭的长远利益，可为管理部门改善农村宅基地管理、节约集约用地、统筹城乡发展提供决策参考。

第一节 农村宅基地退出补偿价值体系建构

一、农村宅基地退出补偿依据

基于第六章理论部分的分析，本书认为在农村宅基地退出实践过程中，构成农村家庭发展能力的主要是家庭经济发展能力、家庭保障能力、家庭风险承载能力。首先，家庭经济发展能力是动力源泉，与家庭保障能力和家庭风险承载能力息息相关。在宅基地退出过程中，家庭经济发展能力主要由房屋及附属设施与宅基地不确定期权构成。其次，家庭保障能力是对家庭发展能力的重要基石，直接关系到农村家庭长远发展和生计保障，主要包括住房保障和公共产品供给保障。此外，承载家庭风险的能力也是对家庭发展能力的主要支撑。在退出宅基地的整个过程中，农村家庭所拥有的生产要素和政治权利是承载家庭风险的重要组成部分，这些组成部分与农户拥有的宅基地的使用权、房屋及附属设施所有权、发展权等是不可分割的。农村宅基地退出过程中，农村家庭发展能力构成如图8－1所示。

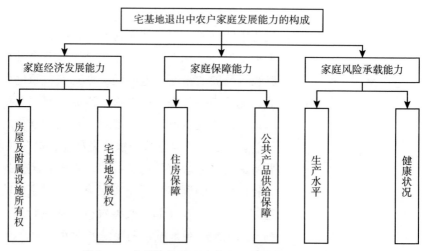

图8－1 农村宅基地退出中农村家庭发展能力构成

（一）家庭经济发展能力与宅基地退出

农户在自家宅基地上建造的房屋、生产性用房及其他附属设施均属于农村家庭的经济资产，农村家庭可将自家的宅基地、地上房屋及附属设施在村集体中通过流转、出租的方式，获得一笔可观的非农业生产的收入。此外，宅基地上的房屋及附属设施可无期限使用，这样宅基地使用权和地上房屋及附属设施所有权就变成了可以用货币计量的财产权（陈会广、吕悦，2015）。农村家庭不仅可利用宅基地建造房屋居住，还可以作为家庭作坊，进行生产活动。当农村家庭退出宅基地之后，宅基地转移到了村集体或者地方政府手中，村集体可将其进行复垦或作其他所用等，地方政府可以将其转为城镇建设用地以及其他不确定的利用方式，如图 8-2 所示。由于宅基地能够有多种多样的开发利用方式，宅基地就会产生不确定期权价值，属于宅基地发展权的范畴。总之，如果一个农村家庭退出原有的宅基地，就会失去相应的使用权、房屋及附属设施的所有权以及发展期所产生的价值，这些价值会影响其家庭经济发展的能力。鉴于此，对于农村家庭经济发展能力来说，在宅基地退出之后，农村家庭应当获得涉及房屋及附属设施所有权、宅基地发展权在内的房屋及附属设施价值与宅基地不确定期权价值的补偿。

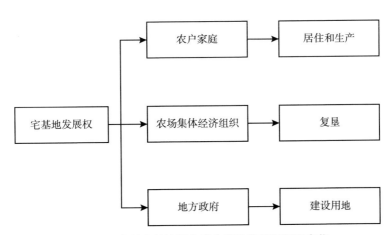

图 8-2 农村宅基地退出后宅基地发展权利用变化

（二）家庭保障能力与宅基地退出

我国特有的宅基地制度的目的是保证每个农村家庭"住有所居"，以解决农村家庭的住房问题。实际上，宅基地制度是一项无期限的福利政策，随之附带的公共产品供给政策也为农村家庭发展提供了保驾护航的作用。从农村家庭发展的角度出发，若退出宅基地，农村家庭的保障能力将会失去永久的住房以及公共产品的供给，如养老、医疗和就业等。因此，对于农村家庭保障能力来说，在退出宅基地之后，农村家庭在获得应有的经济补偿的基础上，还需要得到相应的保障家庭长远发展的补偿，但这方面的补偿难以通过折现的方式满足农村家庭的切实需求，政府和村集体需要共同设计配套的激励机制加以保障。

（三）家庭风险承载能力与宅基地退出

农村家庭在获批宅基地之后，依法享有宅基地的使用权，从微观经济学角度出发，宅基地可看作农村家庭提供承载风险的生产要素。换言之，农村家庭可以根据目前家庭发展的状况，依法使用宅基地所赋予的权利承载可能发生的风险。例如，当农村家庭面临居住风险，可适当扩建房屋；当农村家庭面临生计风险，可从事经营生产；当农村家庭面临健康风险亟须大量资金救治时，可将宅基地及地上房屋在村集体成员内进行流转。农村家庭作为拥有宅基地的主体，依法享有相应的政治权利，能够抵御宅基地政策变化带来的风险。例如，在宅基地确权过程中，农村家庭享有的参与权能够有效地保护自身的利益。若选择退出宅基地，农村家庭将失去可以承载风险的要素，并将影响整个家庭承载风险的能力。因此，在退出宅基地之后，对于农村家庭风险承载能力来说，农村家庭有权获得对宅基地使用权的补偿，以及应赋予农村家庭最大限度的知情权、自主决策权等政治权利。

二、农村宅基地退出补偿价值体系

在对宅基地退出过程中农村家庭发展能力的构成分析基础上，我们发现，如果农村家庭选择主动退出宅基地，他们将失去宅基地的使用权、房屋及附属设施的所有权、宅基地发展权等，组成家庭发展能力的关键部分。许多学者根据福利经济学"损失什么，补偿什么"的原则，从农户损失方面测算补偿价值，但在实践过程中过于重视在经济上的量化，忽视了这些权利损失对家庭发展能力的影响，同时对宅基地发展权尚缺乏合理的补偿测算，各地补偿标准过高，政府财政赤字比例较高，政府未能依据农村家庭实际需求设计相应的补偿规范和激励机制，导致宅基地退出补偿无法切实保障农村家庭的长远发展，宅基地退出工作无法有序展开。因此，本书基于家庭发展能力的内涵与宅基地功能的内涵，构建农村宅基地退出补偿价值体系，如图 8－3 所示。按照政府财政能承受，农村家庭能满意的原则，以发达调研地区福建省晋江市与欠发达调研地区江西省赣州市为例测算宅基地自愿有偿退出的合理补偿范围，以提升农村家庭发展能力为目标为推动宅基地自愿有偿退出提供帮助。

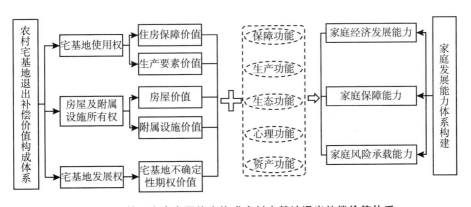

图 8－3 基于家庭发展能力构成农村宅基地退出补偿价值体系

第二节 农村宅基地退出补偿价值测算

一、基于家庭发展能力视角下农村宅基地退出补偿标准的构成

基于农户是有限理性人的假设，许多学者在对农地补偿测算的研究中引入机会成本（陈会广、吕悦，2015；刘利花、李全新，2018）。一般认为，

农地的机会成本是一种具有多种利用方式的有限资源，当仅用于某种利用类型放弃其他利用类型的最高收益，是促使农户更改农地利用类型的重要因素之一。本书认为，农村家庭退出宅基地的机会成本是指该土地作为宅基地用途的最大价值，即宅基地的使用权价值、房屋及附属设施价值与宅基地发展权价值的总和。宅基地作为保障农户生活的一种福利性质的土地，对宅基地的使用权、房屋及附属设施与宅基地发展权包含在内的机会成本价值测算不仅仅是经济方面的量化，还应考量宅基地的使用权、房屋及附属设施所有权与宅基地发展权对农村家庭发展能力的构成。基于前述分析，本书认为宅基地使用权与农村家庭经济发展能力和农村家庭保障能力的构成有关，房屋及附属设施所有权与农户经济发展能力和农村家庭风险承载能力的构成有关，宅基地发展权与农村家庭经济发展能力有关。因此，在测算宅基地退出补偿标准时，地方政府不仅要评估宅基地退出的机会成本，还要考虑家庭发展能力的构成，认真地分析宅基地退出对家庭发展能力的影响，是保障农村家庭长期生活发展，鼓励农民退出宅基地行之有效的途径。

综上所述，本书基于家庭发展能力视角下农村宅基地退出补偿标准构成主要对宅基地的使用权、房屋及附属设施所有权与宅基地发展权进行测算。其中，宅基地的使用权价值包含农村家庭退出宅基地而放弃的宅基地住房保障价值、宅基地社会保障价值、宅基地生产价值。房屋及附属设施价值包含农村家庭退出宅基地而放弃的宅基地上房屋及附属设施价值、宅基地心理价值、宅基地生态价值。同时考虑到家庭发展能力与宅基地退出机会成本的关系，利用家庭发展能力系数乘上相应的宅基地价值，各项宅基地价值之和为农村家庭退出机会成本损失，即农村宅基地退出补偿标准，如图 8-4 所示。农村宅基地退出补偿标准核算公式如下：

$$V = \alpha_1 \times \alpha_2 \times V_s + \alpha_1 \times \alpha_3 \times V_{FW} + \alpha_1 \times V_{FZQ} \qquad (8-1)$$

其中，V 为农村宅基地退出补偿额，用 V_{max} 表征农村家庭接受宅基地退出补偿的最大额度，V_{min} 表征地方政府承受宅基地退出补偿的最小额度。V_s 为宅基地使用权价值，V_{FW} 为房屋及附属设施价值，V_{FZQ} 为宅基地发展权价值，α_1 为家庭经济发展能力的回归系数，α_2 为家庭保障能力的回归系数，α_3 为家庭风险承载能力的回归系数，$\alpha_1 \times \alpha_2$ 为家庭经济发展能力与家庭保障能力的交互项系数，$\alpha_1 \times \alpha_3$ 为家庭经济发展能力与家庭风险承载能力的交互项系数。

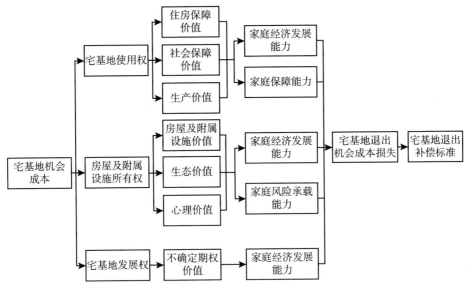

图8-4 基于家庭发展能力视角下农村宅基地退出补偿标准构成

二、农村宅基地退出补偿标准测算方法

(一) 宅基地使用权价值

本书认为对于宅基地使用权价值的测算要从其权利范围和功能价值综合测算，学界对宅基地使用权认为其权利范围包含占有、使用、依法处分，建造住房及其附属设施的权利等（邓辉、张晓宁，2017）。农户依法行使使用权主要是为了满足基本居住需要而建造住房，因此，住房保障的价值是其宅基地使用价值的首要组成部分。另外，农户获得宅基地的使用权之后，不仅能够用于生产维持生计，也会获得相应的基本公共产品供给，是宅基地使用权社会价值的体现。此外，测算宅基地的使用权价值，还应考虑宅基地作为用益物权的经济收益价值，如出租、生产等。鉴于此，本书主要从宅基地住房保障价值、社会保障价值和生产价值三个方面测算宅基地使用权价值，具体测算公式如下：

$$V_s = V_{s1} \times (1 - R) + V_{s2} + V_{s3} \qquad (8-2)$$

其中，V_{s1} 为宅基地住房保障价值，V_{s2} 为宅基地社会保障价值，V_{s3} 为宅基地经济价值，R 为调研地区房屋租赁比例。

从社会层面来看，根据宅基地使用权的权利范围，农村宅基地是国家农村家庭提供住房保障的主要载体，农村家庭利用宅基地使用权发挥其住房保障功能。因此，在测算宅基地使用权价值时应包含对宅基地的住房保障价值进行测算。学界主要选用等价替代法来衡量宅基地住房保障价值，即以发挥相同效用的物品价值来衡量宅基地住房保障价值（胡银根等，2019）。国家对于城镇居民提供的最低住房保障政策，等同于国家提供农户的宅基地住房保障功能，其目的都是满足"住有居所"的最低需求。因此，本书采用国家对城镇居民的最低住房保障政策，包括经济适用房与廉租房补贴，来测算宅基地的住房保障价值。具体测算公式如下：

$$V_{s1} = a \times \left(B_1 \times \frac{P}{\bar{P}} \times S_z \right) + b \times \left(B_2 \times \frac{P}{r} \times S_z \right) \qquad (8-3)$$

其中，V_{s1} 为宅基地住房保障价值，a 为调研地区居民购买经济适用房的比例，b 为调研地区居民申请廉租房的比例，B_1 为户均购房补贴，B_2 为人均年租赁住房补贴，P 为农村人口总数，$\bar{P}$ 为农村户均人口数，S_z 为农村宅基地总面积，r 为资本还原率。

从社会层面来看，根据宅基地使用权的权利范围，宅基地社会保障价值主要从就业养老保障和社会医疗保障价值两方面进行测算。一方面，宅基地具有就业养老保障功能。农户可以利用宅基地进行农业生产，成为兼业最为稳定的就业渠道与收入来源，宅基地也就成为农民进城务工最重要的后盾，保障了农民进城失利后的就业养老问题。另一方面，宅基地具有社会医疗保障功能。拥有宅基地的农户可参保相应的医疗保险，政府也会提供相应的医疗补贴，这对我国现有的城乡居民医疗保障体系起到支撑作用。因此，本书测算方法借鉴耕地社会保障价值测算模型（李胜男，2019），主要从就业保障和社会医疗保障两个方面测算宅基地社会价值。具体测算公式如下：

$$V_{s2} = \frac{(Y_1 - Y_2)}{S_z} \times r + \frac{(M_1 - M_2)}{\bar{S}_z} \times r \qquad (8-4)$$

其中，V_{s2} 为宅基地社会保障价值，Y_1 为政府补贴城镇职工就业养老保障支出，Y_2 为政府补贴农户就业养老保障支出，M_1 为政府补贴城镇职工医疗保障支出，M_2 为政府补贴农户医疗保障支出，$\bar{S}_z$ 为人均宅基地面积，r 为资本还原率。

从经济层面来看，根据宅基地使用权的权利范围，包含两大功能。其一，宅基地具有资产功能，农户可以依法行使宅基地使用权，可以通过出租宅基地、房屋及附属设施的方式收取一定的租金收益。其二，宅基地具有生产功能，农户可以利用宅基地生产部分农产品，例如，通过种植瓜果蔬菜、畜禽养殖等方式获得额外收益。因此，本书采用收益还原法测算宅基地使用权的经济价值。具体测算公式如下：

$$V_{s3} = \frac{R}{r} + (I_f - C_f) \times \frac{1 - p_s}{S_z \times r} \qquad (8-5)$$

其中，V_{s3} 为宅基地经济价值，R 为宅基地及房屋年平均租金，I_f 为农林牧渔业年非规模化生产收入，C_f 为农林牧渔业年非规模化生产成本，p_s 为该调研地区农林牧渔业规模化生产的比例，r 为资本还原率。

（二）房屋及附属设施所有权价值

通过对农户关于宅基地退出意愿的访谈过程中发现，农户不愿意退出宅基地的主要原因有以下几点。首先，农户普遍存在"恋土"情结，大多数宅基地上房屋及附属设施都是农村家庭的成员一砖一瓦亲手建造而成，不仅是农村家庭的共同资产，也是"家"的象征表现。其次，农村家庭习惯原有悠闲的生活方式，害怕去适应退出宅基地后新的生活方式，也担心生活成本的增加会影响家庭发展。最后，农村家庭通常会在住所周围种植瓜果蔬菜，不仅体现了宅基地的生产功能，还起到了改善住所周围生态系统的作用。综上可知，宅基地上房屋及附属设施所有权对农村家庭而言，具有资产价值、心理价值以及生态价值。鉴于此，本书将从资产价值、心理价值以及生态价值测算房屋及附属设施所有权价值。具体测算公式如下：

$$V_{FW} = V_{FW1} + V_{FW2} + V_{FW3} \qquad (8-6)$$

其中，V_{FW1} 为房屋及附属设施价值，V_{FW2} 为宅基地心理价值，V_{FW3} 为宅基地生态价值。

在调研过程中发现，农村家庭房屋结构参差不齐，有草房、砖瓦房等结构。而我国目前对于农村宅基地退出后地上房屋及附属设施尚无统一的补偿标准。因此，为合理衡量房屋及附属设施价值，充分考虑资金的时间价值因素，宅基地上主体房屋价值根据不同结构的征地单位面积补偿标准与折旧来衡量，各类附属设施价值则按照征地房屋附属物的补偿标准。具体测算公式如下：

$$V_{FW1} = Q \times S_z \times (1 - \beta)^t + V_{FS} \qquad (8-7)$$

其中，V_{FW1} 为房屋及附属设施价值，Q 为征地单位面积补偿标准，S_z 为户均宅基地面积，β 为折旧率，t 为折旧年限，V_{FS} 为各类附属设施价值。

对于宅基地心理功能价值的测算尚无统一的标准，但在访谈过程中发现，农村家庭会担心退出宅基地后，传统的生活方式将会改变，对应的生活成本也会随之增加。因此，本书利用调研数据计算农户宅基地退出前后的生活成本差异以表征宅基地心理功能价值。具体测算公式如下：

$$V_{FW2} = \frac{\bar{C}_2 - \bar{C}_1}{\bar{P} \times \bar{S} \times r} \qquad (8-8)$$

其中，V_{FW2} 为宅基地心理价值，$\bar{C}_2$ 为农村家庭进城平均生活成本，$\bar{C}_1$ 为农村家庭农村平均生活成本，$\bar{P}$ 为户均人口数，$\bar{S}$ 为人均宅基地面积，r 为资本还原率。

通过调研发现，超过80%的农村家庭会在房屋周围种植瓜果蔬菜，宅基地及其农作物的组成不仅体现了宅基地具有供给生产功能，还具有保护土质、净化空气等调节周围生态系统的作用。由于宅基地的供给生产功能已包含在宅基地使用权价值中，宅基地的生态价值主要体现在调节功能上。因此，本书借鉴耕地生态价值的测算方法，根据调研中农村家庭实际的农作物选取相应的当量因子计算权重来计算宅基地生态价值。具体测算公式如下：

$$V_{FW3} = \left(\frac{1}{7} \sum_{i=1}^{n} \frac{p_i \times q_i}{H} \right) \times \frac{\eta}{r} \qquad (8-9)$$

其中，V_{FW3} 为宅基地生态价值，p_i 为第 i 种农作物的平均单价，q_i 为第 i 种农作物的总产量，H 为农作物总播种面积，η 为生态系统服务功能的单位面积当量因子。

（三）宅基地发展权价值

宅基地开发是一项典型的不可逆投资，将该土地或连同其上面的建筑物转换为其他用途就很困难，对闲置土地估价时，不仅要考虑土地立即开发的收益，而且还应反映未来可能用于其他用途或等待以后开发等选择权的价值，从而得到未开发土地的定价。宅基地退出后在不确定的环境中未来收益是不确定的，因此引入实物期权定价模型测算宅基地发展权价值。

$$V_{FZQ} = -\frac{R}{r} \times \left[\frac{1}{2} + \frac{\mu}{\sigma^2} \pm \sqrt{\left(\frac{1}{2} - \frac{\mu}{\sigma^2} \right)^2 + \frac{2r}{\sigma^2}} \right] \qquad (8-10)$$

其中，μ 为预期收益率，σ 为不确定性，r 为折现率，R 为宅基地及房屋年平均租金。

三、数据来源及处理

本书的研究数据主要来自研究团队于 2019 年 6～8 月在福建省晋江市开展的乡村调查。研究团队利用随机抽样的方式选取受访农户，借鉴应用参与式乡村评估技术（PRA），依据设计好的调查问卷和设计规范的访谈编码及提纲进行调查。此次调查以户为单位，一共访问农户数 200 户，回收问卷 159 份，经过严格的数据清洗，剔除存在部分信息前后矛盾及重要信息缺失等无效问卷后，获取有效问卷 143 份，有效问卷回收率 71.50%。为便于分析，对 143 份问卷的数据进行前期处理。社会经济数据主要来自《泉州市统计年鉴（2016—2018）》《晋江市政府工作报告（2016—2018）》等资料。

第三节 实 证 分 析

一、宅基地使用权价值补偿标准测算

（一）宅基地住房保障价值测算

根据《晋江市住房保障实施意见》对于符合购买经济适用房的户均购房补贴（B_1）约为 23.76 万元/户，对于符合廉租房的人均年租赁住房补贴（B_2）约为 2880 元/人，调研地区居民购买经济适用房的比例（a）约为 23.01%，调研地区居民申请廉租房的比例（b）约为 76.99%。2016～2018 年晋江市农村人口平均（$\bar{P}$）为 511399 万人，农村户均人口（$\bar{p}$）约为 3.67 人，农村宅基地总面积（S_z）平均为 117621923 平方米，资本还原率（r）为 3.33%。根据公式（8-3）计算可得，晋江市单位宅基地住房保障价值约为 $V_{s1} = 355.28$ 元/平方米。

（二）宅基地社会保障价值测算

基于前述宅基地社会保障的内涵，根据测算宅基地社会保障价值的方法，根据实地调研情况和《晋江市统计年鉴》可知，政府补贴城镇职工就业养老保障支出（Y_1）约为1160.25元，政府补贴农户就业养老保障支出（Y_2）约为1151.50元，政府补贴城镇职工医疗保障支出（M_2）约为1009.80元，政府补贴农户医疗保障支出（M_2）约为1000.55元，人均宅基地面积（$\bar{S}_z$）约为30平方米。根据公式（8-4）计算可得，晋江市单位宅基地社会保障价值约为$V_{s2} = 18.19$元/平方米。

（三）宅基地生产价值测算

根据实地调研可知，晋江市农村地区房屋出租年平均租金（R）约为44.64元/人，农林牧渔业年非规模化生产收入（I_f）约为2118000万元，农林牧渔业年非规模化生产成本（C_f）约为175021万元，该调研地区农林牧渔业规模化生产的比例（p_s）约为1.45%。根据公式（8-5）计算可得，晋江市单位宅基地生产价值约为$V_{s3} = 1425.78$元/平方米。

综上所述，根据公式（8-2）计算可得，晋江市单位宅基地使用权价值约为$V_s = 1799.25$元/平方米。

二、房屋及附属设施价值补偿标准测算

（一）房屋及附属设施价值测算

基于前文对房屋及附属设施所有权价值的分析，根据测算房屋及附属设施价值补偿额度的方法，参照该市最新颁布的《晋江市被征土地房屋补偿标准》对宅基地退出户拥有的房屋及附属设施价值进行测算。不同结构的单位面积补偿价格、折旧系数与使用年限如表8-1所示，代入公式（8-7）计算可得，晋江市单位房屋及附属设施价值约为$V_{FW1} = 38862.21$元/230平方米 = 168.97元/平方米。

表8-1   房屋补偿标准

类别	价格（元/平方米）	折旧系数	使用年限（年）
草房	190	0	10
砖瓦房	240	6	40
捣制或预制砖砼结构	280	2	40
楼房（二层以上）	330	0	50

（二）宅基地心理价值测算

根据调研数据显示，农村家庭宅基地退出前后生活成本差异较大。其中，农村家庭进城平均生活成本（$\bar{C}_2$）约为 20758.67 元/户，农村家庭农村平均生活成本（$\bar{C}_1$）约为 16788.67 元/户。根据公式（8-8）计算可得，晋江市单位宅基地心理价值约为 $V_{FW2} = 142.65$ 元/平方米。

（三）宅基地生态价值测算

宅基地的生态价值是参照谢高地等（2003）研究进行计算，通过实地调研发现农户通常种植经济作物，起到的主要生态作用是水土保持、食物生产以及原材料生产等。因此，生态系统服务功能的单位面积当量因子（η）取值如表8-2所示。

表8-2   晋江市宅基地生态系统部分服务功能当量因子

项目	服务功能				
	食物生产	原材料生产	水土保持	改善小气候	涵养水源
因子	1	0.1	1.46	0.89	0.6

结合调研数据相应的经济作物产量和当地价格，根据公式（8-9）计算可得，晋江市单位宅基地生态价值约为 $V_{FW3} = 1.53$ 元/平方米。

综上所述，根据公式（8-6）计算可得，晋江市单位房屋及附属设施价值约为 $V_{FW} = 313.15$ 元/平方米。

三、宅基地发展权补偿标准测算

根据前文分析本书利用宅基地不确定期权价值来衡量宅基地发展权价值，

宅基地不确定期权价值是指宅基地在未来不同开发利用的情况下产生的不同收益。换言之，农村家庭退出后宅基地利用类型的不同，所带来的收益会有巨大差异。本书主要考虑调研区域内宅基地上房屋进行出租经营存在的期权价值，其预期收益率为3%；宅基地退出后复垦为耕地所存在的期权价值，其预期收益率为5%；宅基地退出后为城镇建设用地的期权价值，其预期收益率为6%。取折现率为3.30%，不确定性为6.73%，则不同用途下的宅基地期权价值，根据公式（8-10）计算结果，如表8-3所示，则晋江市单位宅基地发展权价值约为 V_{FZQ} = 3167.05 元/平方米。

表8-3 不确定宅基地发展权价值

用途	不确定性（σ）（%）	折现率（r）（%）	预期收益率（u）（%）	宅基地期权价值（元/平方米）
出租	6.73	3.30	3.00	2332.29
复垦	6.73	3.30	5.00	4099.35
建设	6.73	3.30	6.00	3069.52

四、宅基地退出补偿标准有效范围

根据前文所述，晋江市宅基地退出补偿标准农村家庭满意值可根据公式（6-1）计算得到，$V_{\max}$ = 1273.14 元/平方米，其中家庭经济发展能力的回归系数 α_1 为 0.263，家庭经济发展能力与家庭保障能力的交互项系数 $\alpha_1 \times \alpha_2$ 为 0.016，家庭经济发展能力与家庭风险承载能力的交互项系数 $\alpha_1 \times \alpha_3$ 为 0.250。

虽然通过考虑农村家庭发展能力与机会成本的测算，能够达到提升农村家庭发展能力与保障农村家庭长远生计的目的，但地方政府的财政水平有限。因此，对初步测算出的宅基地退出标准进行调整，使补偿标准不仅能够使农村家庭满意，还不会对政府造成巨大预算赤字。因此，本书采用地方政府支农支出占与地方总收入之比作为调整的比例系数对宅基地退出补偿标准 $V_{\min}$ 进行调整，具体公式如下：

$$V_{\min} = \frac{\beta_1}{\beta_2} \times V_{\max} \qquad (8-11)$$

其中，β_1 为地方政府支农支出，β_2 为地方政府总收入。

根据公式（8 - 11）计算可得，晋江市宅基地退出补偿标准政府承受值为 V_{min} = 1139.61 元/平方米。

综上所述，本书测算晋江市 2019 年宅基地退出补偿标准的有效范围在 [1139.61，1273.14] 元/平方米。

第四节 本章小结

本章围绕在农村宅基地退出过程中如何测算对农村家庭进行补偿标准，以宅基地退出政策试点县市为例，进行实证分析，研究结果如下：

（1）基于农村家庭发展能力视角，确定了农村宅基地退出过程中农村家庭发展能力与宅基地使用权、房屋及附属设施所有权以及宅基地发展权的关系，并以此构建农村宅基地退出补偿价值体系。其中，家庭经济发展能力的构成与宅基地使用权、宅基地发展权相关；家庭保障能力的构成与宅基地使用权、房屋及附属设施所有权有关；家庭风险承载能力的构成与房屋及附属设施所有权有关。

（2）基于农村宅基地退出补偿价值体系，主要对宅基地使用权、房屋及附属设施所有权与宅基地发展权进行测算。其中，宅基地使用权价值包含农村家庭退出宅基地而放弃的宅基地住房保障价值、宅基地社会保障价值、宅基地生产价值。房屋及附属设施价值包含农村家庭退出宅基地而放弃的宅基地上房屋及附属设施价值、宅基地心理价值、宅基地生态价值。同时考虑到家庭发展能力与宅基地退出机会成本的关系，利用家庭发展能力系数乘上相应的宅基地价值，各项宅基地价值之和为农村家庭退出机会成本损失。以福建省晋江市为例，农村宅基地退出补偿标准的有效范围为 [1139.61，1273.14] 元/平方米，略高于中西部地区的宅基地政策试点地区的退出补偿标准。

根据本章研究可得，宅基地退出补偿不仅是宅基地顺利退出的核心，还是构成家庭发展能力的动力源泉。一方面，不同农村家庭的宅基地基本特征不同，其家庭发展能力有所差异，政府应当采用"因户制宜"的补偿方式，尽可能做到"一户一方案"的宅基地退出模式。另一方面，宅基地退出补偿应当注重合理科学的测算，既要考虑到农户最需要的方面也要酌情考虑当地的财政水平。

首先，建立合理的农村宅基地退出补偿标准，科学量化农村家庭宅基地退出机会成本的损失。由于宅基地退出的机会成本实际上是农村家庭隐性利益，政府容易忽视对这类隐性利益与农村家庭发展能力的关系，导致补偿标准不能够保障农村家庭的长远生计，可能还会使得农村家庭生活水平低于贫困线。因此，政府在测算农户宅基地退出补偿标准时，应科学合理地量化农村家庭的隐性利益，关注农村家庭发展能力的提升，为合理地确定农户补偿标准提供定量依据。

其次，为减少潜在的农村土地市场投机，建立健全的农村土地价格评估标准。健全的农村土地价格评估标准是保护和显化农村家庭潜在利益的重要措施，这可以提高对宅基地退出的补偿标准。另外，明确农村土地财产权的主体及完善产权权能，能够有效地避免农村土地市场的投机情况，保护农村家庭的基本权利，并有效地分配农村土地资源，使农民的机会费用损失内化。

同时，本书研究还发现，宅基地退出模式实施主体存在异质性，若实施主体采取组合宅基地退出模式，满足农村家庭的发展需求，能够进一步提高双边满意度，从而可以提高农户退出宅基地的意愿，有利于农村宅基地改革进程。

第九章

不同家庭类型的宅基地
退出风险传导与仿真

综合从家庭基础资源、家庭功能及家庭发展需求等方面考虑，根据农户家庭发展能力的差异性，从务农程度、经济能力水平、家庭人员结构、宅基地依赖程度、抵御风险能力以及家庭发展特点六个指标，将农户家庭分为成长型家庭、稳定型家庭、扶持型家庭。不同类型的退出农户家庭选取不同的宅基地退出模式对应着不同的宅基地退出风险传导路径。通过分析宅基地退出风险随时间变化、传导机制以及风险间相互影响的关系，设定参数方程，基于SEIR模型分别构建了成长型家庭宅基地退出风险传导模型和稳定型家庭宅基地退出风险传导模型。在仿真实验中，仿真模拟了风险因素在宅基地退出阶段之间的风险传导过程，并进行结果分析，识别出关键参数，从家庭层面为防范宅基地退出风险提供借鉴和参考。

第一节 家庭类型与宅基地退出风险传导分析

一、宅基地退出模式

随着不断推进具有中国特色的新型城镇化建设，我国的城镇化水平及城镇化率高速增长，农户家庭结构越来越核心化，农户个体发展和家庭整体发展之间的联系越发密切。家庭需要农户个人发展支撑，农户也不能脱离家庭生存和发展，农户家庭发展能力是农户获取的资源满足每个家庭成员生活与发展的一种能力。

本书基于家庭发展能力理论，按照农户家庭发展能力的差异性，从务农程度、经济能力水平、家庭人员结构、宅基地依赖程度、抵御风险能力以及家庭发展特点六个指标，将农户家庭分为成长型家庭、稳定型家庭、扶持型家庭，如表9－1所示。其中，务农程度通过农户家庭农业年均收入与年均总收入之比衡量；经济能力水平通过农户家庭平均可支配收入衡量；家庭人员结构通过家庭成员的年龄阶段衡量；宅基地依赖程度通过目前人均宅基地使用面积与当地人均宅基地使用面积标准之比衡量。

表9－1 宅基地退出模式特点分析

家庭类型	务农程度	经济能力水平	家庭人员结构	宅基地依赖程度	抵御风险能力	家庭发展特点
成长型	＋＋	＋＋＋	＋＋	＋＋	＋＋＋	家庭城镇化
稳定型	＋＋＋	＋＋	＋＋＋	＋＋＋＋	＋＋	家庭稳定化
扶持型	＋	＋	＋	＋＋＋	＋	家庭养老化

注：＋代表指标值的大小。

1. 成长型家庭

成长型家庭具有较强的发展能力，整个家庭呈现向上发展的趋势，其经济能力水平和抵御风险能力处于较高水平，务农程度与宅基地依赖程度处于中等水平，家庭人员结构相对简单。这种类型的家庭通常为一家三口加上双方父母，夫妻至少有一人在外务工，此类型家庭能够依靠现有的基础资源实现家庭再生产。由于经济水平满足在城市的居住需求和生活需求，对于农村居住的宅基地仅限于每逢过节居住，宅基地可能转出或者荒废。因此，应当抓住成长型农户家庭的主要需求，宅基地退出模式大多数为货币补偿模式或资产置换模式。货币补偿模式是由政府或村集体按照一定的价格对退出的宅基地进行回收，资产置换模式指的是通过分配安置房或商品房的形式进行有价补偿。两种退出模式都帮助成长型家庭解决核心问题，例如，解决在城市的买房问题、解决子女教育水平问题和保证社会保障的持续性等，以满足农户家庭退出农村宅基地后的生活所需和推动农户家庭长远发展。

2. 稳定型家庭

相对于成长型家庭，发展能力不强，整个家庭处于稳定阶段，其务农程度处于较高水平，经济能力水平和抵御风险能力处于中等水平，家庭人员结构复杂，对宅基地依赖程度十分的高。这种类型的家庭通常为居住在农村的三代同堂，农户家庭的父母年龄相对年轻，健康状况足以进行耕种，从事一定的农业生产，基本上能够维持家庭的正常运行，但退出宅基地的想法较为薄弱。因此，对于稳定型家庭的农户家庭，宅基地退出模式通常为指标置换模式或资产置换模式。指标置换模式指的是将农户原有的宅基地回收后，统一对农户的宅基地权益进行重新分配，退出的有偿性主要通过宅基地的重新分配及一定货币的补缴来体现。这两种退出模式既能合理规划农户用地，促进宅基地的高效利用，又能提升稳定型家庭发展的经济能力和抵御风险能力。

3. 扶持型家庭

相对于前两种类型的农户家庭，农户家庭发展能力较差，整个家庭处于衰退阶段，其务农程度、经济能力水平和抵御风险能力较差，家庭人员结构十分简单，对宅基地依赖程度较高。这种类型的家庭通常是年老夫妻单独居住，依靠自身的务农难以满足最基本的生存需求，且以养老为家庭发展的主要需求。此类型家庭每个地区都会存在，是一种特殊的家庭类型。因此，对于扶持型家庭，宅基地退出模式通常为借地退出模式。借地退出模式指的是在自愿退出原则下，由村集体采用租、借的方式向农户收回闲置的宅基地，农户依然享有宅基地名义上的无限期和福利性，宅基地退出后居住在村内其他区域的新建房满足基本居住需求和生活需求，提高以地养老的保障水平。

以上是根据农户家庭发展能力的差异性和家庭发展需求对宅基地退出模

式的选取。同时，在调研过程中发现，有部分农户家庭选择货币补偿，生活水平虽然得到短暂性的提升，但由于经济收入下降和生活成本上升等问题后悔退出宅基地。可能是由于农户家庭在选择宅基地退出模式时没有综合考虑整个家庭发展能力和抵御风险能力导致的结果。随着时间的推移，农户家庭与宅基地退出模式的错配的影响会促进试点地区宅基地退出的风险传导。

二、宅基地退出风险传导分析

宅基地退出过程中，退出农户都会经历"农村—农业退出—城镇进入—宅基地退出—城镇融入"这五大阶段。其中，农村阶段指的是农户进行务农工作并居住在农村里；农业退出阶段指的是农户不再进行务农工作，从事非农业工作；城镇进入阶段指的是农户进入城镇从事非农业工作，居住在城镇但宅基地未退出；宅基地退出阶段指的是宅基地已退出，农户进入城镇居住并从事非农业工作；城镇融入阶段指的是农户的市民化，即农户长期进入城镇从事非农业，获得市民身份和享受市民权利的过程。

风险主体指的是宅基地退出实施主体（退出农户），宅基地退出风险传导可以理解为，在宅基地退出过程中，将每个退出农户以退出阶段为单位进行划分，每个退出阶段的农户都是独立个体，所有退出农户构成的集合作为研究区域内个体的总数。当某个阶段的风险因子起作用时，会影响到该农户在该阶段的退出情况，而由于农户自身能力的不同，如果该风险因子并不能有效地控制，该影响还可能会延续至下一个退出阶段中，在整个宅基地退出风险链系统中被逐级增加，进而导致宅基地退出农户的权益遭受损失；该风险因子也有可能中断农户的宅基地退出，重新返回农村将不再进行宅基地退出，影响整个退出的顺利进行。宅基地退出风险链是在退出过程中风险极易相继传导形成具有链式传导效应的有序风险序列，在宅基地退出风险链系统中，每个阶段之间的风险联系体现在风险的定向流动和有序传递。宅基地退出风险传导总路径如图 9 - 1 所示。

根据农户家庭发展能力的差异性，本书将退出农户家庭分为成长型家庭、稳定型家庭和扶持型家庭，不同类型的退出农户家庭采取不同的宅基地退出模式，对应着不同的宅基地退出风险传导路径，图 9 - 2 为基于宅基地退出实施主体的宅基地退出风险传导路径图。

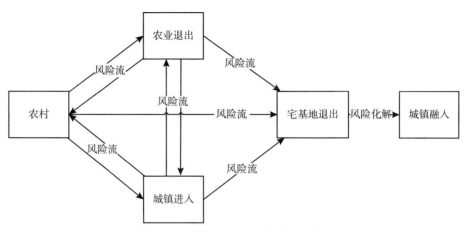

图9-1 宅基地退出风险传导总路径

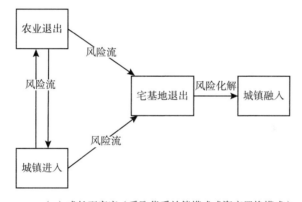

（a）成长型家庭（采取货币补偿模式或资产置换模式）

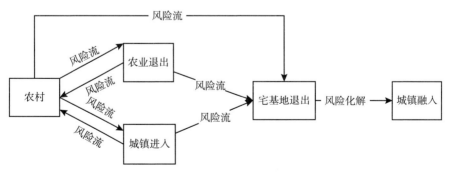

（b）稳定型家庭（采取指标置换模式或资产置换模式）

（c）扶持型家庭（采取借地退出模式）

图9-2　基于宅基地退出实施主体的宅基地退出风险传导路径

具体包括三个主要风险传导路径。

1. 成长型家庭退出风险传导路径

成长型家庭因夫妻至少有一人在外务工直接从农业退出阶段开始，经历"农业退出—城镇进入—宅基地退出—城镇融入"这四大阶段。在宅基地退出的过程中，采取货币补偿模式或资产置换模式的退出模式之后，此类型家庭可以先进入城镇从事非农工作，然后再进行宅基地退出，最后完成农户的市民化，获得市民身份和享受市民权利；也可以直接进行宅基地退出，同时居住在分配的安置房或商品房，并从事非农工作，最后逐渐完成农户的市民化；但在宅基地退出的过程中农户也会面对多种多样的风险，如果在城镇进入阶段中某风险因子起作用时，导致退出农户权益遭受重大的损失或者导致退出农户放弃退出时，则会中断农户的宅基地退出，重新返回农业退出阶段；但该风险因子也可以通过退出农户和政府调控，阻断对下一退出阶段甚至整个宅基地退出过程的影响。

2. 稳定型家庭退出风险传导路径

稳定型家庭因农户家庭的父母能从事一定的农业生产，也可以培训几种非农职业技能，通常从农村阶段开始，经历"农业—农业退出—宅基地退出—城镇融入"这四大阶段或者经历"农业—城镇退出—宅基地退出—城镇融入"这四大阶段。在宅基地退出的过程中，此类型家庭既可以采取指标置换模式，在村集体合理规划布局后统一对农户的宅基地权益进行重新分配，培训相关非农职业技能，然后在宅基地退出后进入城镇居住并从事非农业工作，最后完成农户的市民化；也可以采取资产置换模式，直接进行宅基地退出，同时居住在分配的安置房或商品房，并从事非农工作，最后逐渐完成农户的市民化；但同样地，在宅基地退出过程中农户会面对风险，如果在农业退出阶段中农户职业技能培训情况较差或对退出后的居住环境以及生活方式并不满意，也会中断农户的宅基地退出，重新返回农村阶段。

3. 扶持型家庭退出风险传导路径

扶持型家庭因通常是年老夫妻单独居住，劳动能力逐渐降低，通常一直进行务农工作并居住在农村里，从农村阶段开始，仅仅经历"农业—宅基地退出"这两大阶段。此类型家庭通常采取借地退出模式，主要是满足最基本的生存需求，以养老为家庭发展的主要需求。借地退出模式依然保留宅基地名义上的"长期性"占地权利，且此类型家庭居住在村内其他区域的新建房保障基本居住权益，提高以地养老的保障水平。

第二节 成长型家庭退出风险传导的 SEIR 模型

一、相关假设

本书将每个农户的退出阶段假设是一个节点，每个节点之间相互关联，任何节点的风险因子起作用时，会影响其他节点，进而影响宅基地退出质量，从而导致宅基地退出农户的权益遭受损失。因为由一个退出阶段到另一个退出阶段从而影响宅基地退出需要一定的时间，传导速度、持续时间和农户自身抵御风险能力等都有一定的关系。本书基于宅基地退出风险链系统作为背景，通过调整 SEIR 传染病模型中的传播机制，得到适用于宅基地退出风险链运作模式的风险传导 SEIR 模型，用来研究宅基地风险传导情况，为了构建 SEIR 模型，作出以下假设：

（1）将每个节点都分为四个状态。易感状态 $S(t)$ 表示农户正处于农业退出阶段；潜伏状态 $E(t)$ 表示农户正处于城镇进入阶段；感染状态 $I(t)$ 表示农户正处于宅基地退出阶段；恢复状态 $R(t)$ 表示农户正处于城镇融入阶段。

（2）假设宅基地退出风险系统中共有 N 个节点（N 为常数），为了保证宅基地退出风险系统是一个闭合的状态，即宅基地退出风险系统的节点总量 N 不会发生变化，假定单位时间内进入系统的人群和退出系统的人数相同，则 $d_1 N = d_2 R$。在 t 时刻，$s(t)$、$e(t)$、$i(t)$、$r(t)$ 分别为四种状态的节点占总节点的比例，且 $s(t) + e(t) + i(t) + r(t) = 1$。模型中所有参数均为非负数，由于每个节点状态都不是一蹴而就的，因此连续且可微。

（3）假设每个阶段之间的风险传导会同时受到推动因素和遏制因素的影响。推动因素指的是能够促进每个阶段之间风险传导的因素，例如，宅基地退出机制和社会保障机制尚未健全、退出过程中监督部门监督力度不够，退出农户自身能力不足等。遏制因素指的是能够阻止每个阶段之间风险传导的因素，例如，退出农户本身消除风险的能力、政府对退出农户采取的控制措施，以及政府的监督强度等。

（4）首先，当农户在从农村退出阶段时，可以选择进入城镇进入阶段，这时遇到风险时，假设这风险会有 δ_1 的概率引发其他风险的生成从而传导到城镇进入阶段，同样农户也可以选择直接进入宅基地退出阶段，则假设有 μ 的概率传导到宅基地退出阶段；其次，当农户在城镇进入阶段遇到风险，假设该风险有 τ 的概率将会传导到宅基地退出阶段，同时会因解决不了风险从而有 $1-\tau$ 的概率选择中断宅基地退出回到农村退出阶段；最后，当农户在宅基地退出阶段遇到风险，需要农户和政府管理者共同努力消除风险，使农户平稳安全地进入城镇融入阶段，假设会有 γ 的概率能消除风险。成长型家庭宅基地退出风险传导如图 9-3 所示。

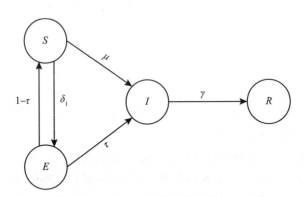

图 9-3　宅基地退出风险传导

二、传导模型

根据上述传导机制和传导过程以及借鉴相关文献的建模思路，建立如下的成长型家庭宅基地退出风险传导的微分方程模型：

$$\begin{cases} \dfrac{\mathrm{d}s}{\mathrm{d}t} = d_1 N - \delta_1 si - \mu s + (1-\tau)e \\[2mm] \dfrac{\mathrm{d}e}{\mathrm{d}t} = \delta_1 si - (1-\tau)e - \tau e \\[2mm] \dfrac{\mathrm{d}i}{\mathrm{d}t} = \tau e + \mu s - \gamma i \\[2mm] \dfrac{\mathrm{d}r}{\mathrm{d}t} = \gamma i - d_2 R \end{cases} \qquad (9-1)$$

显然 δ_1，τ，μ，$\gamma \in [0, 1]$，且

$$s(t) + e(t) + i(t) + r(t) = 1 \qquad (9-2)$$

此方程为同质化条件下的 SEIR 模型，该模型中未进行标准化处理，然后可以对该模型进行数理分析，公式（9-2）中 $s(t)$、$e(t)$、$i(t)$、$r(t)$ 分别为四种状态的节点占总节点的比例，由于公式（9-1）中前三个方程都不包括 r，故仅讨论由前三个方程所构成的传染病模型的动力学性质。由前三个方程构成的平面系统为：

$$\begin{cases} \dfrac{\mathrm{d}s}{\mathrm{d}t} = d_1 N - \delta_1 si - \mu s + (1-\tau)e \\[2mm] \dfrac{\mathrm{d}e}{\mathrm{d}t} = \delta_1 si - (1-\tau)e - \tau e \\[2mm] \dfrac{\mathrm{d}i}{\mathrm{d}t} = \tau e + \mu s - \gamma i \end{cases} \qquad (9-3)$$

由于本书主要研究宅基地退出风险在退出阶段中的传导规律，为此，下面重点关注风险在各阶段的传导率、传导时间以及风险消除率。基于此，本书需要求解传导平衡点和基本再生数 R，通过传导平衡点、基本再生数和各参数变化来揭示出宅基地退出风险在各阶段之间的传导规律。

三、基本再生数 R 和传导平衡点的稳定性

在宅基地退出风险网络当中，随着时间的推移，受风险干扰的节点是继续传导给后续节点还是风险消亡取决于基本再生数 R，基本再生数 R 是用来区分风险是否传导的阈值。

由于宅基地退出风险网络存在边界，因此各类初始值应在边界区域内：

$$D = \left\{ (S, E, I, R) \,\middle|\, E, I, R \geqslant 0, \text{ 且 } S+E+I+R \leqslant 1 \right\} \qquad (9-4)$$

（一）无传导平衡点

在宅基地退出风险传导系统中，假如潜伏状态、感染状态、恢复状态的节点都为 0 时，即取零点 P（1，0，0，0），就意味着整个宅基地退出风险传导网络中所有节点都是易感状态节点，这个时候，所有农户都不进行宅基地退出，网络中就不存在风险之间相互影响现象，因此公式（9-3）中有平衡点 P_0（1，0，0），即没有节点风险干扰传导平衡点。该点为退出农户对宅基地退出过程中的一个退出风险消除平衡点，宅基地退出过程处于一个理想状态，但实际并不存在。本书用再生矩阵方法求模型的基本再生数。

在初始状态 $s(0)=1$，$e(0)=i(0)=0$，设 $X = \begin{Bmatrix} x_1 \\ x_2 \end{Bmatrix} = \begin{Bmatrix} e \\ i \end{Bmatrix}$，将公式（9-3）表示为如下：

$$\frac{\mathrm{d}X}{\mathrm{d}t} = (F+V)X \qquad (9-5)$$

其中，

$$F = \begin{pmatrix} 0 & \delta_1 \\ 0 & 0 \end{pmatrix} \qquad (9-6)$$

$$V = \begin{pmatrix} -1 & 0 \\ \tau & -\gamma \end{pmatrix} \qquad (9-7)$$

$$V^{-1} = \frac{1}{\gamma}\begin{pmatrix} -\gamma & 0 \\ -\tau & -1 \end{pmatrix} = \begin{pmatrix} -1 & 0 \\ -\dfrac{\tau}{\gamma} & -\dfrac{1}{\gamma} \end{pmatrix} \qquad (9-8)$$

因此，

$$K_L = -FV^{-1} = \begin{pmatrix} 0 & \delta_1 \\ 0 & 0 \end{pmatrix}\begin{pmatrix} -1 & 0 \\ -\dfrac{\tau}{\gamma} & -\dfrac{1}{\gamma} \end{pmatrix} = \begin{pmatrix} \dfrac{\delta_1\tau}{\gamma} & -\dfrac{\delta_1}{\gamma} \\ 0 & 0 \end{pmatrix} \qquad (9-9)$$

然后，

$$|\lambda E - K_L| = \begin{vmatrix} \lambda - \dfrac{\delta_1\tau}{\gamma} & \dfrac{\delta_1}{\gamma} \\ 0 & \lambda \end{vmatrix} = \lambda\left(\lambda - \dfrac{\delta_1\tau}{\gamma}\right) \qquad (9-10)$$

得到公式（9-11）的最大特征值即基本再生数 R 为：

$$R = \frac{\delta_1 \tau}{\gamma} \tag{9-11}$$

公式（9-2）在无传导平衡点 $P_0(1, 0, 0)$ 中的 Jacobian 矩阵为：

$$J(P_0) = \begin{bmatrix} \mu & 1-\tau & -\delta_1 \\ 0 & -1 & \delta_1 \\ -\mu & \tau & -\gamma \end{bmatrix} \tag{9-12}$$

因此，$J(P_0)$ 的特征方程为：

$$
\begin{aligned}
|\lambda E - J(P_0)| &= \begin{vmatrix} \lambda - \mu & \tau - 1 & \delta_1 \\ 0 & \lambda + 1 & -\delta_1 \\ \mu & -\tau & \lambda + \gamma \end{vmatrix} = \begin{vmatrix} \lambda - \mu & \tau + \lambda & 0 \\ 0 & \lambda + 1 & -\delta_1 \\ \mu & -\tau & \lambda + \gamma \end{vmatrix} \\
&= \begin{vmatrix} \lambda & \lambda & \lambda + \gamma \\ 0 & \lambda + 1 & -\delta_1 \\ \mu & -\tau & \lambda + \gamma \end{vmatrix} = \begin{vmatrix} \lambda & 0 & \lambda + \gamma \\ 0 & \lambda + 1 & -\delta_1 \\ \mu & -\tau - \mu & \lambda + \gamma \end{vmatrix} \\
&= \lambda[\lambda^2 + (\gamma + 1 + \mu)\lambda + (\gamma - \delta_1\tau - \delta_1\mu + \mu)] \tag{9-13}
\end{aligned}
$$

解得 $J(P_0)$ 的特征根分别为 $\lambda_1 = 0$，$\lambda_2 + \lambda_3 = -(\gamma + 1 - \mu)$，$\lambda_2 \times \lambda_3 = (\gamma + \delta_1\tau - \delta_1\mu - \mu)$，显然 $\lambda_2 + \lambda_3 < 0$，当 $R < 1$ 时，$\gamma > \delta_1\tau$，$0 < \delta_1 < 1$，所以 $\gamma - \delta_1\tau > 0$，$\mu - \delta_1\mu = \mu(1 - \delta_1) > 0$，再结合 Routh-Hurwitz 判断，知 $|\lambda E - J(P_0)| = 0$ 的特征根均具有负实部，即当 $R < 1$ 时，无传导平衡点 P_0 是全局渐进稳定的，当 $R > 1$ 时，P_0 不稳定。

（二）非零平衡点

无传导平衡点（1, 0, 0）是一种理想状态，在实际宅基地退出风险传导中并不存在无传导平衡点，因此，需要寻找在边界区域内的非零平衡点 P^*（S^*, E^*, I^*）。

令公式（9-3）的左边为零，可得到：

$$
\begin{cases}
s^* = \dfrac{\gamma}{\tau\delta_1 i^* - \mu} i^* \\[3mm]
e^* = \dfrac{\delta_1 \gamma i^{*2}}{\tau\delta_1 i^* - \mu} = \dfrac{\delta_1 \gamma i^{*2}}{\gamma R i^* - \mu}
\end{cases} \tag{9-14}
$$

公式（9-2）在非零平衡点 P^*（S^*, E^*, I^*）中的 Jacobian 矩阵为：

$$J(P^*) = \begin{bmatrix} \mu - \delta_1 i^* & 1 - \tau & -\delta_1 s^* \\ \delta_1 i^* & -1 & \delta_1 s^* \\ -\mu & \tau & -\gamma \end{bmatrix} \quad (9-15)$$

因此，$J(P^*)$ 的特征方程为：

$$
|\lambda E - J(P^*)| = \begin{vmatrix} \lambda - \mu + \delta_1 i^* & \tau - 1 & \delta_1 i^* \\ -\delta_1 i^* & \lambda + 1 & -\delta_1 s^* \\ \mu & -\tau & \lambda + \gamma \end{vmatrix} = \begin{vmatrix} \lambda - \mu & \tau + \lambda & 0 \\ -\delta_1 i^* & \lambda + 1 & -\delta_1 s^* \\ \mu & -\tau & \lambda + \gamma \end{vmatrix}
$$

$$
= \begin{vmatrix} \lambda & \lambda & \lambda + \gamma \\ -\delta_1 i^* & \lambda + 1 & -\delta_1 s^* \\ \mu & -\tau & \lambda + \gamma \end{vmatrix} = \begin{vmatrix} \lambda & 0 & \lambda + \gamma \\ -\delta_1 i^* & \lambda + 1 + \delta_1 i^* & -\delta_1 s^* \\ \mu & -\tau - \mu & \lambda + \gamma \end{vmatrix}
$$

$$= \lambda^3 + C_{11}\lambda^2 + C_{22}\lambda + C_{33} \quad (9-16)$$

其中，

$$C_{11} = \delta_1 i^* + \gamma + \mu - 1 \quad (9-17)$$

$$C_{22} = \delta_1 i^* \tau + \delta_1 i^* \gamma - \mu - \gamma(1 - \mu) - \frac{\delta_1(\mu + \tau)\gamma}{\tau \delta_1 i - \mu} i^* \quad (9-18)$$

$$C_{33} = \delta_1 i^* \tau \gamma - \mu \gamma \quad (9-19)$$

解得 $J(P^*)$ 的特征根分别为 $\lambda_1 + \lambda_2 + \lambda_3 = -C_{11}$，$\lambda_1\lambda_2 + \lambda_1\lambda_3 + \lambda_2\lambda_3 = C_{22}$，$\lambda_1 \times \lambda_2 \times \lambda_3 = -C_{33}$，显然当 $R > 1$，$\lambda_1 + \lambda_2 + \lambda_3 < 0$，$\lambda_1 \times \lambda_2 \times \lambda_3 < 0$，再结合 Routh-Hurwitz 判断，知 $|\lambda E - J(P^*)| = 0$ 的特征根均具有负实部，且若存在唯一的非零平衡点 $P^*(S^*, E^*, I^*)$，则 $P^*(S^*, E^*, I^*)$ 是全局渐进稳定的。

综上可知，当基本再生数 $R > 1$ 时，在边界区域 D 内宅基地退出风险传导系统中只存在唯一的正平衡点 $P^*(S^*, E^*, I^*)$，正平衡点是全局渐进稳定的；而当基本再生数 $R < 1$ 时，宅基地退出风险传导系统只有无传导平衡点，无传导平衡点 P_0 是全局渐进稳定的。

四、基本再生数 R 的内在机理

基本再生数 R 直接影响了风险在退出阶段中的传导范围和状态，从公式（9-12）中可以看到，基本再生数 R 受多种因素共同影响，主要因素有：

第一，当农户在农村退出阶段时遇到的风险传导到城镇进入阶段的概率 δ_1；第二，当农户在城镇进入阶段时遇到的风险传导到宅基地退出阶段的概率 τ；第三，当农户在宅基地退出阶段时消除风险的概率 γ。下面将分析以上三种因素对基本再生数 R 的影响机理以及它们之间的关系。

由公式（9－12）可以明显地看出，随着 γ 的值增加，基本再生数 R 的值也会减少，所以 γ 与基本再生数 R 是成反相关的；随着 δ 和 τ 的值增加，基本再生数 R 的值也会增加，所以 δ 和 τ 与基本再生数 R 是成正相关的。因此，为了使基本再生数 R 变小，则需要增大 γ 的值，减少 δ 和 τ 的值。这说明，为了有效地控制宅基地退出风险之间的传导，需要减少促进因素带来的影响和增加阻碍因素带来的影响，减少一些外在条件因素的客观影响。

五、基本再生数 R 对宅基地退出风险传导的影响

根据上述的传导模型和传导平衡点及阈值内在机理的分析，本书运用MATLAB 数学建模工具编写程序进行仿真。仿真模拟的过程主要关注于模型中基本再生数 R 对宅基地退出风险传导的影响。

（一）当基本再生数 $R<1$ 时

假设模拟时间为 50 天，宅基地退出风险传导系统中四种节点状态的初始比例为 $S(0)=0.85$，$E(0)=0.1$，$I(0)=0.03$，$R(0)=0.02$；假设各参数 $\tau=0.2$，$\delta_1=0.4$，$\gamma=0.6$，$\mu=0.2$，则基本再生数 $R=0.13<1$。当基本再生数 $R<1$ 时对宅基地退出风险传导过程的影响如图 9－4 所示。

从图 9－4 可以看出，当基本再生数 $R<1$ 时，自然状态风险 S 和感染状态 I、潜伏状态 E 都没有交点，所以宅基地退出风险系统只存在无传导平衡点。一开始出现感染状态风险 I 进行风险传导时，自然状态风险 S 的比例会快速下降为 0，感染状态风险 I 和潜伏状态风险 E 会先稍微上升然后下降至0，则恢复状态风险 R 的比例会上升不断至 1。因此说明风险随着时间演化自然会逐步趋于消灭，不会在模型中传播，所有退出农户将不受风险的影响，最终都处于城镇融入阶段中，整个退出过程呈现健康的状态。

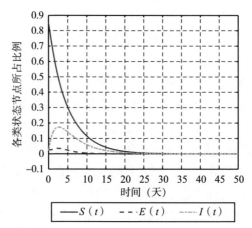

图 9 - 4　基本再生数 $R < 1$ 时对宅基地退出风险传导过程的影响

（二）当基本再生数 $R > 1$ 时

依旧假设模拟时间为 50 天，宅基地退出风险传导系统中四种节点状态的初始比例为 $S(0) = 0.85$，$E(0) = 0.1$，$I(0) = 0.03$，$R(0) = 0.02$；而假设各参数 $\tau = 0.7$，$\delta_1 = 0.5$，$\gamma = 0.2$，$\mu = 0.2$，则基本再生数 $R = 1.75 > 1$。当基本再生数 $R > 1$ 时对宅基地退出风险传导过程的影响如图 9 - 5 所示。

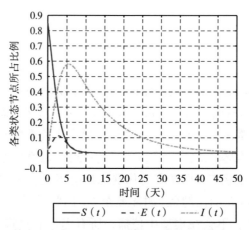

图 9 - 5　基本再生数 $R > 1$ 时对宅基地退出风险传导过程的影响

从图 9 - 5 可以看出，当基本再生数 $R > 1$ 时，自然状态风险 S 和感染状态 I、潜伏状态都有交点，所以宅基地退出风险系统会出现唯一的正平衡点

$P^*(S^*,E^*,I^*)$，这就意味着随着时间的推移，如果农户或政府不采取一定的有效控制措施，风险将会发酵、爆发，一直在模型中传播，风险将会一直存在且得不到消除，最终会导致宅基地退出农户权益遭受损失。

六、宅基地退出风险传导仿真

（一）制定实证分析方案

结合前文对成长型家庭宅基地退出风险传导的分析，制订以下仿真方案。

1. 方程参数的赋值

根据以上条件，本书仿真过程中的参数进行赋值如下：

$days=50$。

$\delta_1=0.62$，即当农户在从农村退出阶段时遇到风险，该风险会有 0.62 的概率传导到城镇进入阶段。

$\tau=0.74$，即当农户在城镇进入阶段时遇到风险，该风险会有 0.74 的概率传导到宅基地退出阶段，同时会因解决不了风险从而有 0.26 的概率选择中断宅基地退出回到农村退出阶段。

$\mu=0.46$，即退出农户在宅基地退出阶段时遇到风险，该风险会有 0.46 的概率继续传导到宅基地退出阶段。

$\gamma=0.34$，即退出农户在宅基地阶段时遇到风险，该风险会有 0.34 的概率将风险因子控制和消除，从而顺利地进入到城镇融入阶段，完成宅基地退出。

$S(0)=0.65$、$E(0)=0.21$、$I(0)=0.03$、$R(0)=0.02$，即设定成长型家庭中各状态节点数量比例的初始值分别为 0.65、0.21、0.03、0.02。

2. 构建 SEIR 传染病模型

本书前文已分析了成长型家庭风险传导路径，建立了相对应的常微分方程，构建了成长型家庭宅基地退出风险传导模型。因此，本书仿真只需要对参数进行赋值，明确各常微分方程，并在 MATLAB 软件中输入方程与参数值，对成长型家庭宅基地退出风险传导过程进行模拟。

3. 计算机仿真模拟

在 MATLAB 软件中输入方程与参数值后，点击仿真模拟，查看仿真结果图，但是该仿真结果图不能反映风险因素对系统的影响程度，需要对各个风险因素进行灵敏度分析。本书主要是采用单因素灵敏性分析法，考虑宅基地退出风险传导系统的实际情况，假设各类参数为控制变量，调整方案为每次仅调整某一参数的值，控制保持其他参数不变，使用 MATLAB 软件模拟这一参数在宅基地退出阶段中对风险传导的影响程度，灵敏性越高，影响程度越大，灵敏性最高的参数就是宅基地退出风险传导系统的关键参数之一。

（二）参数 δ_1 对风险传导过程的影响

作为基准分析，模拟时间为 50 天，保持其他参数 $\tau = 0.74$、$\gamma = 0.34$、$\mu = 0.46$ 不变，将 δ_1 从大到小依次取 0.72、0.62、0.52，保证基本再生数 R 始终大于 1，即最后风险传导系统会达到一个稳定的状态，风险没有被消除。可以得到图 9 - 6。

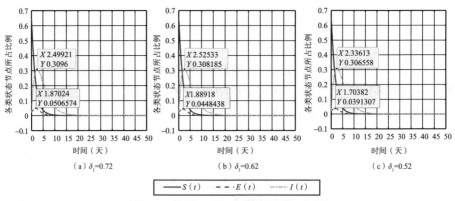

图 9 - 6　参数 δ_1 变化时的风险传导过程

从图 9 - 6 可以看到，在参数 δ_1 降低的情况下，对感染状态节点和潜伏状态节点的峰值影响不大，仅仅是感染状态节点和潜伏状态节点的峰值稍微降低。虽然改变了感染状态节点和潜伏状态节点的峰值，但是最终感染状态节点和潜伏状态节点的比例最终都会下降至 0，并没有改变最终稳态水平。总体表明，减少参数 δ_1 的值仅仅会改变感染状态节点和潜伏状态节点的峰值，参数 δ_1 越小，宅基地退出过程中的风险传导速度和强度会先增大后减小，在参数 δ_1 值为 0.62 时达到最大。

（三）参数 τ 对风险传导过程的影响

作为基准分析，模拟时间为 50 天，保持其他参数 $\delta_1 = 0.62$、$\gamma = 0.34$、

$\mu=0.46$ 不变，将 τ 从大到小依次取 0.84、0.74、0.64，保证基本再生数 R 始终大于 1，即最后风险传导系统会达到一个稳定的状态，风险没有被消除。可以得到图 9 - 7。

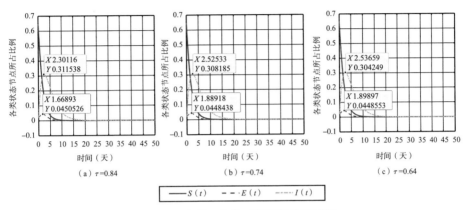

图 9 - 7　参数 τ 变化时的风险传导过程

从图 9 - 7 可以看到，在参数 τ 降低的情况下，对影响感染状态节点和潜伏状态节点的峰值影响不大，而感染状态节点和潜伏状态节点的峰值也会随着参数 τ 值变小而变小。虽然改变了感染状态节点和潜伏状态节点的峰值，但是最终感染状态节点和潜伏状态节点的比例最终都会下降至 0，并没有改变最终稳态水平。总体表明，减少参数 τ 的值会改变感染状态节点和潜伏状态节点的峰值，参数 τ 越小，宅基地退出过程中的风险传导速度和强度会逐渐减小。

（四）参数 μ 对风险传导过程的影响

作为基准分析，模拟时间为 50 天，保持其他参数 $\delta_1=0.62$、$\tau=0.74$、$\gamma=0.34$ 不变，将 μ 从大到小依次取 0.56、0.46、0.36，保证基本再生数 R 始终大于 1，即最后风险传导系统会达到一个稳定的状态，风险没有被消除。可以得到图 9 - 8。

从图 9 - 8 可以看到，在参数 μ 降低的情况下，明显地影响感染状态节点和潜伏状态节点的峰值，感染状态节点和潜伏状态节点的峰值也会随着参数 μ 值变小而变小。相比较于参数 δ_1、τ，随着 μ 的值的减小，感染状态节点和潜伏状态节点的峰值变化较大，表明参数 μ 是宅基地退出风险传导系统的关键参数之一。虽然改变了感染状态节点和潜伏状态节点的峰值，但是最终感

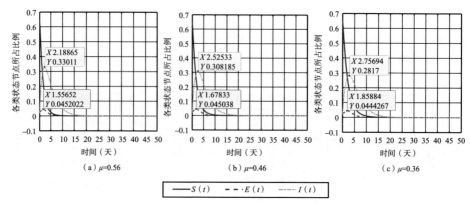

图9-8 参数μ变化时的风险传导过程

染状态节点和潜伏状态节点的比例都会下降至0，并没有改变最终稳态水平。总体表明，减少参数的μ值会改变感染状态节点和潜伏状态节点的峰值，参数μ越小，宅基地退出过程中的风险传导速度和强度会逐渐减小。

（五）参数γ对风险传导过程的影响

作为基准分析，模拟时间为50天，保持其他参数 $\delta_1 = 0.62$、$\tau = 0.74$、$\mu = 0.46$ 不变，将γ从大到小依次取0.44、0.34、0.24，保证基本再生数 R 始终大于1，即最后风险传导系统会达到一个稳定的状态，风险没有被消除。可以得到图9-9。

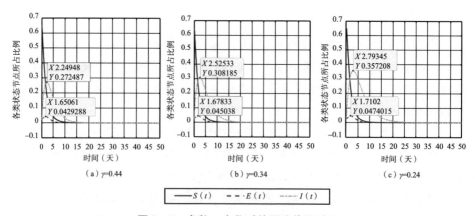

图9-9 参数γ变化时的风险传导过程

从图 9-9 可以看到，在参数 γ 降低的情况下，明显地影响感染状态节点和潜伏状态节点的峰值，感染状态节点和潜伏状态节点的峰值也会随着参数 γ 值变小而变大。相比较于参数 δ_1、τ，随着 γ 值的减小，感染状态节点和潜伏状态节点的峰值变化较大，表明参数 γ 同样是宅基地退出风险传导系统的关键参数之一。虽然改变了感染状态节点和潜伏状态节点的峰值，但是最终感染状态节点和潜伏状态节点的比例最终都会下降至 0，并没有改变最终稳态水平。总体表明，减少参数的 γ 值会改变感染状态节点和潜伏状态节点的峰值，参数 γ 越小，宅基地退出过程中的风险传导速度和强度会逐渐变大。

七、仿真模拟结果

鉴于上述仿真模拟研究过程和分析，总结得出：

（1）当基本再生数 $R > 1$ 时，在边界区域 D 内宅基地退出风险传导系统中只存在唯一的正平衡点 $P^*(S^*，E^*，I^*)$，即随着时间的推移，如果农户或政府不对感染状态的风险采取一定的有效控制措施，感染状态的风险将会一直存在，最后导致宅基地退出农户权益遭受损失；而当基本再生数 $R < 1$ 时，宅基地退出风险传导系统只有无传导平衡点，即随着时间的推移，感染状态的风险将逐渐化解，并最终全部被消除。

（2）保证基本再生数 R 始终大于 1，参数 τ、δ_1、γ、μ 均影响宅基地退出过程中的风险传导速度，也均会影响系统最终稳态水平；减少各阶段风险传导率 τ、δ_1、μ 和增加风险消除率 γ 均可以有效地抑制风险的蔓延，改变参数 γ、μ 时，宅基地退出过程中的风险传导速度和强度变化较大，因此参数 γ、μ 是宅基地退出风险传导系统的关键参数之一。

第三节 稳定型家庭退出风险传导的 SE_1E_2IR 模型

一、相关假设

与成长型家庭退出风险传导模型假设不同的是：

（1）易感状态 $S(t)$ 表示农户正处于农村阶段；潜伏状态 $E_1(t)$ 表示农

户正处于农业退出阶段;感染状态 $E_2(t)$ 表示农户正处于城镇进入阶段;感染状态 $I(t)$ 表示农户正处于宅基地退出阶段;恢复状态 $R(t)$ 表示农户正处于城镇融入阶段。在 t 时刻,$s(t)$、$e_1(t)$、$e_2(t)$、$i(t)$、$r(t)$ 分别为四种状态的节点占总节点的比例,且 $s(t) + e_1(t) + e_2(t) + i(t) + r(t) = 1$。

(2)当农户在农村阶段时,可以选择进入农业退出阶段,这时遇到风险时,假设这风险会有 β_1 的概率引发其他风险的生成从而传导到农业退出阶段,同样农户也可以选择进入城镇进入阶段,则假设风险有 $1 - \beta_1$ 的概率传导到城镇进入阶段,农户还可以选择直接进入宅基地退出阶段,假设风险有 ω 的概率传导到宅基地退出阶段;当农户在农业退出阶段时遇到风险,假设风险会有 δ_1 的概率传导到宅基地退出阶段,同时会因解决不了风险从而有 $1 - \delta_1$ 的概率选择中断宅基地退出回到农村退出阶段;当农户在城镇进入阶段时遇到风险,假设风险会有 τ 的概率传导到宅基地退出阶段,同时会因解决不了风险从而有 $1 - \tau$ 的概率选择中断宅基地退出回到农村退出阶段;当农户在宅基地退出阶段时遇到风险,需要农户和政府管理者共同努力消除风险,使农户平稳安全地进入城镇融入阶段,假设会有 γ 的概率能消除风险。

稳定型家庭宅基地退出风险传导如图 9 - 10 所示。

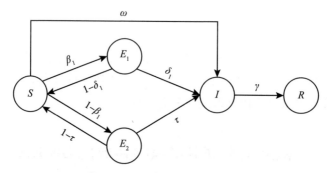

图 9 - 10　宅基地退出风险传导

二、传导模型

根据上述传导机制和传导过程以及借鉴相关文献的建模思路,建立如下的成长型家庭宅基地退出风险传导的微分方程模型:

$$
\begin{cases}
\dfrac{\mathrm{d}s}{\mathrm{d}t} = d_1 N - \beta_1 si - (1 - \beta_1) si - \omega s + (1 - \delta_1) e_1 + (1 - \tau) e_2 \\[2mm]
\dfrac{\mathrm{d}e_1}{\mathrm{d}t} = \beta_1 si - (1 - \delta_1) e_1 - \delta_1 e_1 \\[2mm]
\dfrac{\mathrm{d}e_2}{\mathrm{d}t} = (1 - \beta_1) si - (1 - \tau) e_2 - \tau e_2 \\[2mm]
\dfrac{\mathrm{d}i}{\mathrm{d}t} = \delta_1 e_1 + \tau e_2 + \omega s - \gamma i \\[2mm]
\dfrac{\mathrm{d}r}{\mathrm{d}t} = \gamma i - d_2 R
\end{cases}
\qquad (9-20)
$$

显然，β_1、δ_1、τ、ω、$\gamma \in [0, 1]$，且

$$
s(t) + e_1(t) + e_2(t) + i(t) + r(t) = 1 \qquad (9-21)
$$

此方程为同质化条件下的 SE_1E_2IR 模型，该模型中未进行标准化处理，然后可以对该模型进行数理分析，公式（9-21）中 $s(t)$、$e_1(t)$、$e_2(t)$、$i(t)$、$r(t)$ 分别为五种状态的节点占总节点的比例，由于公式（9-20）中前四个方程都不包括 r，故仅讨论由前四个方程所构成的传染病模型的动力学性质。由前四个方程构成的平面系统为：

$$
\begin{cases}
\dfrac{\mathrm{d}s}{\mathrm{d}t} = d_1 N - si - \omega s + (1 - \delta_1) e_1 + (1 - \tau) e_2 \\[2mm]
\dfrac{\mathrm{d}e_1}{\mathrm{d}t} = \beta_1 si - e_1 \\[2mm]
\dfrac{\mathrm{d}e_2}{\mathrm{d}t} = (1 - \beta_1) si - e_2 \\[2mm]
\dfrac{\mathrm{d}i}{\mathrm{d}t} = \delta_1 e_1 + \tau e_2 + \omega s - \gamma i
\end{cases}
\qquad (9-22)
$$

由于本书主要研究宅基地退出风险在退出阶段中的传导规律，为此，下面重点关注风险在各阶段的传导率、传导时间以及风险消除率。基于此，本书需要求解传导平衡点和基本再生数 R，通过传导平衡点、基本再生数和各参数变化来揭示出宅基地退出风险在各阶段之间的传导规律。

三、基本再生数 R 和传导平衡点的稳定性

由于宅基地退出风险网络存在边界，因此各类初始值应在边界区域内：

$$D = \{(S,\ E_1,\ E_2,\ I,\ R)\ |\ E_1,\ E_2,\ I,\ R \geqslant 0,\ \text{且}\ S+E_1+E_2+I+R \leqslant 1\}$$

$$(9-23)$$

(一) 无传导平衡点

在宅基地退出风险传导系统中，假如潜伏状态、感染状态、恢复状态的节点都为 0 时，即取零点 $P(1,\ 0,\ 0,\ 0,\ 0)$，就意味着整个宅基地退出风险传导网络中所有节点都是易感状态节点，这个时候，所有农户都不进行宅基地退出，网络中就不存在风险之间相互影响现象，因此公式 (9-3) 中有平衡点 $P_0(1,\ 0,\ 0,\ 0)$，即没有节点风险干扰传导平衡点。该点为退出农户对宅基地退出过程中的一个退出风险消除平衡点，宅基地退出过程处于一个理想状态，但实际并不存在。本书用再生矩阵方法求模型的谱半径，也称基本再生数。

在初始状态 $s(0)=1$，$e_1(0)=e_2(0)=i(0)=0$，设 $X = \begin{Bmatrix} x_1 \\ x_2 \\ x_3 \end{Bmatrix} = \begin{Bmatrix} e_1 \\ e_2 \\ i \end{Bmatrix}$，将

公式 (9-22) 表示为如下形式:

$$\frac{\mathrm{d}X}{\mathrm{d}t} = (F+V)X \qquad (9-24)$$

其中，

$$F = \begin{pmatrix} 0 & 0 & \beta_1 \\ 0 & 0 & 1-\beta_1 \\ 0 & 0 & 0 \end{pmatrix} \qquad (9-25)$$

$$V = \begin{pmatrix} -1 & 0 & 0 \\ 0 & -1 & 0 \\ \delta_1 & \tau & -\gamma \end{pmatrix} \qquad (9-26)$$

$$V^{-1} = -\frac{1}{\gamma} \begin{pmatrix} \gamma & 0 & 0 \\ 0 & \gamma & 0 \\ \delta_1 & \tau & 1 \end{pmatrix} = \begin{pmatrix} -1 & 0 & 0 \\ 0 & -1 & 0 \\ -\dfrac{\delta_1}{\gamma} & -\dfrac{\tau}{\gamma} & -\dfrac{1}{\gamma} \end{pmatrix} \qquad (9-27)$$

因此，

$$K_L = -FV^{-1} = -\begin{pmatrix} 0 & 0 & \beta_1 \\ 0 & 0 & 1-\beta_1 \\ 0 & 0 & 0 \end{pmatrix}\begin{pmatrix} -1 & 0 & 0 \\ 0 & -1 & 0 \\ -\dfrac{\delta_1}{\gamma} & -\dfrac{\tau}{\gamma} & -\dfrac{1}{\gamma} \end{pmatrix}$$

$$= \begin{pmatrix} \dfrac{\beta_1\delta_1}{\gamma} & \dfrac{\beta_1\tau}{\gamma} & \dfrac{\beta_1}{\gamma} \\ \dfrac{(1-\beta_1)\delta_1}{\gamma} & \dfrac{(1-\beta_1)\tau}{\gamma} & \dfrac{1-\beta_1}{\gamma} \\ 0 & 0 & 0 \end{pmatrix} \qquad (9-28)$$

然后

$$|\lambda E - K_L| = \begin{vmatrix} \lambda - \dfrac{\beta_1\delta_1}{\gamma} & -\dfrac{\beta_1\tau}{\gamma} & -\dfrac{\beta_1}{\gamma} \\ -\dfrac{(1-\beta_1)\delta_1}{\gamma} & \lambda - \dfrac{(1-\beta_1)\tau}{\gamma} & -\dfrac{1-\beta_1}{\gamma} \\ 0 & 0 & \lambda \end{vmatrix}$$

$$= \lambda^2 \left[\lambda - \dfrac{\beta_1\delta_1 + (1-\beta_1)\tau}{\gamma} \right] \qquad (9-29)$$

得到公式（9-29）的最大特征值即基本再生数 R 为：

$$R = \dfrac{\beta_1\delta_1 + (1-\beta_1)\tau}{\gamma} \qquad (9-30)$$

公式（9-22）在无传导平衡点 $P_0(1,\ 0,\ 0,\ 0)$ 中的 Jacobian 矩阵为：

$$J(P_0) = \begin{bmatrix} -\omega & 1-\delta_1 & 1-\tau & -1 \\ 0 & -1 & 0 & \beta_1 \\ 0 & 0 & -1 & 1-\beta_1 \\ \omega & \delta_1 & \tau & -\gamma \end{bmatrix} \qquad (9-31)$$

因此，$J(P_0)$ 的特征方程为：

$$|\lambda E - J(P_0)| = \begin{vmatrix} \lambda+\omega & \delta_1-1 & \tau-1 & 1 \\ 0 & \lambda+1 & 0 & -\beta_1 \\ 0 & 0 & \lambda+1 & \beta_1-1 \\ -\omega & -\delta_1 & -\tau & \lambda+\gamma \end{vmatrix}$$

$$= (\lambda+1)\left[\lambda^3 + (\gamma+2)\lambda^2 + (2\gamma + \tau\beta_1 - \tau - \beta_1\delta_1 + 2)\lambda + \gamma \right]$$

$$(9-32)$$

解得 $J(P_0)$ 的特征根分别为 $\lambda_1 = -1$，$\lambda_2 + \lambda_3 + \lambda_4 = -(\gamma+2)$，$\lambda_4\lambda_2 + \lambda_4\lambda_3 + \lambda_2\lambda_3 = (2\gamma + \tau\beta_1 - \tau - \beta_1\delta_1 + 2)$，$\lambda_4 \times \lambda_2 \times \lambda_3 = -\gamma$，显然 $\lambda_2 + \lambda_3 + \lambda_4 < 0$，$\lambda_4 \times \lambda_2 \times \lambda_3 < 0$，当 $R < 1$ 时，$\gamma > \beta_1\delta_1 + (1-\beta_1)\tau$，所以 $\gamma + \tau\beta_1 - \tau - \beta_1\delta_1 > 0$，$\lambda_4\lambda_2 + \lambda_4\lambda_3 + \lambda_2\lambda_3 > 0$，再结合 Routh-Hurwitz 判断，知 $|\lambda E - J(P_0)| = 0$ 的特征根均具有负实部，即当 $R < 1$ 时，无传导平衡点 P_0 是全局渐进稳定的；当 $R > 1$ 时，P_0 不稳定。

（二）非零平衡点

无传导平衡点 $(1, 0, 0, 0)$ 是一种理想状态，在实际宅基地退出风险传导中并不存在无传导平衡点，因此，需要寻找在边界区域内的非零平衡点 $P^*(S^*, E_1^*, E_2^*, I^*)$。

令公式（9-22）的左边为零，可得到：

$$\begin{cases} s^* = \dfrac{\gamma i^*}{\delta_1\beta_1 i^* + \tau(1-\beta_1)i^* + \omega} \\[2ex] \acute{e}_1{}^* = \dfrac{\gamma\beta_1 i^{*2}}{\delta_1\beta_1 i^* + \tau(1-\beta_1)i^* + \omega} \\[2ex] e_2{}^* = \dfrac{\gamma(1-\beta_1)i^{*2}}{\delta_1\beta_1 i^* + \tau(1-\beta_1)i^* + \omega} \end{cases} \qquad (9-33)$$

公式（9-22）在非零平衡点 $P^*(S^*, E^*, I^*)$ 中的 Jacobian 矩阵为：

$$J(P^*) = \begin{bmatrix} -\omega - i^* & 1-\delta_1 & 1-\tau & -s^* \\ \beta_1 i^* & -1 & 0 & \beta_1 s^* \\ (1-\beta_1)i^* & 0 & -1 & (1-\beta_1)s^* \\ \omega & \delta_1 & \tau & -\gamma \end{bmatrix} \qquad (9-34)$$

因此，$J(P^*)$ 的特征方程为：

$$|\lambda E - J(P^*)| = \begin{vmatrix} \lambda + \omega + i^* & \delta_1 - 1 & \tau - 1 & s^* \\ -\beta_1 i^* & \lambda + 1 & 0 & -\beta_1 s^* \\ (\beta_1 - 1)i^* & 0 & \lambda + 1 & (\beta_1 - 1)s^* \\ -\omega & -\delta_1 & -\tau & \lambda + \gamma \end{vmatrix}$$

$$= \lambda^4 + B_{11}\lambda^3 + B_{22}\lambda^2 + B_{33}\lambda + B_{44} \qquad (9-35)$$

其中，

$$B_{11} = \omega + \gamma + 3 \qquad (9-36)$$

$$B_{22} = 2\omega + \delta_1 + \omega\gamma + 3\gamma + \omega s^* + 2 + (\tau - \delta_1)(\beta_1 - 1)(s^* - 1) \qquad (9-37)$$

$$B_{33} = (\gamma + 1)(\omega + \delta_1) + \gamma(\omega + 2) + \omega + \delta_1 + \delta_1 s^* + \omega s^*$$
$$+ (\tau - \delta_1)(\beta_1 - 1)(\gamma + s^* + 1) \qquad (9-38)$$

$$B_{44} = \delta_1 s^* + \omega s^* - \gamma i^* (\tau - \delta_1)(\beta_1 - 1) \qquad (9-39)$$

显然当 $R > 1$，$\tau - \delta_1 > 0$ 时，$s^* - 1 < 0$，$J(P^*)$ 的特征根 $\lambda_1 + \lambda_2 + \lambda_3 + \lambda_4 = -B_{11} < 0$，$\lambda_1\lambda_2 + \lambda_1\lambda_3 + \lambda_1\lambda_4 + \lambda_2\lambda_3 + \lambda_2\lambda_4 + \lambda_3\lambda_4 = B_{22} > 0$，$\lambda_1\lambda_2\lambda_3 + \lambda_1\lambda_2\lambda_3\lambda_4 + \lambda_1\lambda_3\lambda_4 + \lambda_2\lambda_3\lambda_4 = -B_{33} < 0$，再结合 Routh-Hurwitz 判断，知 $|\lambda E - J(P^*)| = 0$ 的特征根均具有负实部，且若存在唯一的非零平衡点 $P^*(S^*, E_1^*, E_2^*, I^*)$，则 $P^*(S^*, E_1^*, E_2^*, I^*)$ 是全局渐进稳定的。

综上可知，当基本再生数 $R > 1$，$\tau - \delta_1 > 0$ 时，在边界区域 D 内宅基地退出风险传导系统中只存在唯一的正平衡点 $P^*(S^*, E_1^*, E_2^*, I^*)$，正平衡点是全局渐进稳定的；而当基本再生数 $R < 1$ 时，宅基地退出风险传导系统只有无传导平衡点，无传导平衡点 P_0 是全局渐进稳定的。

四、基本再生数 R 的内在机理

基本再生数 R 直接影响了风险与风险之间传导的范围和状态，从公式（9-30）中可以看到，基本再生数 R 受多种因素共同影响，主要因素有参数 β_1、δ_1、τ、γ。随着 γ 值的增加，基本再生数 R 的值也会减少，所以 γ 与基本再生数 R 是成反相关的；随着 δ_1 值和 τ 值的增加，基本再生数 R 的值也会增加，所以 δ_1 和 τ 与基本再生数 R 是成正相关的。

将公式（9-30）简化成公式（9-40），由公式（9-40）可以看出，当 $\delta_1 - \tau > \gamma$ 时，参数 β_1 和基本再生数 R 成正相关，反之当 $\delta_1 - \tau < \gamma$ 时，参数 β_1 和基本再生数 R 成反相关。因此，为了使基本再生数 R 变小，则需要增大 γ 的值，减少 δ_1 和 τ 的值，对于参数 β_1，当 $\delta_1 - \tau > \gamma$ 时减小 β_1 的值，反之，当 $\delta_1 - \tau < \gamma$ 时增加 β_1 的值。

$$R = \frac{\delta_1 - \tau}{\gamma}\beta_1 + \frac{\tau}{\gamma} \qquad (9-40)$$

五、基本再生数 R 对宅基地退出风险传导的影响

根据上述的传导模型和传导平衡点及阈值内在机理的分析，本书运用 MATLAB 数学建模工具编写程序进行仿真。仿真模拟的过程主要关注于模型中各状态节点数量、基本再生数 R 对宅基地退出风险传导的影响。

（一）当基本再生数 $R<1$ 时

假设模拟时间为 50 天，宅基地退出风险传导系统中四种节点状态的初始比例为 $S(0)=0.75$、$E_1(0)=0.1$、$E_2(0)=0.1$、$I(0)=0.03$、$R(0)=0.02$；假设各参数 $\beta_1=0.6$、$\tau=0.2$、$\delta_1=0.4$、$\gamma=0.6$、$\omega=0.2$，则基本再生数 $R=0.53<1$。当基本再生数 $R<1$ 时对宅基地退出风险传导过程的影响如图 9－11 所示。

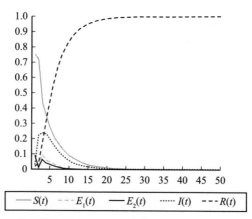

图 9－11 基本再生数 $R<1$ 时对宅基地退出风险传导过程的影响

从图 9－11 可以看到，当基本再生数 $R<1$ 时，自然状态风险 S 和感染状态风险 I，潜伏状态 E_1、E_2 都没有交点，所以宅基地退出风险系统不会出现风险平衡点。首先一开始出现感染状态风险 I 进行风险传导时，自然状态风险 S 的比例会快速下降为 0，感染状态风险 I 和潜伏状态风险 E_1 和 E_2 会先稍微上升然后下降至 0，则恢复状态风险 R 的比例会上升不断至 1。因此说明风险随着时间的演化自然会逐步趋于消灭，不会在模型中传播，所有退出农户将不受风险

的影响，最终都处于城镇融入阶段中，整个退出过程呈现健康的状态。

（二）当基本再生数 $R>1$ 时

依旧假设模拟时间为 50 天，宅基地退出风险传导系统中四种节点状态的初始比例为 $S(0)=0.75$、$E_1(0)=0.1$、$E_2(0)=0.1$、$I(0)=0.03$、$R(0)=0.02$；而假设各参数 $\beta_1=0.6$、$\tau=0.7$、$\delta_1=0.5$、$\gamma=0.2$、$\omega=0.2$，则基本再生数 $R=2.9>1$。当基本再生数 $R>1$ 时对宅基地退出风险传导过程的影响如图 9-12 所示。

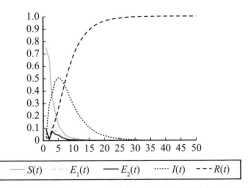

图 9-12 基本再生数 $R>1$ 时对宅基地退出风险传导过程的影响

从图 9-12 可以看到，当基本再生数 $R>1$ 时，自然状态风险 S 和感染状态 I，潜伏状态 E_1、E_2 都有交点，所以宅基地退出风险系统会出现唯一的正平衡点 $P^*(S^*, E_1^*, E_2^*, I^*)$，这就意味着随着时间的推移，如果农户或政府不采取一定的有效控制措施，风险将会发酵、爆发，一直在模型中传播，风险将会一直存在且得不到消除，最终会导致宅基地退出农户权益遭受损失。

六、宅基地退出风险传导仿真

（一）制订实证分析方案

结合前文对稳定型家庭宅基地退出风险传导的分析，制定以下仿真方案。

1. 方程参数的赋值

根据以上条件，本书仿真过程中的参数进行赋值如下：

$days=50$；$\beta_1=0.6$、$\tau=0.7$、$\delta_1=0.5$、$\gamma=0.2$、$\omega=0.2$；$S(0)=0.75$、

$E_1(0) = 0.1$、$E_2(0) = 0.1$、$I(0) = 0.03$、$R(0) = 0.02$，即设定稳定型家庭中各状态节点数量比例的初始值分别为 0.75、0.1、0.1、0.03、0.02。

2. 构建 SE_1E_2IR 传染病模型

本书前文已分析了稳定型家庭的划分指标、风险传导路径，建立了相对应的常微分方程，构建了稳定型家庭宅基地退出风险传导模型。因此，本书仿真只需要对参数进行赋值，明确各常微分方程，并在 MATLAB 软件中输入方程与参数值，对稳定型家庭宅基地退出风险传导过程进行模拟。

3. 计算机仿真模拟

在 MATLAB 软件中输入方程与参数值后，点击仿真模拟，查看仿真结果图，但是该仿真结果图不能反映风险因素对系统的影响程度，需要对各个风险因素进行灵敏度分析。本书主要采用单因素灵敏性分析法，考虑宅基地退出风险传导系统的实际情况，假设各类参数为控制变量，调整方案为每次仅调整某一参数的值，控制保持其他参数不变，使用 MATLAB 软件模拟这一参数在宅基地退出阶段中对风险传导的影响程度，灵敏性越高，影响程度越大，灵敏性最高的参数就是宅基地退出风险传导系统的关键参数之一。

（二）参数 β_1 对风险传导过程的影响

作为基准分析，模拟时间为 50 天，保持其他参数 $\tau = 0.7$、$\delta_1 = 0.5$、$\gamma = 0.2$、$\omega = 0.2$ 不变，将 β_1 从大到小依次取 0.7、0.6、0.5，保证基本再生数 R 始终大于 1，即最后风险传导系统会达到一个稳定的状态，风险没有被消除。可以得到图 9 – 13。

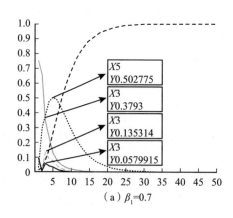

（a）$\beta_1 = 0.7$

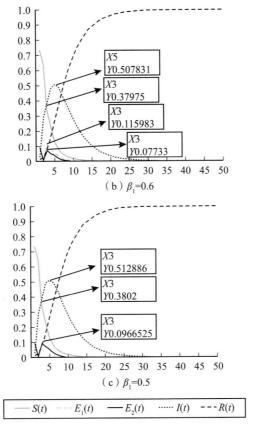

图 9 – 13　参数 β_1 变化时的风险传导过程

从图 9 – 13 可以看到，在参数 β_1 降低的情况下，对感染状态节点的峰值影响不大，但会明显地影响潜伏状态节点 E_1 和 E_2 的峰值，感染状态节点和潜伏状态节点 E_1 的峰值会逐渐增加，而潜伏状态节点 E_2 的峰值则会不断降低；虽然改变了感染状态节点和潜伏状态节点的峰值，但是最终感染状态节点和潜伏状态节点的比例最终都会下降至 0，并没有改变最终稳态水平。总体表明，参数 β_1 仅会改变潜伏状态节点 E_1 和 E_2 的峰值，参数 β_1 的值为 0.5 时，潜伏状态节点 E_1、E_2 的峰值相等。参数 β_1 的值越小，表明越多风险会传导到潜伏状态节点 E_1，并不会改变宅基地退出过程中的风险传导速度和强度。

（三）参数 δ_1 对风险传导过程的影响

作为基准分析，模拟时间为 50 天，保持其他参数 $\beta_1 = 0.6$、$\tau = 0.7$、

$\delta_1 = 0.5$、$\gamma = 0.2$、$\omega = 0.2$ 不变，将 δ_1 从大到小依次取 0.6、0.5、0.4，保证基本再生数 R 始终大于 1，即最后风险传导系统会达到一个稳定的状态，风险没有被消除。可以得到图 9 - 14。

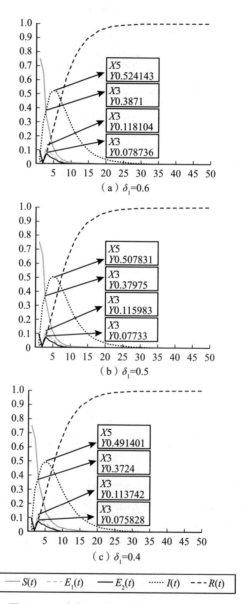

图 9 - 14　参数 δ_1 变化时的风险传导过程

从图 9-14 可以看到，在参数 δ_1 降低的情况下，明显地影响感染状态节点和潜伏状态节点的峰值，感染状态节点和潜伏状态节点 E_1、E_2 的峰值也会随着参数 δ_1 值变小而变小。虽然改变了感染状态节点和潜伏状态节点的峰值，但是最终感染状态节点和潜伏状态节点的比例最终都会下降至 0，并没有改变最终稳态水平。总体表明，减少参数的 δ_1 值会改变感染状态节点和潜伏状态节点的峰值，参数 δ_1 越小，宅基地退出过程中的风险传导速度和强度会逐渐变小。

（四）参数 τ 对风险传导过程的影响

作为基准分析，模拟时间为 50 天，保持其他参数 $\beta_1 = 0.6$、$\delta_1 = 0.5$、$\gamma = 0.2$、$\omega = 0.2$ 不变，将 τ 从大到小依次取 0.8、0.7、0.6，保证基本再生数 R 始终大于 1，可以得到图 9-15。

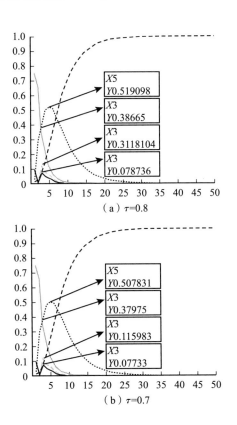

（a）τ=0.8

（b）τ=0.7

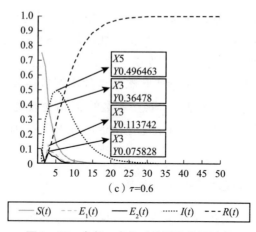

（c）τ=0.6

—— $S(t)$　···· $E_1(t)$　—— $E_2(t)$　······ $I(t)$　--- $R(t)$

图 9 – 15　参数 τ 变化时的风险传导过程

从图 9 – 15 可以看到，在参数 τ 降低的情况下，对影响感染状态节点和潜伏状态节点的峰值影响不大，而感染状态节点和潜伏状态节点的峰值也会随着参数 τ 值变小而变小。虽然改变了感染状态节点和潜伏状态节点的峰值，但是最终感染状态节点和潜伏状态节点的比例最终都会下降至 0，并没有改变最终稳态水平。总体表明，减少参数 τ 的值会改变感染状态节点和潜伏状态节点的峰值，参数 τ 越小，宅基地退出过程中的风险传导速度和强度会逐渐减小。

（五）参数 ω 对风险传导过程的影响

作为基准分析，模拟时间为 50 天，保持其他参数 β_1 =0.6、τ =0.7、δ_1 =0.5、γ =0.2 不变，将 ω 从大到小依次取 0.3、0.2、0.1，保证基本再生数 R 始终大于 1，即最后风险传导系统会达到一个稳定的状态，风险没有被消除。可以得到图 9 – 16。

从图 9 – 16 可以看到，相比较于参数 δ_1、τ、β_1，随着 ω 值的减少，感染状态节点和潜伏状态节点 E_1、E_2 的峰值变化较大，表明参数 ω 是宅基地退出风险传导系统的关键参数之一。在参数 ω 降低的情况下，不仅感染状态节点和潜伏状态节点的峰值也会随着参数 ω 值变小而变小，而且会延后感染状态节点 I 的峰值和感染状态与易感状态交点出现的时间。虽然改变了感染状态节点和潜伏状态节点的峰值，但是最终感染状态节点和潜伏状态节点的

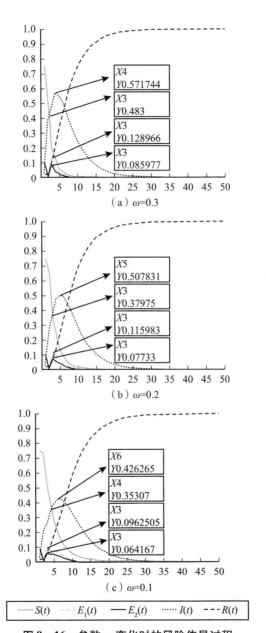

图 9-16 参数 ω 变化时的风险传导过程

比例最终都会下降至 0，并没有改变最终稳态水平。总体表明，减少参数 ω 的值会改变感染状态节点和潜伏状态节点的峰值，参数 ω 越小，宅基地退出过程中的风险传导速度和强度会逐渐减小。

（六）参数 γ 对风险传导过程的影响

作为基准分析，模拟时间为 50 天，保持其他参数 $\beta_1 = 0.6$、$\tau = 0.7$、$\delta_1 = 0.5$、$\omega = 0.2$ 不变，将 γ 从大到小依次取 0.3、0.2、0.1，保证基本再生数 R 始终大于 1，即最后风险传导系统会达到一个稳定的状态，风险没有被消除。可以得到图 9-17。

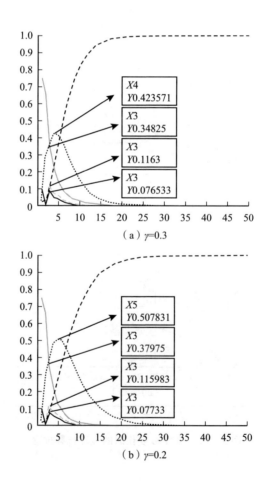

（a）γ=0.3

（b）γ=0.2

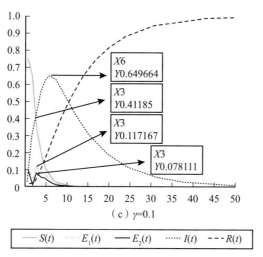

（c）$\gamma=0.1$

—— $S(t)$ ······ $E_1(t)$ —— $E_2(t)$ ······ $I(t)$ --- $R(t)$

图 9-17　参数 γ 变化时的风险传导过程

从图 9-17 可以看到，相比较于参数 δ_1、τ、β_1，随着 γ 值的减少，感染状态节点峰值变化较大，从 0.4 变化到 0.5 再变化到 0.64，说明参数 γ 是宅基地退出风险传导系统的关键参数之一。在参数 γ 降低的情况下，不仅感染状态节点的峰值也会随着参数 ω 值变小而变大，而且会延后感染状态节点 I 峰值的时间。虽然改变了感染状态节点和潜伏状态节点的峰值，但是最终感染状态节点和潜伏状态节点的比例最终都会下降至 0，并没有改变最终稳态水平。总体表明，减少参数的 γ 值会改变感染状态节点和潜伏状态节点的峰值，参数 γ 越小，宅基地退出过程中的风险传导速度和强度会逐渐变大。

七、仿真模拟结果

鉴于上述仿真模拟研究过程和分析，总结得出：

（1）当基本再生数 $R>1$ 时，在边界区域 D 内宅基地退出风险传导系统中只存在唯一的正平衡点 P^*（S^*，E_1^*，E_2^*，I^*），即随着时间的推移，如果农户或政府不对感染状态的风险采取一定的有效控制措施，感染状态的风险将会一直存在，最后导致宅基地退出农户权益遭受损失；而当基本再生数 $R<1$ 时，宅基地退出风险传导系统只有无传导平衡点，即随着时间的推移，感染状态的风险将逐渐化解，并最终全部被消除。

（2）保证基本再生数 R 始终大于 1，参数 β_1、τ、δ_1、γ、ω 均影响风险传导速度，也均不会影响系统最终稳态水平；参数 β_1 不会改变风险传导速度和强度；减少各阶段风险传导率 τ、δ_1、ω 和增加风险消除率 γ 均可以有效地抑制风险的蔓延，改变参数 γ、ω 时，宅基地退出过程中的风险传导速度和强度变化较大，因此参数 γ、ω 是宅基地退出风险传导系统的关键参数之一。

第四节　扶持型家庭退出风险传导

一、从家庭类型分析

扶持型家庭因通常是年老夫妻单独居住，劳动能力逐渐降低，通常一直进行务农工作并居住在农村里，从农村阶段开始，仅仅经历"农业—宅基地退出"这两大阶段。此类型家庭通常采取借地退出模式进行宅基地退出，这主要是满足最基本的生存需求，以养老为家庭发展的主要需求，借地退出模式依然保留宅基地名义上的"长期性"占地权利。且扶持型家庭居住在村内其他区域的新建房保障基本居住权益，提高以地养老的保障水平，家庭经济收入、生活方式、社会保障和居住环境几乎不变，宅基地退出前后的生活水平没有发生很大的变化，因此扶持型家庭通常不会面临宅基地退出带来的风险，同样也不会有宅基地退出风险传导。

二、从宅基地属性分析

宅基地具有一定的福利性质，这种福利性质主要体现在农户能够廉价地获取宅基地，并不需要定期交付租金等。这种福利只有在农村的农户才能享受到，使农户能够获得基本生活条件和稳定的居住条件，客观上维护了扶持型家庭生活的稳定。同时国家还规定宅基地使用权只能是基于集体经济组织成员才能享受的福利，只能在集体经济组织成员之间进行流转，更保障了扶持型家庭生活和居住的稳定。因此扶持型家庭通常不会面临宅基地退出带来的风险，同样也不会有宅基地退出风险传导。

三、从政策背景分析

当前政策一直坚持鼓励农户有偿自愿退出宅基地，稳慎推进农村制度试点改革，加快县域内城乡融合发展。而扶持型家庭作为特殊的家庭类型，他们的家庭人员结构和经济能力决定了他们的宅基地主要是以养老为目的，往往会因基本生活能力和居住环境等问题不愿意退出宅基地，因此政府管理者不会强求扶持型家庭进行宅基地退出或者会通过借地退出模式去满足他们最基本的生存需求和养老保障，仅仅从分散居住到其他区域的新建房进行统一居住，因此扶持型家庭通常不会面临宅基地退出带来的风险，同样也不会有宅基地退出风险传导。

综上所述，从家庭类型、宅基地属性和政策背景分析，扶持型家庭在退出前后的家庭经济收入、生活方式、社会保障和居住环境几乎不变，宅基地退出前后的生活水平同样不会发生很大的变化，同样扶持型家庭可以选择不退出宅基地，因此扶持型家庭并不会面临宅基地退出带来的风险，同样也不会有宅基地退出风险传导现象，因此不做扶持型家庭退出风险传导分析。

第五节　本章小结

在宅基地退出风险传导和传染病模型理论相关理论的基础上，首先，按照农户家庭发展能力的差异性将农户家庭分为成长型家庭、稳定型家庭、扶持型家庭，确定三种退出模式路径和分析风险传导过程。其次，构建成长型家庭退出风险传导的 SEIR 模型和稳定型家庭退出风险传导的 SE_1E_2IR 模型，探究基本再生数 R 的值和传导平衡点的稳定性，进一步探究基本再生数 R 的内在机理和对宅基地退出风险传导的影响。最后，用 MATLAB 对模型进行仿真，探究各阶段的风险传导率和风险消除率对风险传导速度和强度的影响。

第十章

宅基地退出中的"农户－集体－政府"
三方主体决策行为影响因素

　　一方面，按照"三权分置"的宅基地管理思路，宅基地有序退出涉及的相关主体为地方政府、农村集体经济组织以及农户。基于农户发展视角探讨宅基地有序退出，离不开与宅基地退出相关主体的分析，农户的决策受外部环境和制度设计的影响，受地方政府和农村集体经济组织的影响，且宅基地有偿退出的过程复杂，多方利益交叉，为充分考量农户、农村集体经济组织和地方政府在宅基地退出过程中的利益、角色和地位，建立农户、地方政府和农村集体经济组织的三主体演化博弈模型，以体现合作主体在宅基地退出中策略调整、趋于稳定的行为变化过程，并运用MATLAB软件模拟演化路径，对参与主体的行为及影响因素进行仿真分析，理论上探讨有利于宅基地退出的合作动因。另一方面，构建效率与公平并重的利益分配格局是构建以农户、集体和政府为分配主体的区域宅基地退出增值收益分配模型也是合理有序推进农村宅基地退出的关键。

在明确农户、地方政府和农村集体经济组织的三主体演化博弈和区域宅基地增值收益分配的基础上建立结构方程模型对宅基地有序退出的影响因素作进一步修正、分析与实证。

第一节　基于演化博弈的宅基地有偿退出理论模型构建

一、模型参与的界定

"三权分置"下，地方政府在宅基地退出过程中起到主导作用，并通过政策鼓励、资金投入、基础设施配套建设等方式推动宅基地有偿退出，并对农户退出宅基地后的生活福利水平给予一定的保障，对集体组织及农户的行为进行监管，以促进农村土地资源的有效利用。农户作为宅基地有偿退出的主要决策者参与博弈，其行为目的在于选择有益于自身家庭发展的宅基地退出方式，并配合宅基地管理制度改革的施行；农村集体经济组织则兼有政府和农户的角色，协助政府和农户完成宅基地的退出，并参与退出后的利益分配。

二、模型假设

考虑到宅基地退出的补偿方式由地方政府根据地区的具体情况作出决策，为方便研究，对不同补偿方式产生的异同不做讨论。此外，为体现当前农村社会治理的成果，模型中的农村集体经济组织是有一定经济能力的组织，对于自愿退出宅基地的农户能够给予一定程度的补贴。

农户的策略集为｛自愿退出，放弃退出｝，其中，农户放弃退出的策略是指农户不退出宅基地或采取其他方式处置宅基地，只享有因此而产生的"机会收益"。地方政府的策略选择集为｛积极监管，弱于监管｝，其中弱于监管指的是地方政府的监管水平比较低，只通过给予村集体经济组织一些补贴下放宅基地退出任务消极参与宅基地退出。村集体经济组织选择的策略集为｛积极合作，消极参与｝。各主体均符合演化博弈中有限理性的假设，即博弈方经济行为的变化更多地通过缓慢地"进化"进行调整。此外，为顺应宅基地制度改革的方向，将政府在宅基地退出后获得的收益归纳为乡村环境美化、农村社会治理体系完善等经济社会进步带来的长远收益，故提出以下假设：

H1：地方政府、农村集体经济组织以及农户在策略选择时均会追求各自利益最大化。

H2：地方政府、农村集体经济组织和农户的决策行为之间相互影响。

H3：地方政府以服务者角色参与宅基地退出，不参与其退出后的增值收益分配。

三、模型构建

（1）地方政府积极监管的概率是 x，弱于监管的概率是 $1-x$；农户自愿退出的概率是 y，放弃退出的概率是 $1-y$；农村集体经济组织选择积极参与的概率是 z，反之概率是 $1-z$。

（2）地方政府在积极参与宅基地退出时得到上级政府给予的财政补贴 R_1，付出成本（主要指制度成本）为 C_1，对积极参与宅基地退出的农村集体经济组织给予一定奖励 A_1（一般指优惠政策的倾斜或集体增收渠道的拓宽等），对消极参与的农村集体经济组织给予一定的处罚 W；地方政府在弱于监管的策略选择下给予农村集体经济组织补贴为 S_1。[①] 此外，地方政府无论选择的策略如何，都应对自愿有偿退出宅基地的农户给予补偿，只是在付出成本和监管水平上存在差异。

（3）农户在自愿有偿退出宅基地时获得的补偿为 Q，因此获得的宅基地增值收益为 R_2，同时，农户自愿进行宅基地退出过程中付出的成本（时间、交通成本）为 C_2，给农村集体组织带来的间接效益为 M；农户放弃退出的策略下能够得到的收益为 R_2'，给农村土地利用造成的损失为 L。

（4）农村集体经济组织在积极参与宅基地退出时付出的成本（时间、人

---

① 为了区分地方政府积极参与和消极参与的策略选择下监管水平的不同，设置其积极监管时会对农村集体经济组织给予一定奖励或惩罚，弱于监管时会通过给予村集体一定补贴来下放宅基地退出的任务。

力）为 C_3，积极协助农户自愿有偿退出宅基地获得的长期收益①为 R_3，一定程度的补贴为 M'；农村集体经济组织消极参与的策略选择下可能获得的额外收益为 R_3'，故而受到地方政府的惩处 W。

根据以上变量的设定，得到支付收益矩阵，如表 10－1 和表 10－2 所示。

表 10－1　　地方政府积极监管（x）策略选择下的支付收益矩阵

项目	农村集体经济组织（z)	
	积极参与	消极参与
农户自愿退出（y)	$R_1 - C_1 - A_1 - Q,\ R_2 - C_2 + Q + M',$ $R_2 - C_3 + A_1 + M$	$R_1 - C_1 + W - Q,\ R_2 - C_2 + Q,\ R_3' - W$
农户放弃退出（$1-y$)	$R_1 - C_1 - A_1,\ R_2' - L,\ R_3 - C_3 + A_1 - R_4$	$R_1 - C_1 + W,\ R_2' - L,\ R_3' - W - R_4$

表 10－2　　地方政府弱于监管（$1-x$）策略选择下的支付收益矩阵

项目	农村集体经济组织（$1-z$)	
	积极参与	消极参与
农户自愿退出（y)	$R_1 - S_1 - Q,\ R_2 - C_2 + Q + M',$ $R_3 - C_3 + S_1 + M$	$R_1 - S_1 - Q,\ R_2 - C_2 + Q,\ R_3' + S_1$
农户放弃退出（$1-y$)	$R_1 - S_1,\ R_2' - L,\ R_3 - C_3 + S_1$	$R_1 - S_1,\ R_2' - L,\ R_3' + S_1$

U_1、U_2 分别表示地方政府分别选择积极监管和弱于监管时的期望收益：

$$U_1 = yz(R_1 - C_1 - A_1 - Q) + y(1-z)(R_1 - C_1 + W - Q) + z(1-y)(R_1 - C_1 - A_1)$$
$$+ (1-y)(1-z)(R_1 - C_1 + W) = R_1 - yQ + W - C_1 - z(A_1 + W)$$
$$U_2 = yz(R_1 - S_1 - Q) + y(1-z)(R_1 - S_1 - Q) + z(1-y)(R_1 - S_1)$$
$$+ (1-x)(1-z)(R_1 - S_1) = R_1 - yQ - S_1$$

---

① 这里的长期收益是指宅基地退出产生的村容村貌改善、社会保障加强以及村集体经济实力壮大等。

U 表征地方政府的平均期望收益：

$$\underline{U} = xU_1 + (1-x)U_2 = x(W - C_1 + S_1) - zx(A_1 + W) - yQ - S_1$$

地方政府积极参与的复制动态微分方程：

$$F(x) = \frac{dx}{dt} = x(U_1 - \underline{U}) = x(1-x)[W - C_1 - z(A_1 + W) + S_1]$$

V_1、V_2 为农户自愿退出和放弃退出策略选择下的期望收益：

$$V_1 = xz(R_2 - C_2 + Q + M') + x(1-z)(R_2 - C_2 + Q) + z(1-x)(R_2 - C_2 + Q + M')$$
$$+ (1-x)(1-z)(R_2 - C_2 + Q) = zM' + R_2 - C_2 + Q$$
$$V_2 = zx(R_2' - L) + x(1-z)(R_2' - L) + z(1-x)(R_2' - L)$$
$$+ (1-x)(1-z)(R_2' - L) = R_2' - L$$

$\underline{V}$ 为农户获得的平均期望收益，则：

$$\underline{V} = yV_1 + (1-y)V_2 = y(zM' + R_2 - C_2 + Q) + (1-y)(R_2' - L)$$

农户选择自愿退出策略选择下的复制动态微分方程：

$$F(y) = \frac{dy}{dt} = y(1-y)(zM' + R_2 - C_2 + Q - R_2' + L)$$

同理，W_1、W_2 为农村集体经济组织选择积极参与和消极参与策略下的期望收益：

$$W_1 = xy(R_3 - C_3 + A_1 + M) + x(1-y)(R_3 - C_3 + A_1) + y(1-x)(R_3 - C_3 + S_1 + M)$$
$$+ (1-x)(1-y)(R_3 - C_3 + S_1) = xA_1 + (1-x)S_1 + yM + R_3 - C_3$$
$$W_2 = xy(R_3' - W) + x(1-y)(R_3' - W) + y(1-x)(R_3' + S_1)$$
$$+ (1-x)(1-y)(R_3' + S_1) = R_3' + S_1 - x(S_1 + W)$$

$\underline{W}$ 为农村集体经济组织的平均期望收益：

$$\underline{W} = zW_1 + (1-z)W_2 = z[xA_1 + (1-x)S_1 + yM + R_3 - C_3]$$
$$+ (1-z)[R_3' + S_1 - x(S_1 + W)]$$

农村集体经济组织积极参与策略选择下的复制动态微分方程：

$$F(z) = \frac{dz}{dt} = z(1-z)[x(A_1 + W) + yM + R_3 - C_3 - R_3']$$

上述系统中使 $F(x) = 0$、$F(y) = 0$ 和 $F(z) = 0$ 的均衡点有多个，但当演化博弈均衡是渐近稳定状态时，系统达到稳定的状态一定是严格纳什均衡，而严格纳什均衡又是纯策略纳什均衡。因此，根据复制微分方程求得的均衡点中，渐进稳定点一定会在纯策略平衡的 8 个点中，即 $E_1(0, 0, 0)$、$E_2(1,$

0, 0)、$E_3(0, 1, 0)$、$E_4(0, 0, 1)$、$E_5(1, 1, 0)$、$E_6(1, 0, 1)$、$E_7(0,$
$1, 1)$、$E_8(1, 1, 1)$，其他点均是非渐进稳定点。考虑到相关参数众多，三维的分析图难以清晰地呈现三主体行为的具体演化过程，为了更好地描述系统协同演化达到的均衡状态，采用二维图对演化博弈结果进行仿真分析，考虑到土地增值的回报周期较长，为了体现合作主体决策的缓慢变化过程，选择30年的时间跨度进行研究，并在各主体行为变化的过程中探索各影响因素对主体行为的影响。

四、相关主体纯策略行为的演化博弈分析

在宅基地有偿退出的系统中，农村集体经济组织、地方政府以及农户涉及各种不同的策略组合，系统涉及的变量均为正，但考虑到主体获得的收益不一定能在短期内变现为直接收益（如政府由于宅基地退出获得的环境美化、社会经济发展的收益等），因此，演化主体的初期收益可能为负。根据变量的大小关系对变量赋初始值：$R_1 = 60$、$C_1 = 30$、$W = 40$、$S_1 = 36$、$A_1 = 50$、$R_2 = 20$、$C_2 = 16$、$Q = 30$、$M = 26$、$M' = 24$、$R_2' = 60$、$L = 36$、$R_3 = 65$、$C_3 = 56$、$R_3' = 46$。

要特别说明的是，对于系统外部变量的赋值是为了反映外部因素变化对地方政府、农村集体经济组织和农户策略变化的影响。但考虑到现实中收益、成本的量化存在一定困难，因此，也可能存在与一些实际情况有差异的理想情况。

由图10-1可知，系统达到稳定均衡状态时的选择策略的概率x、y、z的取值有0和1，即农户、农村集体经济组织和农户的策略选择均是纯策略下的决策行为。当初始状态为三方均为纯策略时，当前的状态很难改变，但若有一方做出一点的改动时，均衡状态就可能会有影响。因此，本书对主体的初始状态做出微小的调整，例如，将策略集（0，0，0）的初始值设为（0.01，0.01，0.01）、将（1，1，1）的初始值设定为（0.99，0.99，0.99）。考虑到我国宅基地退出大多以政府主导来进行，因此按照地方政府初始策略的不同对演化博弈路径进行分析。此外，为方便研究，图10-1中"1"代表地方政府，"2"代表农户，"3"代表农村集体经济组织。

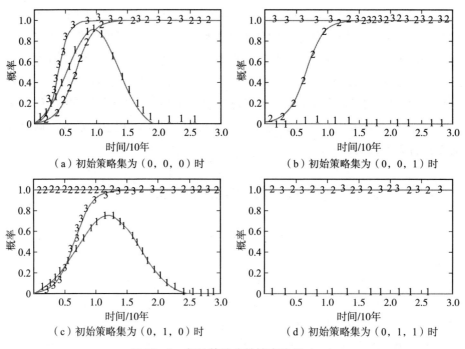

（a）初始策略集为（0，0，0）时　　　　（b）初始策略集为（0，0，1）时

（c）初始策略集为（0，1，0）时　　　　（d）初始策略集为（0，1，1）时

图 10 - 1　初始策略集的博弈路径（一）

（一）地方政府的初始策略为消极参与（只有较小的参与意愿）

地方政府、农村集体经济组织和农户的演化博弈初始策略集有（0，1，1）、（0，1，0）、（0，0，1）和（0，0，0），演化路径如图 10 - 1 所示。当农村集体经济组织采取消极参与的策略时，地方政府会加强政府规制，积极参与的概率会有所提高，农户自愿退出宅基地的概率也会提高，但当农村集体经济组织积极参与的概率逐渐提高到接近 1 的稳定状态时，地方政府就会向消极参与的策略趋近直至稳定，这是基层组织高度自治的理想状态，当基层组织都能够积极参与到宅基地的退出时，农村发展条件充分，各项保障机制得到完善，政府已经不需要通过给予奖励、惩罚甚至是补贴的方式下放宅基地退出的任务。从图 10 - 1 中（a）（c）可以看出，农户选择自愿退出宅基地的策略越强烈，地方政府弱于监管的行为发生越早。从图 10 - 1 中（b）（d）可以看出，尽管地方政府采取消极参与的策略，但农村集体经济组织的表现却存在差异，这说明农户意愿会显著影响农村集体经济组织的行为。

这种情境下，系统会在（0，1，1）处达到稳定，即地方政府弱于监管、农户和农村集体经济组织积极参与的时候达到演化博弈的平衡状态，随着农户选择自愿有偿退出的概率提高，农村集体经济组织越容易发挥积极性，积极协助其参与宅基地退出。这也表明，当地方政府完善社会保障、宅基地有偿退出的相关机制到一定程度时，农村集体经济组织和农户可以充分发挥"村民自治"作用，降低政府的制度执行成本，实现弱于监管的宅基地退出状态。而地方政府对农户策略选择的影响并没有呈现出一定的规律性，这可能是由于农户的需求更多地通过基层组织来传达。

（二）地方政府选择积极参与的初始策略

这种情况下，会出现地方政府、农户和农村集体经济组织的策略集有（1，0，0）、（1，1，1）、（1，0，1）、（1，1，0）。对应的演化路径如图 10 - 2 所示。当农村集体经济组织选择消极参与时，地方政府出于社会稳定的目的会出现积极监管的现象，当农村集体经济组织逐步演化为积极参与的策略时，地方政府会转为弱于监管的状态，这时基层组织的自治活动达到了不需要积极监管的绩效水平。从图 10 - 2 中（a）（c）可以看出，若地方政府的初始策略是积极参与，农户也选择自愿退出的策略时，农村集体经济组织也会在这样的环境下提高积极参与的概率，系统就会越早达到策略稳定的结果，这是由于地方政府、农户对农村集体经济组织的决策行为也有一定影响。

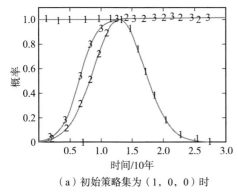

（a）初始策略集为（1，0，0）时

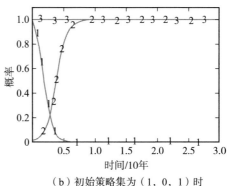

（b）初始策略集为（1，0，1）时

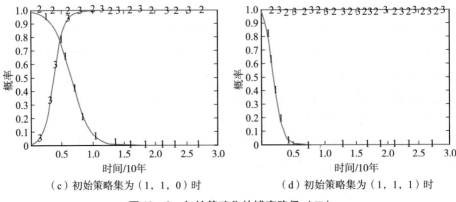

（c）初始策略集为（1，1，0）时　　　　（d）初始策略集为（1，1，1）时

图 10 - 2　初始策略集的博弈路径（二）

这种情境下，系统会在（0，1，1）处达到稳定状态，这表明，随着农村集体经济组织和农户积极参与概率的提高，政府主导下的宅基地退出会逐步演化为充分发挥基层组织和农户积极性、创造性的宅基地制度改革，这种条件下的制度改革时间较短，改革的效率较高，这种改革无疑是最成功的，也是节约制度成本，实现最广大农民根本利益的路径。

综上所述，地方政府、农村集体经济组织和农户决策行为相互影响。若地方政府在宅基地退出的初始阶段消极参与，尽管系统最终会达到稳定状态（宅基地制度改革仍是土地改革的趋势），但会延长系统达到稳定的时间，即宅基地制度改革的效率不高；若地方政府初始阶段就采取积极监管的策略，农户和农村集体经济组织都会受到其行为影响，渐渐选择积极参与的策略，较快实现宅基地的有序退出。此外，地方政府行为对农户的影响具有间接性和滞后性，若农村集体经济组织能够充分发挥基层组织的自治作用，有利于农户选择自愿退出的概率，有利于宅基地的顺利退出。

五、主要影响因素分析

考虑到各主体均会追求自身利益最大化，主体行为决策的变化是由系统中的变量引起的。为进一步探讨宅基地有序退出过程中相关主体行为决策变化的影响因素，对系统中设定的因素变量进行敏感性分析，由于涉及因素众多，本书不做一一列举，仅对影响比较显著的农户获得的补偿 Q、地方政府积极监管付出的制度成本 C_1、给予积极参与的农村集体经济组织的奖励 A_1 与惩罚 W、村集体经济组织积极参与付出的成本 C_3、长远收益 R_3，以及消极参与可能获得的额外收益 R_3' 进行分析，通过对相关变量对主体决策行为的影响进行分析，确定影响宅基地有序退出的合作动因。考虑到各地积极推进宅基地退出的现状，选择（1，0，0）作为初始策略。此外，为方便研究，图 10－3 中"1"代表变量初始状态，"2"和"3"代表变量逐渐增加状态。

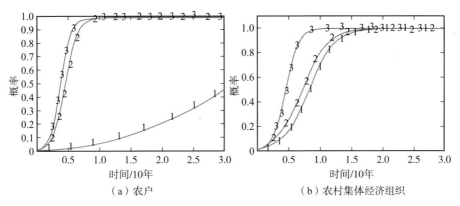

（a）农户　　　　　　　（b）农村集体经济组织

图 10－3　补偿变化时的策略演化路径

（一）农户获得的补偿 Q

农民退出宅基地会取得一定补偿，这种补偿不只是经济上的补偿，还可能涉及社会保障方面的考量。农户大多对补偿标准的高低特别敏感，故而影响其退出的意愿。从图 10－3 可以看出，随着补偿标准的提高，农户达到自愿退出的稳定状态的时间越短。而对农村集体经济组织的影响也是正向且显著的，这可能是由于补偿标准的提高伴随着优惠政策的倾斜或集体增收渠道的拓宽。而地方政府的行为这里不作具体分析，考虑到不同地方政府对待可能潜在的财政风险的态度存在差异，当补偿标准提高时：风险偏好型政府更看重宅基地退出可能带来的长远收益，可能会加强政府规制，积极参与宅基地的退出；风险规避型政府则考虑自身的财政压力，会消极参与宅基地退出。

（二）地方政府付出的制度成本 C_1

地方政府付出的制度成本体现了地方政府规制，制度成本应包含制度执行成本与制度改革成本，为方便实证部分进行测量，本书研究的制度成本是制度执行成本，提高政府的制度执行效率，降低制度执行成本是体现地方政府执行制度改革绩效的重要一环。由图 10 - 4 中（a）可以看出，随着地方政府付出的制度成本的增加，其趋于弱于监管策略的用时越短，甚至会因为时间过长而影响系统稳定，尽管制度成本只是对地方政府的策略选择产生影响，但制度成本太高，会对农户、农村集体经济组织的行为产生一定波动，延长系统达到稳定的时间，如图 10 - 4（b）（c）所示，不利于宅基地的有序退出。

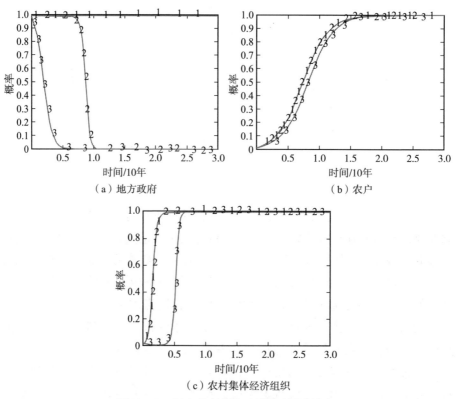

图 10 - 4　制度成本变化时的策略演化路径

（三）地方政府对积极参与的农村集体经济组织的奖励 A_1 和消极参与时的惩罚 W

根据模型的设定，地方政府在积极监管的策略选择下，会对积极参与宅基地退出的农村集体经济组织给予一定的奖励，反之，给予一定惩罚。除了出于对地方政府不同策略会产生不同效应的考量外，也是地方政府调动农村集体经济组织积极性的一种奖惩激励机制。倘若这种机制制定得很不合理，就会抑制农村集体经济组织的积极参与。

1. 地方政府付出的奖励

图 10-5 是对奖励因素的敏感性分析，可以看出，当地方政府提供的奖励水平很低的时候，地方政府付出的制度成本会相对较低，它选择积极监管的概率会有一定程度的增加，与此同时，政策的倾斜和集体增收渠道的拓宽会提高农村集体经济组织和农户积极参与宅基地的退出的概率，最终达到 (0, 1, 1) 的稳定状态。但随着地方政府奖励水平的提高，地方政府因此可能承受的财政压力、制度体制改革的压力会不断增加，从而降低其积极监管的概率，选择弱于监管的概率大大增加，这时相关政策和保障体系不断得到完善，即使政府采取弱于监管的概率，农户和农村集体经济组织的概率仍会增加，缩短了系统达到稳定的时间，但这种结果是在地方政府积极监管到各项保障制度、相关政策比较完善的前提下产生的，地方政府给予的奖励是有限度的。

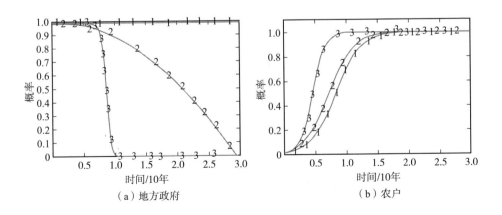

（a）地方政府　　　　　　　（b）农户

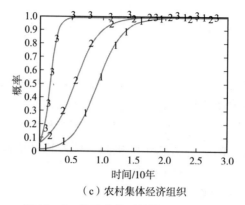

（c）农村集体经济组织

图 10 - 5　奖励变化时的策略演化路径

2. 地方政府做出的处罚 W

地方政府对于消极参与的农村集体经济组织给予一定处罚，这种处罚不一定是经济上的处罚，还可能有一定程度上政策制度的倾斜。惩罚制度制定得不合理，会带给农户和村集体一种监管不严厉的政策意图，会给农户和农村集体经济组织一种"不安全"的决策环境，从而影响其他主体参与宅基地退出。由图 10 - 6 可以看出，随着惩罚程度的加深，地方政府将更早摆脱依靠惩罚来实现监管的低绩效状态，而农村集体经济组织和农户仍会更早地选择积极参与的策略，系统能够越早达到演化均衡状态。这表明，适当的惩罚会影响主体行为，提高制度改革效率，若缺乏严格的惩罚机制，会导致其他主体缺乏约束，甚至会选择消极参与的策略，影响宅基地的有序退出。

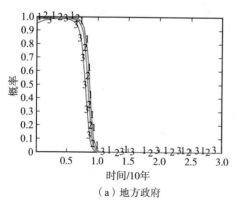

（a）地方政府

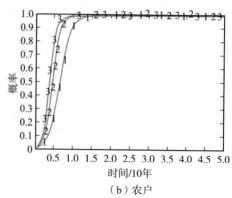

（b）农户

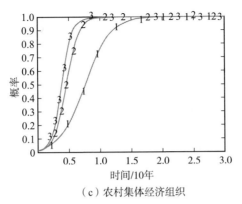

（c）农村集体经济组织

图10－6　处罚变化时的策略演化路径

（四）村集体经济组织积极协助宅基地退出可能获得的长期收益 R_3

农村集体经济组织能够积极参与宅基地退出不仅有对组织成员生活福利水平的考虑，还有宅基地退出可以带来的譬如村容村貌的改善、集体经济实力的壮大等长远收益的考量。从图 10－7 可以看出，当这种潜在收益较低或农村集体经济组织尚未觉察的时候，地方政府提高监管水平，通过政策倾斜、完善农村金融与社会保障体制、提高农户认知等方式让农村集体经济组织意识到宅基地退出可能带来的长远收益，可以调动其他主体参与的积极性。随着这种长远收益的增加，农村集体经济组织和农户自愿退出的概率会不断增加，与此同时，地方政府的监管可以随之减弱，最终实现系统的稳定。

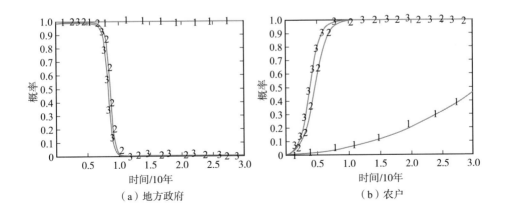

（a）地方政府　　　　　　　　　　　（b）农户

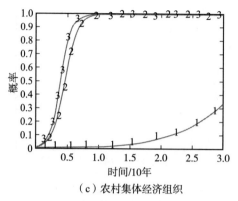

（c）农村集体经济组织

图10 - 7　长期收益变化时的策略演化路径

（五）农村集体经济组织付出的（人力、时间）成本 C_3

现实中，农村集体经济组织付出的（人力、时间）成本的测量与比较相对困难，但为了回应村集体经济组织的利益诉求，设置此项变量。这里的成本指的是农村集体经济组织积极参与宅基地退出付出的成本。从图10 - 8可以看出，当这种成本在较小的范围内波动时，主体的策略选择未受到较大影响。但随着成本的增加，农村集体经济组织和农户的策略受到了影响，积极参与的概率逐渐降低，地方政府积极监管的水平呈现逐渐提高的态势；农村集体经济组织在付出成本较高时，选择消极参与的概率会逐步提高，农户在这种情况下会意识到环境风险，也会逐渐选择消极参与的策略，这时地方政府加强规制就显得十分重要。我国宅基地退出主要依托政府的行政力来推动，通过政府规制，提高农户和农村集体经济组织的积极性，有利于实现宅基地的有序退出。

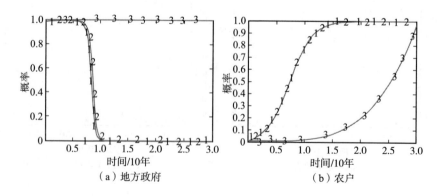

（a）地方政府　　　　　　　　（b）农户

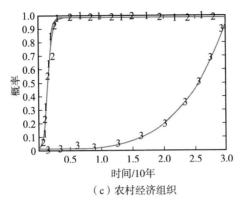

（c）农村经济组织

图 10 – 8　成本变化时的策略演化路径

（六）农村集体经济组织消极参与获得的额外收益 R_3'

这里的额外收益指的是农村集体经济组织消极参与可能获得"机会收益"，该主体消极参与可能会节省一部分成本，或通过其他宅基地处置方式获得了一些收益。从图 10 – 9 可以看出，当这种收益较少时，农村集体经济组织会选择积极参与宅基地的退出，农户自愿退出宅基地的概率也会有相应提高，但随着这种收益的增加，农村集体经济组织可能会出现消极参与的策略选择，但随着地方政府的政策倾斜以及其他地区宅基地退出带来的示范效应，农村集体经济组织还是会积极参与到宅基地的退出中。

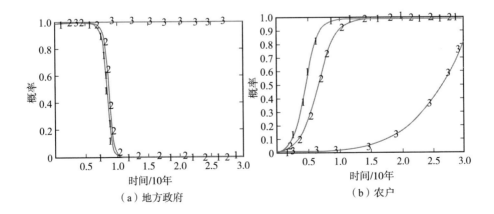

（a）地方政府　　　　　　　　　　（b）农户

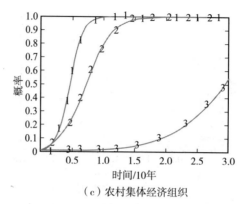

（c）农村集体经济组织

图 10 - 9　额外收益变化时的策略演化路径

　　本节通过建立宅基地退出的演化博弈模型，分析了宅基地退出过程中相关主体的行为及影响主体行为的因素，通过以上分析可得出以下结论：

　　（1）宅基地的有序退出最终会在相关政策和制度相当完善的前提下实现，并在地方政府弱于监管、农户自愿退出和农村集体经济组织积极参与的状态下达到系统稳定，实现宅基地的有序退出。

　　（2）在宅基地有序退出的过程中，地方政府主要以"服务者"和"监管者"的角色参与，起到政府规制作用。农村集体经济组织以"制度执行者"和"服务者"的身份参与，其行为水平对其他主体的策略选择均有一定影响。而农户是宅基地退出的受益主体，地方政府对其的策略的影响是间接并且滞后的。

　　（3）农户获得的补偿，地方政府积极监管时给予的奖励和惩罚、付出的制度执行成本，农村集体经济组织积极参与付出的成本、得到的长远收益以及其消极参与可能获得的额外收益是宅基地有序退出的三个主体决策行为的主要影响因素，是宅基地有偿退出系统达到稳定状态的主要驱动力。

　　这里要特别说明的是，现实中，影响因素的变动与具体的政策设计、地区经济发展水平、农户异质性等诸多因素有关，且因素之间互有关联，以上理论分析的部分只是在个体决策行为变化的基础上探讨具体变量因素的变动对决策主体行为的影响，考虑到决策主体的行为是通过缓慢地"进化"进行调整，同时，宅基地制度改革本身就是一个不断摸索和改革的过程，影响因素因素在时间跨度内如何变动、如何相互影响是一个复杂而漫长的追踪研究过程，需要不断地进行改进与细化。

第二节 宅基地有序退出相关主体决策 行为影响因素的修正

考虑到理论探讨与实际工作存在差异，理论模型的构建本身存在一定局限性，为了使研究的成果能在实际工作中找到切实可行的着力点，本书结合问卷调查和实地调研建立结构方程模型对理论分析的结果作进一步修正和实证，以期对宅基地有序退出相关主体决策行为的影响因素作进一步修正、分析和实证。

一、"三权分置"视角下宅基地有序退出影响因素的结构方程模型构建

从以上理论分析发现，影响宅基地有序退出的因素众多，且制度成本等因素较难直接测量，研究存在一定难度。考虑到传统计量方法不能很好地处理社会资源、制度成本等潜在变量的测量，部分影响因素也与主体行为都有较大关联，故引入结构方程模型，以达到同时处理好潜在变量及其指标的目的，同时，也克服了传统计量技术对理论分析缺乏整合的弊端。此外，结构方程的数据来源不具有时间序列属性，考虑到影响因素在一定时间跨度内的变化十分复杂，故而只对当下政策制度体系下有利于农户宅基地有序退出的影响因素作修正和分析，并以此为基础探讨当前"三权分置"下影响主要主体决策行为的因素。

(一) 提出影响因素的理论假设

"三权分置"下，农户宅基地使用权的流转要在地方政府的规制下发挥作用，农村集体经济组织作为"中间人"，协助农户参与宅基地的退出，并享有宅基地退出带来的长远收益。影响以上主体决策行为的影响因素有：农户获得的补偿、地方政府积极监管时给予的奖励和惩罚、付出的制度执行成

本以及农村集体经济组织积极参与付出的成本、可能得到的长远收益以及其消极参与宅基地退出可能获得的额外收益。结合上一节的分析内容，从地方政府、农户和农村集体经济组织三方主体分别修正相应的理论假设，具体如下：

H1：补偿水平会影响农户意愿，进而影响宅基地的有序退出。

H2：宅基地退出带来的长远收益、付出的成本、不参与宅基地退出可能带来的额外收益对农村集体经济组织的行为水平有影响，进而影响宅基地的有序退出。

H3：宅基地退出付出的制度成本、因此付出的奖励和惩罚对地方政府的监管行为有影响，进而影响宅基地的有序退出。

H4：农户意愿、地方政府规制行为和村集体经济组织行为水平之间相互影响。

（二）结构方程模型构建

1. 模型变量说明

（1）宅基地有序退出。宅基地有序退出主要表现为：第一，宅基地面积上的退出；第二，宅基地退出后能得到合理利用；第三，宅基地退出后农民能得到合法合理的补偿。故以宅基地是否退出、宅基地退出后是否得到了合理利用、宅基地退出后是否依法得到了应有的补偿三个测量变量来测度宅基地的有序退出。

（2）农户意愿。根据前文和已有研究的分析（付文凤等，2017；张琳等，2018），补偿标准的适当提高可以提高农户退出宅基地的意愿，但这里的补偿应有对其家庭福利水平方面的考虑。考虑到农户家庭结构、家庭禀赋和家庭功能都存在一些差异，有的农户对补偿标准很满意，但由于祖业观、缺少谋生手段等原因不愿意以宅基地换取补偿，有的愿意以宅基地换取补偿，但对补偿标准不满意，有的农户对相关政策的认知水平较低，退出的意愿又很低。为了充分验证补偿标准的高低对农户意愿的影响程度，增加农户对相关政策的认知程度和是否愿意以宅基地换取补偿两个测量变量进一步表征农户意愿。

（3）地方政府规制行为。

①宅基地退出的制度改革中，制度成本的高低代表了政府推行改革绩效

的重要方面。地方政府推动宅基地退出的制度成本应包括制度改革造成的体制机制冲突产生的成本和具体制度执行过程中产生的成本（林彤、宋戈，2018）。为方便测量，本书的制度成本指的是制度执行成本，以制度执行效率作为政府规制行为的测量变量，来进一步确定制度成本与宅基地退出过程中政府规制行为的关系，认为制度执行效率越高，制度改革成本越低，越有利于调动地方政府的积极性，有利于实现宅基地的有序退出。

②地方政府付出的奖励与惩罚体现了政府奖惩制度。从试点实践来看，地方政府给予的奖励更多地体现为相关优惠政策的倾斜和社会保障的加强等方面，因此可将制度创新程度代表地方政府给予的奖励。而地方政府给予的惩罚以违规惩罚制度的执行情况来表征。

（4）农村集体经济组织行为水平。根据本书第四章的理论分析，将其是否积极体现在其付出成本多少、可能存在宅基地处置的其他渠道以及宅基地退出能够带来的长远收益作为表征其行为水平的测量变量。

2. 理论模型的构建

基于研究假设，提出理论模型，理论模型中的外生潜在变量宅基地有序退出（exit of homestead orderly，exi），用 η 表示，潜在变量的残差值用 μ 表示。内生潜在变量农户意愿（rural willing，wil），用 ξ_1 表示，政府规制行为（regulation behavior of government，reg），用 ξ_2 表示，农村集体经济组织行为水平（behavior of rural collective economic organizations，beh），用 ξ_3 表示。即 $\eta = \lambda_1\xi_1 + \lambda_2\xi_2 + \lambda_3\xi_3 + \mu$，其测量变量的量表如表 10－3 所示。

表 10－3　　　　宅基地有序退出影响因素的变量及观测变量赋值

变量类型	潜变量	观测变量	
		变量名称	赋值
外生潜变量	农户个人及家庭特征（cha）	农户性别（cha1）	0＝男，1＝女
		农户受教育程度（cha2）	1＝小学及以下，2＝初中，3＝高中或大专，4＝本科及以上
		拥有宅基地面积（cha3）	1＝100平方米以下，2＝100～300平方米，3＝300平方米以上
		家庭年均总收入（cha4）	1＝2万元以下，2＝2万～4万元，3＝4万～6万元，4＝6万元以上

续表

变量类型	潜变量	观测变量	
		变量名称	赋值
外生潜变量	农户个人及家庭特征（cha）	非农收入占比（cha5）	1 = 30%及以下，2 = 31%~50%，3 = 51%~70%，4 = 71%~90%，5 = 90%以上
	农户意愿（wil）	对补偿标准的态度（wil1）	1 = 不满意，2 = 比较满意，3 = 非常满意
		政策认知水平（wil2）	1 = 非常不了解，2 = 不太了解，3 = 比较了解，4 = 非常了解
		是否愿意以宅基地换取补偿（wil3）	1 = 是，2 = 不清楚，3 = 否
	地方政府规制行为（reg）	政府监管制度的执行效率（reg1）	1 = 效率很低，2 = 效率一般，3 = 效率比较高，4 = 效率非常高
		制度创新情况（reg2）	1 = 没有什么创新，2 = 有一点创新，3 = 有很多创新
		违规惩罚制度的执行情况（reg3）	1 = 不严厉，2 = 比较严厉，3 = 非常严厉
	农村集体经济组织行为水平（beh）	宅基地退出付出的成本（beh1）	1 = 付出不多，2 = 付出比较多，3 = 付出非常多
		是否存在处置宅基地的其他渠道（beh2）	1 = 不存在，2 = 不了解，3 = 存在
		宅基地退出获得的长远收益*（beh3）	1 = 较少（4~7年），2 = 一般（8~11年），3 = 很多（12~16年）
内生潜变量	宅基地有序退出（exi）	是否退出宅基地（exi1）	1 = 是，0 = 否
		宅基地退出后是否得到合理利用（exi2）	1 = 是，2 = 不清楚，3 = 否
		宅基地退出后能否依法得到应有补偿（exi3）	1 = 是，0 = 否

注：*宅基地退出后的长远收益情况按照以下内容和评分标准进行打分并相加：1 = 村容村貌改善；2 = 社会保障加强；3 = 加强集体收入；4 = 提高了土地的利用效率。

这里要特别说明的是，为提高问卷的信度和效度，本书适当增加了问卷的长度，即增加了对农户个人及家庭基本特征的问卷设置，但农户个人及家庭特征与宅基地有序退出的影响关系这里不作深度探讨。

二、"三权分置"宅基地有序退出相关主体决策行为影响因素修正

（一）数据收集

考虑到欠发达地区的广大农村，"空心村"现象较多，部分农村基础设施配套相对落后，宅基地超面积使用的情况仍然十分普遍。本书的研究数据来自中部地区的典型省份湖北、江西、湖南、安徽的调查数据，将随机抽样与分层抽样相结合：在4个省分别随机抽取2个市，每个市随机抽取2个乡镇，每个乡镇随机抽取30位左右的农民做问卷调查，主要以访谈的形式进行。问卷发放的结果如表10－4所示。为保证问卷设计的合理性和科学性，先在江西余江进行问卷前测以完善问卷内容。共发放522份问卷，回收498份，其中有效的问卷有459份，有效率达87.93%。

表 10－4 问卷发放情况

省份	抽样市/县	发放问卷数量（份）	有效问卷数量（份）	占有效样本的比重（%）
安徽	定远市	66	58	25.40
	泗县市	67	59	
湖南	古丈县	69	61	25.05
	浏阳市	64	54	
湖北	黄冈市	64	56	24.83
	咸宁市	65	58	
江西	九江市、鹰潭市	61	55	24.62
	赣州市	66	58	

（二）数据检验

为保证本书调查结果的可靠性和可行性，本书用 SPSS 23.0 对问卷进行

信效度检验。

1. 信度检验

信度一般采用 Cronbach's α 值表征。一般认为，Cronbach's α > 0.7 的问卷具有较好的信度。各潜变量的信度检验结果如表 5.3 所示，Cronbch's α 系数值基本大于 0.7，问卷整体信度达到 0.738，故而认为问卷有比较好的信度，具体如表 10 - 5 所示。

表 10 - 5　　　　　　　　　各潜在变量及总体信度系数

名称	Cronbach's α 系数
农户意愿（*wil*）	0.714
政府规制行为（*reg*）	0.805
农村集体经济组织行为水平（*beh*）	0.677
宅基地有序退出（*exi*）	0.758
总体	0.738

2. 效度检验

为保证本问卷调查结果能够很好地反映本书所要研究的内容，以 KMO 值和巴特莱特球形检验对问卷中主观题的效度进行测定，得出 KMO 值为 0.742，在 0.7 ~ 0.8 之间，且 p = 0.000 < 0.001。故而认为问卷中潜变量的设置有相对合理的效度。

（三）宅基地有序退出相关主体决策行为影响因素实证分析

1. 样本总体特征

问卷结果显示，有 141 户退出了宅基地，占有效样本总体的 30.7%，有 255 户认为宅基地退出后能够得到合理利用，占 55.56%，有 251 户农户认为宅基地退出后能够依法得到合理的补偿，占 51.2%。其中，退出了宅基地，且认为能使宅基地得到合理利用的农户有 95 户，占 20.7%，有 114 户认为宅基地退出后能够依法得到合理补偿，占 24.8%。退出了宅基地，且认为宅基地退出后能够得到合理利用和合法补偿的有 70 户，占 15.26%。调查农户的特征如表 10 - 6 所示。

表 10 - 6 调查农户的特征描述

特征	变量界定	户数（户）	占有效样本百分比（%）
性别	男	202	44. 01
	女	257	55. 99
文化程度	小学及以下	59	12. 85
	初中	184	40. 09
	高中或大专	131	28. 54
	本科及以上	85	18. 52
宅基地面积	0 ~ 100 平方米	159	34. 64
	100 ~ 300 平方米	232	50. 54
	300 平方米以上	65	14. 16
家庭年均总收入	2 万元及以下	142	30. 94
	20001 ~ 40000 元	88	19. 17
	40001 ~ 60000 元	110	23. 97
	60000 元以上	117	25. 49
非农收入占比	30% 及以下	176	38. 34
	31% ~ 50%	130	28. 32
	51% ~ 70%	77	16. 78
	71% ~ 90%	49	10. 68
	90% 以上	27	5. 88

2. 模型分析

本书运用 AMOS 21. 0 进行验证性因子分析和路径分析（如表 10 - 7 所示），经过多次运算，决定删除村集体表现中是否存在处置宅基地的其他渠道（beh2），出于对现实的考虑，beh2 是为了测定宅基地流转的隐形市场的存在，农户出于对自身的保护，很可能没有真实地回答此类问题，且此类消息不一定来源于农村集体经济组织，故可以删除此测量变量，且模型的绝对拟合指数和相对拟合指数大都处于合理的范围内，卡方值为 328. 186，df 为 80，卡方自由度之比为 4. 102 < 5 模型，认为模型拟合基本合理，具体估计结果如表 10 - 8 所示。

表 10 - 7 结构方程估计结果及检验

变量类型	变量关系	标准化的参数估计值	S. E.	C. R.	p 值
测量模型	beh3←beh	0.621	—	—	—
	beh1←beh	-0.707	0.6	-3.622	***
	wil1←wil	0.366	—	—	—
	wil2←wil	0.644	0.095	3.292	***
	wil3←wil	0.436	0.107	8.302	***
	exi1←exi	0.501	—	—	—
	exi2←exi	0.738	0.093	7.906	***
	exi3←exi	0.828	0.075	10.998	***
	reg1←reg	0.679	—	—	—
	reg2←reg	0.436	0.107	8.302	***
	reg3←reg	0.600	0.109	10.981	***
结构模型	exi←beh	0.447	0.225	1.991	**
	exi←wil	0.525	0.326	1.969	**
	exi←reg	0.798	0.192	2.485	**
	reg↔beh	0.344	0.025	5.663	***
	reg↔wil	0.031	0.025	1.235	0.217
	wil↔beh	0.368	0.021	3.234	**

注：*** 为 p 值小于 0.01，** 为 p 值小于 0.05。

表 10 - 8 部分模型适配度指标

适配度系数	统计量	判断标准	拟合值	判定结果
绝对适配度指数	c2/df	(3, 5)	4.102	适配合理
	GFI	>0.9	0.912	适配良好
	RMSEA	<0.08	0.069	适配合理
相对拟合指数	CFI	>0.9	0.904	适配良好
	NFI	>0.9	0.932	适配良好
	PNFI	>0.5	0.568	适配良好
	RFI	>0.9	0.889	适配不合理

由上面的回归结果可以得出以下结论：

（1）假设 H1 得到了验证。农户意愿（wil）对宅基地有序退出的影响系数为 0.525，即农户退出宅基地的意愿越强，越能实现宅基地的有序退出，这与目前充分尊重农户意愿的土地改革前提是切合的。从影响农户意愿的因素来看，表征农户意愿的测量变量对农户意愿的影响都是正向且显著的，其中，农户对宅基地相关政策的认知程度最为显著，达到 0.644，其次是农户对宅基地补偿标准的态度，影响系数为 0.366。农户大多属于风险规避型决策人，对宅基地相关政策的认知程度越高，越能有效规避意外风险，积极参与宅基地的退出；最后是农户愿意以宅基地换取补偿的程度，影响程度为 0.436，农户愿意以宅基地换取补偿的程度越高，农民退出宅基地的意愿越强烈，越有利于实现宅基地的有序退出。

（2）假设 H2 未得到完全验证。农村集体经济组织的行为水平（beh）对宅基地有序退出的影响系数为 0.447，这表明农村集体经济组织表现越积极，越有利于实现宅基地的有序退出。综合来看，村集体经济组织为此付出成本的影响系数为 -0.707，农村集体经济组织成本付出得越少，越能提高农村集体经济组织行为水平；此外，宅基地退出后能够获得的长远收益的影响系数为 0.621，获得的长远收益越多，即村容村貌的改变越大，经营集体资产的能力越强，集体成员的社会保障越完善，越能提高其行为水平。然而，对于农村集体经济组织消极参与获得的额外收益的影响未能得到观测，但不能完全说明其对农村集体经济组织的行为没有影响，可能是问卷设计的问题过于敏感，农户出于保护自己的目的未真实作答，也可能是问卷涉及的区域不存在这种现象，等等。具体原因考虑在以后的研究中逐步深入。

（3）假设 H3 得到了验证。政府规制行为（reg）对宅基地有序退出的影响系数为 0.798，这表明地方政府规制越强，越能实现宅基地有序退出。从具体因素来看，相关测量变量对地方政府规制水平的影响也是显著的。首先，地方政府制度执行效率的影响系数为 0.679，制度创新情况的影响系数为 0.436，违规惩罚制度的执行情况影响系数为 0.6，地方政府制度执行的效率越高，即制度改革成本越低，制度创新程度越深，也即给予的惠民政策、相关保障越完善，违规惩罚制度执行得越严厉，表明政府的规制行为越强，越有利于实现宅基地的有序退出。

（4）假设 H4 未完全得到验证。首先，农村集体经济组织行为与农户意愿和政府规制行为之间的是正向相关并且显著的，但农户意愿与政府规制行为之间的影响是不显著的，可能是由于农户对相关政策的认知水平不高。例如，将宅基地使用权与所有权混淆、未对政府的规制行为有及时的回应，也可能是农户的意愿多由基层组织传达，地方政府未能及时察觉农户的现实需求，这也是目前有学者认为农户宅基地退出意愿不高的原因之一。

需要特别注意的是，从宅基地有序退出的测量变量的回归结果可以看出，尽管样本中退出宅基地的农户不多，但宅基地退出后是否得到有效利用对于宅基地有序退出的影响显著，这是因为宅基地退出后能否得到合理利用关系到补偿标准的高低和土地增值收益的问题。此外，模型的运算过程中剔除了农村集体经济组织消极参与宅基地退出可能获得的额外收益的测量变量，这类因素的影响程度还需结合社会调查进行，本书的篇幅有限，考虑在以后的研究中进一步深入。

三、确立影响宅基地有序退出相关主体决策行为的因素

通过之前的理论分析和实证，可以确立农村宅基地有序退出相关主体行为对于实现宅基地退出的相关程度，如图 10 – 10 所示。

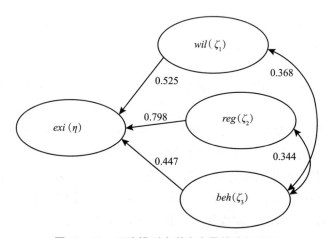

图 10 – 10　理论模型中潜在变量的路径分析

可以发现地方政府的规制是实现宅基地有序退出的最重要方面，这与当前实行政府主导的宅基地有序退出是一致的。然后是农户的意愿和村集体经济组织的行为水平。具体的因素有以下几个：

（1）农户意愿（wil）层面。农户对补偿标准的态度（$wil1$）、对宅基地相关政策的认知程度（$wil2$）、愿意以宅基地换取补偿的程度（$wil3$）会影响农户的意愿，从而影响其退出宅基地的行为。

（2）地方政府规制（reg）层面。地方政府积极监管时给予的制度创新越多（$reg2$）、惩罚越严格（$reg3$）、制度执行效率越高（制度改革执行成本越低）（$reg1$），越有利于加强政府规制行为，实现宅基地的有序退出。

（3）农村集体经济组织行为水平（beh）层面。农村集体经济组织付出的成本越高（$beh1$）、宅基地退出后可能获得的长远收益（$beh3$）越多，越有利于提高农村集体经济组织的积极性，推动宅基地的有序退出。

第三节 "三权分置"视角下宅基地有序退出影响因素的作用机理

"三权分置"下宅基地有序退出应在政府的统筹规划下，充分尊重农户意愿，对退出宅基地的农户进行合理补偿，对退出后的宅基地进行用途管制和科学管理。且由前面的分析及实证检验可以看出，宅基地有序退出的影响因素根源于宅基地退出的利益主体，即农户、农村集体经济组织及地方政府。具体而言，在农户意愿、农村集体行为水平和地方政府的规制行为体现。

（1）地方政府规制层面。地方政府在地区经济水平和社会发展程度的基础上，选择适合本地区的宅基地退出模式，并在节约交易成本、实现社会效益最大化的基础上，对宅基地退出过程中利益主体的活动进行监管，而出于盘活农村土地资产，改善农村居住环境的目的，地方政府会把它的关注点放在建设用地指标的获得上，故而很可能会忽略农民的利益，往往出现地方政府规制松散的状态，打击农户及村集体退出宅基地的积极性，不仅不利于实现宅基地的有序退出，退出的宅基地也很难得到有效管理。反过来，地方政府倘若加强规制，积极创新惠民政策并完善相关保障体系，提高制度的执行效率,降低制度的执行成本,越能提高村集体经济组织及其成员参与的积极性,进一步地,农村集体经济组织和农户的积极性不断提高,其"村民自治"的程度就会得到一定程度的加深,反过来也会降低政府的制度执行成本,调动地方政府对宅基地退出的积极性,从而有利于实现宅基地有序退出。

(2)农村集体经济组织行为层面。尽管当前村集体经济组织的行为往往受到村委会等基层组织的左右,但随着相关法律体系的逐步健全,村集体经济组织在宅基地管理中的作用将得到更大程度的发挥。首先,农村集体经济组织可以通过宣传和协助执行相关政策法规,拓宽村集体经济增收渠道,积极协助村集体成员进行资格认定、宅基地有序退出以及宅基地退出后的增值收益分配,可以调动农户的积极性,在一定程度上增加宅基地退出可能获得的长远收益,壮大集体经济组织的力量;其次,可以充分发挥村民自治作用,从而降低政府的制度执行成本,缩短宅基地退出后复垦整理的项目周期,越能实现宅基地的有序退出。

(3)农户层面。宅基地退出关乎农民的切身利益,农户在宅基地制度改革过程中应有充分的话语权。农户意愿是影响宅基地有序退出中很重要的一环。农户对于宅基地的补偿标准大多比较敏感,可能由于对相关政策的认知不够产生了不安全的决策环境,也可能与农村各项社会保障体系不完善有关。现实中,农户大多属于风险规避型决策人,风险承受能力较差,在日常消费中,除了满足现实需要的消费支出外,往往以收入的现实情况来推演未来家庭经济的预期,要在铺垫足够风险抵御力的情况下作出决策。因此,宅基地退出的补偿要在生活福利水平方面有所侧重,不仅要注重宅基地退出的经济补偿,还要在社会保障、子女教育、户籍上有所侧重。当然,充分尊重农户意愿,提高其政策认知程度也是促进宅基地有序退出的有效路径之一。且考虑到当前农村社会结构的剧烈变化,动态的宅基地有偿退出机制应该更能兼顾农户的需求变化,这里的需求应从农户的家庭特征、家庭功能和结构的变化出发,更注重农户家庭生命周期的发展。

进一步地,通过对宅基地有序退出影响因素的分析,可以以利益主体的行为过程来呈现影响因素的作用机理及宅基地有偿退出的实现路径。如图10-11所示。

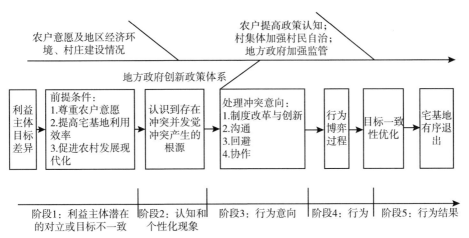

图 10 – 11 宅基地退出过程中利益主体的行为过程

在宅基地退出的初始阶段，农户、村集体经济组织和地方政府可能会追求自身利益最大化，出现主体目标差异的情况，在充分尊重农户意愿，实现宅基地的有效利用和农村发展现代化的前提下，各主体认识到系统内冲突，通过地方政府制度创新、村集体政策宣传与沟通或各主体适当回避冲突与纠纷的方式协作，系统内主体行为进行博弈，在这个过程中逐步实现目标优化，建立起目标一致性下的宅基地有序退出。在这个过程中，农户个人意愿及家庭特征、地方政府监管与制度创新和村集体的积极协作共同推动了宅基地的退出，即实现了宅基地退出的内生动力与外部推动力协同耦合，促进了乡村振兴、城乡融合发展和社会进步。

第四节 本 章 小 结

本章在理论分析的基础上提出影响宅基地有序退出的相关主体决策行为的影响因素假设，并结合问卷调查和实地调研建立结构方程模型对影响因素作进一步修正、分析和实证，最后确立了影响宅基地有序退出相关主体决策行为的因素，分析表明：

（1）农户对于补偿标准的态度、相关政策的认知水平、愿意以宅基地换取补偿的程度会影响农户意愿，进而影响宅基地的有序退出。

（2）地方政府积极监管时给予的制度创新程度、惩罚机制的执行情况、相关制度的执行效率会影响地方政府的规制行为，进而影响宅基地的有序退出。

（3）农村集体经济组织在宅基地退出过程中付出的成本、可能获得的长远收益会影响其行为水平，进而影响宅基地的有序退出。

| 第十一章 |

政策建议

第一节 "政府－集体－农户"决策主体视角下的宅基地有序退出的政策建议

我国宅基地的有序退出要在政府规制下实现，而政府规制的重要方面在于宅基地有偿退出的相关体制机制的创新。农村集体经济组织是宅基地所有权的归属者，理应站在壮大集体经济力量，实现宅基地的有效利用的基础上参与宅基地的有偿退出。农户是宅基地退出的主体，也是宅基地退出的内生动力，地方政府要注重提高农户家庭发展能力，实现宅基地有序退出的内生动力与外部推力的协同耦合，为乡村振兴和城乡融合发展助力。基于此，本书分别从地方政府、农村集体经济组织和农户层面提出建议。

一、地方政府层面

（一）建立和完善宅基地有序退出的引领机制

（1）建立合理的宅基地退出补偿机制，要在保障农户退出宅基地后生活福利水平不降低的基础上制定宅基地补偿标准和方式，并关注农户家庭结构、家庭功能和家庭禀赋在宅基地退出前后的变化。

（2）完善农户社会保障机制，在尊重农户意愿的前提下，从"家庭城镇化"的角度关注农户退出宅基地后的社会保障问题，尤其是居住方面的基本要求：对生活来源落后的家庭，应提供更多的生活引导和社会帮助；对于家庭结构特殊的家庭，应增加政策扶持和社会救助，对于家庭功能不完善的农户，应提供必要的生活配套和相关政策方面的优惠。

（3）拓宽农户集体增收的渠道，增加村集体在宅基地退出后可能获得的长远收益。可以考虑农户继续参与到宅基地的流转中，如参与农业生产合作社等新型农村合作组织，甚至可以将承包土地的使用权作为资本入股，在保证农户收入的基础上增加股权分红的收益。

（二）建立和完善宅基地有序退出的约束机制

（1）加强农村集体经济组织在法理基础、社会监督方面的合理性，发挥城乡规划、基层规划的引领作用。

（2）规范宅基地管理，加强相关法律法规建设，对于违法违规现象加大惩罚力度。

（3）提高政府治理能力，降低制度执行成本，同时扩大群众监督面，充分保障农户的知情权，发挥群众监督的作用。

二、农村集体经济组织层面

（1）完善基层村镇的规划计划，并发挥相应规划的重要引领作用。

（2）农村集体经济组织要积极宣传相关政策，提高农户对相关政策的认知水平，可有组织有秩序地进行农村消费宣传、推广金融等服务，积极孕育新型农村的消费信用文化，故而提高农户家庭的市场竞争能力。

（3）创新农村基层的社会治理机制，对基层组织的管理实现精细化，降低政府的制度执行成本，可依据农户家庭情况、宅基地用途等信息对农村宅基地进行网格化管理，以满足不同层次农户的需求，将农村集体经济组织及村委会成员置于网格之上，进行上级政策宣传、农户困难反映以及矛盾纠纷调解等工作，并借助信息平台共享个性化的网格信息，以满足当前农村复杂社会事务服务管理的多元化需求，有效提升农村社会治理整体的工作质量和工作水平，实现各方协同合作。

三、农户层面

新型城镇化的本质应该是"人"的城镇化，考虑到当前农村社会结构正在发生着剧烈变化，女性化、老龄化问题严重，与此同时，农民家庭结构、家庭功能也发生了相应变化，宅基地退出应充分考虑农民家庭功能的演化与宅基地功能演化的冲突。在宅基地资产性功能层面，农户家庭经济功能中的投资功能、生产功能在现有的家庭结构下能否实现是宅基地有序退出制度设计应该回应的问题，特别是农民对"三权分置"的宅基地管理制度及相关政策是否有一定程度的认知，相关政策制度的设计是否回应了异质性农户的现实需求也是提高农户宅基地退出意愿应该关注的方面。总之，应从农户家庭可持续发展的层面出发，建立起有利于农户家庭发展能力建设的制度体系，实现宅基地有序退出。

第二节　农户家庭城镇化视角下宅基地有序退出的政策建议

一、农户家庭城镇化内涵的界定

（一）农户家庭城镇化研究简述

家庭作为最基本的社会细胞，是中国农村人口基本行动的策略单元，是城乡人口流动的重要解释维度。我国农村城镇化发展战略和推进路径均与农户家庭分不开。从"家庭"角度推进城镇化已成为社会各界关注和讨论的新议题之一。目前关于农户家庭城镇化的研究主要体现在以下几个方面：

（1）关于家庭城镇化内涵的解释。家庭城镇化强调的是以家庭为基本单元的人口城镇化，在学术界主要以王兴平为代表，王兴平（2014）认为推进城镇化应以家庭为主体。在此基础上，部分学者对家庭城镇化的内涵作了进一步的探讨，例如，张一凡、王兴平和周军（2014）认为农村家庭城镇化的内涵是实现整个家庭收益的提高和生活的改善，陈宏胜和王兴平（2017）提出家庭城镇化是多空间的平衡与协调，是家庭成员的切身感受和社会融合。

（2）关于农户家庭角度对城镇化制约因素与迁移模式的研究。对于制约因素，盛亦男（2014）研究发现大城市的户籍制度限制了农村流动人口家庭的本地化；魏万青（2015）研究发现农民工的入户意愿受其家庭完整性因素的影响。对于城镇化迁移模式，张玉洁、唐震和李倩（2006）指出促进家庭迁移是我国推进城市化进程的一个重要方向，葛明岩和刘贵福（2015）提出农民工及其家庭进城是稳妥推进城镇化的关键。

（3）关于农户家庭城镇化实施路径的研究。王兴平（2014）提出了以家庭为基本单元的三维耦合式城镇化模式的设想，主张建立"区域—省域—市域"三个层面的基本公共服务实施体系，并提出农民工家庭城镇化由生活型、发展型和养老型城镇化组成。罗震东、夏璐和耿磊（2016）等提出城镇化政策的制定必须立足家庭整体理性，顺应家庭聚合发展的总体趋势。

现阶段对以家庭为单元的城镇化的研究较为零散，对农户家庭城镇化的本质内涵的认识不系统和全面，虽然提出了家庭城镇化是以"家庭为核心"的城镇化路径设想，但对与农村家庭相关联各要素在城镇化中的转移程度，对就业、居住和公共服务三位一体之间的关系尚需做进一步的研究。

（二）农户家庭城镇化内涵的界定

本书认为农户家庭城镇化是指以"农户家庭为单元"和"提高农户家庭发展能力为核心"推进城镇化，在城镇化进程中同步提高农户家庭在城镇就业的稳定程度、农户家庭在城镇居住的稳定程度和农户家庭享受城镇公共服务的程度。为加强对农户家庭城镇化本质内涵的认识，进一步诠释如下：

（1）农户家庭城镇化从微观视角涉及农村转移家庭成员的社会需求、参与能力与后续发展等各方面，包括就业、居住、出行、教育、养老等社会需求是否具有真正融入城市生活的能力；农户家庭城镇化从宏观视角涉及整个社会发展和城乡不同家庭发展的转化，是国家层面在战略导向、政策法规、资源配置等方面给予更加有力的引导和宏观把控。农户家庭在城镇就业的稳定程度、农户家庭在城镇居住的稳定程度和农户家庭享受城镇公共服务的程度的同步转化和提高是实现农户家庭城镇化的基础前提，其目的是通过提高农村家庭的发展能力使家庭全体成员完全融入城市并实现城镇化转型。

（2）从与农户家庭成员相关联的社会各要素的构成情况看，农户家庭城镇化由农户家庭就业城镇化、农户家庭居住城镇化和农户家庭享受城镇公共服务城镇化三个相互协调的子系统构成。农户家庭就业城镇化通过外来农村转移家庭在城镇的就业状况、收支状况等方面的稳定程度来表征；农户家庭居住城镇化通过外来农村转移家庭在城镇的居住条件、成本、地点等方面的稳定程度来表征；农户家庭享受城镇公共服务程度通过外来农村转移家庭享受城市医疗、养老、教育、出行等城镇公共服务等方面来表征。

（3）农户家庭城镇化的驱动力可分为内生动力与外生动力。内生动力推动的农户家庭城镇化更多地体现为新一代农村劳动力和自愿进城的农村转移人口及其家庭的城镇化；外生动力推动的农户家庭城镇化代表因政府征地、拆迁、撤村并点等导致农民失地迫使其家庭城镇化。两种类型面临的背景和诉求不同，可能对农户家庭城镇化的要求也不尽相同，其家庭成员和与之相关联的社会各要素的转化程度也不尽相同。

（三）农户家庭城镇化与相关概念的辨析

（1）家庭城镇化与农户家庭城镇化。农户家庭城镇化聚焦到农户家庭发展层面上，是家庭城镇化的重要组成部分，是解决城市、城际人口流动家庭问题的重要途径。家庭城镇化不仅包括农户家庭的城镇化，也包括城市离散型家庭与城际离散型家庭的城镇化。

（2）家庭离散化与农户家庭城镇化。家庭离散化是指中国农村劳动力在转移过程中不是以家庭为单元举家移动，而是以青壮年转移为主，家庭留守农村的分散式迁移，使得农户家庭出现"离散化"现象。农户家庭城镇化则是以农户家庭为单元推进中国农村劳动力的流动转移，消除农户家庭由于个体流出导致的离散化，努力使农户家庭成员整体转移，同步提高农户家庭成员和与之相关联的社会各要素的转化程度，可消除农户家庭离散化由于农户家庭核心成员缺席对家庭功能产生的巨大影响。

（3）农民工市民化与农户家庭城镇化。农民工市民化强调的是农民工自身的生活生产方式改变、户籍身份转化、意识行为方式的变化，是在城市从事非农业产业的农民逐步向市民转化的过程。农户家庭城镇化的对象由农民工个体转变为其整个家庭，是以农户家庭为基本单元推进从"乡"到"城"的实质性的转变，为我国城乡规划建设、城乡统筹、战略政策调整的家庭化转变提供了重要依据。

二、农户家庭城镇化评价指标体系的构建

根据农户家庭成员和与之相关联的社会各要素在城乡间聚集的状态，把家庭分为"农村家庭""城乡两栖家庭""城市家庭"三种类型。农户家庭各要素聚集程度通过农户家庭在城镇就业的稳定程度、农户家庭在城镇居住的稳定程度和农户家庭享受城镇公共服务的程度三个子系统来体现，并对应家庭城镇化转化的三个阶段，具体如图 11 – 1 所示。

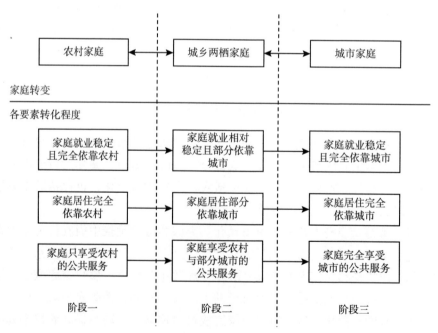

图 11 – 1 农户家庭要素转化程度的三个阶段

借鉴我国学者王兴平（2014）与张一凡、王兴平和周军（2014）对家庭城镇化水平综合测度研究成果的基础上，采用复合指标法，从农户家庭在城镇就业的稳定程度、农户家庭在城镇居住的稳定程度、农户家庭享受城镇公共服务的程度三个维度选取 19 个指标，构建农户家庭城镇化评价指标体系，具体如表 11 - 1 所示。

表 11 -1　　　　　　　　　　**农户家庭城镇化评价指标体系**

子系统	评价因子	具体指标
农户家庭在城镇就业的稳定程度	城市承接就业状况	农户家庭成员在城镇就业的比率 $X1$（%）
		农户家庭是否享受城镇提供就业服务的比率 $X2$（%）
		农户家庭收入完全依靠城镇的比率 $X3$（%）
		城镇居民家庭当前人均月收入与农户家庭当前人均月收入的差值 $X4$（元）
	择业观念	农户家庭成员就业选择在城镇的比率 $X5$（%）
		农户家庭成员对目前就业的满意比率 $X6$（%）
	失业风险	农户家庭失业成员中的失业率 $X7$（%）
农户家庭在城镇居住的稳定程度	城市承接居住状况	农户家庭成员在城镇居住的比率 $X1$（%）
		农户家庭是否享受城镇提供居住服务的比率 $X2$（%）
		农户家庭在农村拥有宅基地的比率 $X3$（%）
		城镇居民家庭当前居住成本与农户家庭当前居住成本的差值 $X4$（元）
	择居观念	农户家庭成员选择在城镇居住的比率 $X5$（%）
		农户家庭成员对目前居住的满意比率 $X6$（%）
农户家庭享受城镇公共服务的程度	家庭享受城市公共服务状况	农户家庭成员能够完全享受城镇公共服务的比率 $X1$（%）
		农户家庭成员城镇养老保险参加比率 $X2$（%）
		农户家庭子女在当地入学比率 $X3$（%）
		农户家庭户口为非农村的比率 $X4$（%）
	家庭对公共服务的满意度	农户家庭享受对于教科文卫事业费占地方财政支出与农村间的差值 $X5$（元）
		农户家庭成员对公共服务的满意比率 $X6$（%）

三、农户家庭城镇化测度思路

(一) 测度思路

基于对农户家庭城镇化内涵的认知,从农户家庭在城镇就业的稳定程度、农户家庭在城镇居住的稳定程度和农户家庭享受城镇公共服务的程度三个维度构建了农户家庭城镇化评价指标体系。通过分别度量"农户家庭就业 – 居住 – 公共服务"三个独立子系统的运行水平,再运用协调度函数度量三个子系统之间的协调度,用协调度表征农户家庭城镇化的程度,任何单一子系统的偏离都会影响到农民工家庭城镇化的水平。协调度越高表明农村城镇化水平越高,协调度越低表明农村城镇化水平越低。农户家庭城镇化的度量则转换为测算"农户家庭就业 – 居住 – 公共服务"子系统的协调性。农户家庭城镇化测度的整体思路如图 11 – 2 所示。

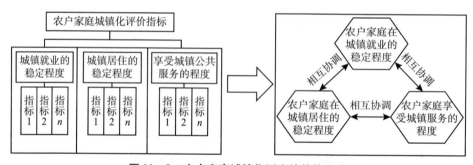

图 11 – 2　农户家庭城镇化测度的整体思路

(二) 测度的具体步骤

农户家庭城镇化测度过程分为三大步:首先,采用熵权法来确定指标权重,以规避指标权重的人为因素影响。其次,基于 TOPSIS 法分别计算出"农户家庭就业 – 居住 – 公共服务"三个独立子系统的评价值,用其评价值来表征三个子系统的优劣。最后,根据"农户家庭就业 – 居住 – 公共服务"三个独立子系统的评价值,引入协调度函数来度量农户家庭城镇化中的"就业 – 居住 – 公共服务"整个系统的协调状况的好坏,具体步骤如下:

（1）选取农户家庭在城镇就业的稳定程度子系统的 m 个评价指标在 n 个评价时间节点的数据，对所得数据作正向化处理，构建 $n \times m$ 的原始矩阵，并采用 Z-score 法对原始矩阵中的数据标准化。

（2）采用熵值法确定 m 个评价指标在农户家庭城镇就业的稳定程度子系统中所占的权重，得到加权矩阵 Z。

（3）根据加权矩阵 Z，从中分别选取每项指标的最大值和最小值，得到最优加权向量和最劣加权向量。

（4）分别计算每个评价指标与最优向量和最劣向量的距离。

（5）计算农户家庭在城镇就业的稳定程度系统下的 m 个评价指标与最优值的相对接近度（评价值）。同理，农户家庭在城镇居住的稳定程度、农户家庭享受城镇公共服务的程度系统下的各评价指标与最优值的相对接近度（评价值）的计算也按照步骤（1）~步骤（5）可求得。

（6）利用协调度函数来判断"农户家庭就业－居住－公共服务"三个独立子系统协调状况的好坏。

四、结论与建议

农户家庭城镇化是以提升"农户家庭发展能力为核心"的城镇化，其视角聚焦到农户家庭发展层面上，是家庭城镇化的重要解释维度。农户家庭城镇化是用"农户家庭就业－居住－公共服务"系统中三个子系统之间的协调性来反映农户家庭城镇化水平，其协调程度越高，表明农户家庭城镇化水平也就越高。政府在推进新型城镇化过程中，应该重视农户家庭城镇化构成要素的家庭就业、家庭居住、家庭享受城镇公共服务的协调性，形成推进家庭城镇化的"合力"。

第三节　生态位视角下宅基地退出后农户家庭发展能力构建的政策建议

一、农户宅基地退出后家庭发展能力及生态位理论的引入

家庭发展能力是家庭凭借其所能获取的资源来满足每一位家庭成员生活

与发展的能力。宅基地退出后的农户在丧失原有的农村保障基础后进城发展，在一定程度上家庭发展能力进行了重置。近年来，重庆、广东、江苏、四川、安徽等地相继制定了集体建设用地和宅基地流转的办法，以试点的方式推动宅基地制度改革，例如，重庆的"地票"模式和嘉兴的"两分两换"模式。宅基地退出机制的主要内容是农户退出宅基地及承包地能获得一定的收益，享受和城市居民同等待遇的就业、住房、教育、社保和医疗保险，缩小与城镇居民的差距。虽然选择宅基地退出的农户在一系列保障上与城市居民有相同的待遇，但是在社会地位、资本积累、就业层次等方面与城市居民具有一定的差距。另外，由于宅基地退出后农户家庭的产业突变和环境突变，使得农户家庭一定的时间内在城市环境中处于适应能力较弱的境况，在与原有城市居民竞争时处于弱势地位。

生态位理论最初用于群落结构的研究，如今被广泛应用于生态学、经济学和管理学等领域。在生态学领域中，生态位（ecological niche）是指一个种群在生态系统中，在时间空间上所占据的位置及其与相关种群之间的功能关系与作用（朱耿平等，2013）。退出宅基地后的农户群体可视为一个占据一定资源的群落，形成一个基础生态位。农户进城之后需要占据城市的公共设施和就业资源，势必要与在城市原有的群落发生功能与竞争的联系。生态位理论不仅在生物学上解决了种群间竞争与生存的问题，在家庭能力构建上，生态位理论也能解决不同群体间的发展问题。

二、基于生态位角度的家庭发展能力的构建

家庭的生态位是家庭在社会环境中所能取得的资源和自身的竞争能力所能占据的位置，家庭各方面能力组成家庭的生态因子。家庭生态因子主要有经济发展能力、社会交往能力、学习能力、风险应对能力和驱动力五个部分。这五类因子基本涵盖了退出宅基地后的家庭发展能力，这些因子之间的组合构成了家庭发展的生态位，则退出宅基地后农户家庭的生态位用数学表达式可表示为：

$$f(X) = f(x_1, x_2, \cdots, x_n)$$

其中，$x_i(i=1, 2, \cdots, n)$ 表示宅基地退出后的家庭在城市环境下的生态因子。

宅基地退出农户的家庭生态因子模型，如图 11-3 所示。

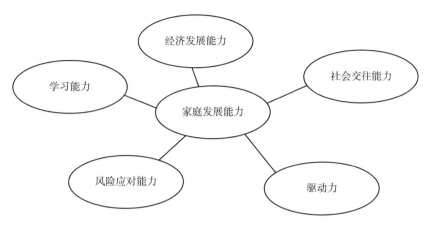

图 11－3　宅基地退出农户的家庭生态因子模型

（一）家庭的经济发展能力

经济发展能力的构建不仅仅取决于家庭的收入水平，收入稳定程度、家庭成员从事行业范围等因素都对一个家庭的经济发展能力有一定影响。农户选择退出宅基地，失去了原有的农村保障，从原有的农业收入转变为非农收入。在选择宅基地退出过程中，农户的经济发展能力近乎等同于重新构建。对选择宅基地退出后的农户来说，决定其经济发展能力的因素主要有以下几个方面：

（1）家庭整体收入水平。农户宅基地退出过程中，农户的收入方式由农业收入或部分农业收入转变为非农业收入。虽然宅基地退出有助于拉近城乡居民的收入差距，但农户在进城后就业层次和收入水平普遍低于城市居民。同时，宅基地退出后的农户与城镇居民在生态位上的竞争起于生态位上的重叠，农户与城镇居民在取得经济收入方面势必发生实力不对等的竞争。

（2）收入稳定程度。收入稳定程度不仅代表着农户的经济发展能力，还体现在农户的风险应对能力和家庭保障能力方面。选择宅基地退出的农户主要由进城打工的农民工群体组成，多数从事低端制造业、建筑业和服务行业，在长时期内劳务关系处于不稳定状态导致进城农户收入稳定程度较低，对家庭经济发展能力和风险应对能力产生极为不利的影响。

（3）财富的储蓄。财富储蓄一方面代表着有资本从事投资，提高自身的收入水平；另一方面能增加自身的风险应对能力。进城农户的财富储蓄相对较低，难以在资本市场进行投资。进城农户由于获得补偿虽具有一定储蓄力，但是由于投资意识和投资渠道等方面的不足，在资本的积累上仍处于劣势。

（4）家庭劳动人数。家庭劳动人数是家庭经济能力的基数，家庭内劳动力为家庭经济发展能力提高储备了人力资源基础。

（5）家庭成员从业范围离散程度。家庭成员从业范围过于集中对家庭经济发展能力具有较大的影响。家庭成员从业集中虽然一定程度上代表着家庭在该行业的竞争力，一旦该行业环境恶化，会对家庭经济整体发展能力产生恶劣的影响。家庭成员从业的离散化对于家庭提高经济发展能力是重要的因素。

（二）家庭的社会交往能力

家庭的社会交往能力意味着家庭在环境中的认可程度，是连接家庭和社会大环境的纽带。一个家庭有较好的社交能力往往代表着家庭在该环境有更好的生存能力。同时，社交能力还影响着家庭发展的其他方面，例如，经济发展能力、学习能力和风险应对能力。农户家庭在宅基地退出后面临一个新的城市环境，在该环境中所拥有的社会资本薄弱，其具有的社会交往能力较难与城市居民相竞争。宅基地退出后刚进入城市生活的农户家庭，无法具有足够社会资本使子代在升学上和就业上能达到和城市居民子代相同的水平；另外，较差的社会资本也使宅基地退出后的农户家庭在社会融资上频频遇到瓶颈，缺少相应的融资也就给这些农户再培训、再就业和再创业造成了困扰，进而影响到家庭经济能力的提升发展。

（三）家庭的学习能力

家庭学习能力是家庭成员根据外部环境变化的需求以及成长和职业发展需求，在环境变化中做出的改变或为实现未来发展的学习。退出宅基地农户进城后处于一个新的环境，农户需要一定的环境适应能力才能在城镇中生活下来。当前多数退出宅基地的农户家庭的主要劳动力处于技术性较低的岗位且劳动关系不稳定，应对市场环境恶化能力较差；接受职业教育能提升农户的技术竞争力，在原有行业中提高自己的生存能力或者帮助家庭成员改变就业方向，从而减少家庭中的摩擦性失业。退出宅基地农户子代的学习能力代表着家庭对未来发展能力的期望，将来会带动家庭发展。

（四）家庭的风险应对能力

风险应对能力是指家庭利用自身所有的资产来抵抗内外部风险的能力。一方面，家庭风险应对能力受家庭经济能力影响，退出宅基地后的农户在收入稳定程度、家庭储蓄状况等方面处于的劣势影响其该方面的风险应对能力；另一方面，家庭风险应对能力受社会保障能力的影响，社会保障能力取决于各地宅基地退出政策。从现阶段看，各地政府均落实了城镇社会保障，退地农民享有城镇居民的同等权利，保障其生活的稳定性和可持续性，使得家庭风险应对能力得到一定程度的弥补。

（五）家庭的驱动力

家庭驱动力是驱动一个家庭向更好的生活发展的力量，主要来自家庭负担压力和家庭成员的个人规划。宅基地退出后家庭的负担主要来自老人的赡养和子女的抚育。家庭中老人的赡养需要大量医疗费用、照顾费用等开支，同时子女入托、入学和就业也需要大量经济资源和社会资源的投入。由于家庭负担压力的存在，会使家庭的劳动力越有驱动力去改善现有状况。同时，家庭成员的个人规划能为家庭带来较大的家庭发展驱动力，通过设定未来愿景，期望通过学习和改造来实现。

三、生态位宽度

生态位宽度又称生态位广度或生态位大小。一个物种所能利用的各种资源总和，即沿着某一特定的路线所通过的距离。在宅基地退出农户家庭发展能力构建中，生态位宽度代表着家庭在该维度上获取资源的能力。一个家庭的生态位宽度越窄，该家庭在该维度上获取资源的能力越弱；一个家庭的生态位宽度越宽，该家庭在该维度上的发展能力越强（如图 11-4 所示）。城镇居民在以上五个维度的竞争能力相对宅基地退出农户均具有一定优势，城镇居民拥有更大的生态位宽度。在一个生态位因子梯度上宅基地退出农户的生态位宽度远小于城镇居民生态位宽度。

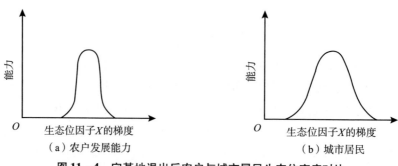

图 11 - 4 宅基地退出后农户与城市居民生态位宽度对比

四、生态位重叠

在生物学方面，生态位重叠是指两个或两个以上生态位相似的物种生活于同一空间时分享或竞争共同资源的现象。宅基地退出农户进入城市生活，势必会与原有的城镇居民在资源上产生竞争，即发生生态位重叠。如图 11 - 5 所示，农户退出宅基地进城发展的过程中将经历四个阶段：第一，生态位完全分离阶段，该阶段城镇居民与农户在生态位上没有交集；第二，生态位部分重叠阶段，城镇居民与农户生态位较少发生重叠；第三，生态位基本重叠

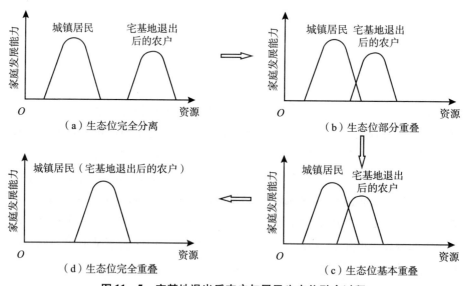

图 11 - 5 宅基地退出后农户与居民生态位融合过程

阶段，城镇居民与宅基地退出后农户在生态位上发生较大部分重叠；第四，生态位完全重叠阶段，两者生态位完全重叠，宅基地退出后的农户家庭完全融入城市居民。

（1）生态位完全分离阶段。最初阶段由于城乡二元结构的格局，城市经济以现代化的大工业生产为主，而农村经济以典型的小农经济为主。城市居民收入来自第二、第三产业，农户收入多由农业收入组成。在这种情况下，农户在经济、社会资本、公共福利方面与城镇居民不存在生态位上的重叠，即没有竞争。

（2）生态位部分重叠阶段。随着农民工"候鸟式"地进城务工，与城市居民在就业、公共设施等方面产生竞争。一方面，由于农民工就业层次较低，多处于服务业、建筑业等岗位，竞争力不强；另一方面，农户不愿意离土进城，在城乡"两头"占地，没有完全实现"农转非"，在福利、社会资本、社会保障等权利上与城镇居民存在一定的竞争，但生态位重叠度较低。

（3）生态位基本重叠阶段。选择宅基地退出后的农户实现了"农转非"，农户农转非后可以享有失业、工伤、生育保险和最低生活保障；转户居民子女接受公平的教育，享受与现有城镇居民学生划片就近入学等同等待遇；宅基地退出后的农户同时纳入城镇就业服务和政策扶持范围，促进其在城镇稳定就业。这些农户无论在经济发展能力、学习能力、风险应对能力等方面都有向"居民化"的跨越，与原有城镇居民生态位的重叠部分进一步增加，竞争更加激烈。

（4）生态位完全重叠阶段。长时间的政府扶持后，"农转非"后的居民各方面发展能力显著提升，新居民与城镇居民的生态位在各个发展能力上竞争更加激烈，加上户籍制度打破之后，城镇居民和新居民之间相互吸收，生态位甚至出现融合的现象。在经济发展能力方面，就业培训和就业扶持实施后，农户家庭的就业层次显著提升，原先收入稳定程度低的情况也会得到改善，储蓄和投资能力也显著提高；在社会交往能力方面，新居民的社会资本和职业声望会随着就业层次提升而提高；在学习能力方面，由于子代接受了与城市居民同等的教育，提高了家庭的学习能力。由于家庭经济水平和社会保障程度提高，家庭应对风险能力也会显著提升。

五、生态位理论下的宅基地退出农户家庭发展能力的蕴含政策

宅基地退出农户要能真正在城镇落户，需在各个生态因子上为农户提供

相应的政策引导，扩展生态位宽度，促进进城农户群体在城市中逐步融合。

（一）生态因子视角下提升宅基地退出农户家庭发展能力的蕴含政策

（1）提升宅基地退出后农户的经济发展能力。健全这些新居民就业体系，增加就业机会，扩宽就业渠道；政府主动搭建宅基地退出后农户的就业平台，为新居民提供就业咨询、创业培训等服务；政府加大对新居民群体的教育培训投入，积极引导新居民群体参与到职业技能培训中；加大《中华人民共和国劳动法》的执行力度，对恶意欠薪逃匿的企业依法严肃查处，妥善处理与用人单位的劳动争议。

（2）促进宅基地退出后农户在城市的社交融合。退出宅基地的农户群体集中的社区要积极构筑农户群体政治参与的组织化平台与政治信息获取平台，拓宽利益表达渠道，有利于农民工政治权益的保护，提升其社会地位；通过社区文娱中心，举办各类文娱活动，加强与城市居民社区的交流往来，消除情感壁垒，增强这些新居民的地域归属感。

（3）强化宅基地退出后农户群体的学习能力。结合当地产业规划，积极有效地推动宅基地退出农户劳动力向第二、第三产业转移；同时，落实相应政策确保进城落户家庭随迁子女在城市接受平等教育；设立宅基地退出后农户子女教育专项基金，对其子女教育实施补助奖励，确保其子女不因家庭经济困难等原因失学，保障经济贫困家庭子女接受与城市居民等同教育。

（4）提高宅基地退出后农户家庭的风险应对能力。农户在选择退出宅基地时之所以有顾虑，根本原因在于家庭担心原本由宅基地承担的医疗、养老等保障功能无法被有效替代，从而导致其风险应对能力下降。因此在制定宅基地退出程序时，不仅仅要考虑到货币补偿和住房补偿，还应积极探索在医疗、养老、失业和生育等社会保障领域中对进城农户实行有弹性的补偿。

（5）增强宅基地退出后农户家庭的驱动力。社区、工会、政府应积极服务于进城农户群体，提供相应的政策咨询服务，积极引导新居民的家庭发展方向规划。

（二）生态位宽度视角下提升宅基地退出农户家庭发展能力的蕴含政策

增加宅基地退出后农户生态位宽度有利于进城农户群体与城市居民对等竞争，促进进城农户群体在城市融合。效仿我国台湾地区的"家庭发展账户"（张梦琳、舒帮荣，2017），各城市根据不同情况设立"宅基地退出后家庭发展账户"。用相对配额存款的储蓄诱因机制，鼓励选择宅基地退出的家庭有计划地进行资产累积的储蓄行为，并提供相关的理财投资课程以协助其有目的地进行社会资产投资，增进其经济发展能力，使其通过资产的拥有、累积和投资走向自力更生的道路和独立的经济生活。根据账户资金的不同用途将账户分为小本创业、购房、再教育后就业，再根据账户种类的不同进行相应的培训并帮助他们做出中长期的职业规划，使这些"新市民"在拥有经济发展能力的同时，取得了一定的学习能力和驱动力，扩大了其生态位宽度。

（三）生态位重叠视角下提升宅基地退出农户家庭发展能力的蕴含政策

家庭城镇化其实可以看作一个"进入—竞争—融合"的过程，经过长时间的竞争与发展能力提升，宅基地退出后的农户与城市居民在生态位上从起始的"分离"到"完全重叠"的跨越，实现相互融合。参照"芬兰式的无条件收入"（佟艳等，2017），建立相应的补助体系。各城市可以按宅基地退出农户家庭人口来发放一定时限内的无条件收入，以弥补家庭在生态位重叠阶段的竞争力不足。同时，选择宅基地退出的农户在城市实现融合不仅仅需要进城农户提升自己的发展能力，还需要城市居民消除原有的偏见，接纳进城农户群体。借助文化交流平台，促进农户与城镇居民相互交流和吸收；企事业单位也应做好人事安排，促进城镇职工与离土进城的新职工相互交流，提升新职工的技能。

第四节 农村宅基地退出增值收益的"政府–集体–农户"分配的政策建议

一、农村宅基地退出增值的"政府–集体–农户"分配思路

（一）农村宅基地退出前后：增值收益变化

本书所界定的农村宅基地退出增值收益与建设用地增减挂钩背景下的农村宅基地退出增值收益不同。"建设用地增减挂钩"政策背景下农村宅基地

退出增值收益主要基于"占补平衡"原则，政府将农村宅基地退出产生的新增建设用地指标进行异地置换，宅基地退出增值收益强调的是土地经济价值的提升。国土空间规划管制背景下的农村宅基地退出增值收益则基于"发展权均衡，全域利益最大化"原则，从土地多功能发展的角度出发，强调农村宅基地退出过程中土地利用多功能的价值变化。国土空间规划管制背景下的农村宅基地退出增值收益既包括由于土地利用规划管制政策的改变、粮食供需的变化、生态环境保护等外部环境变化引发的土地自然增值收益，也包括土地所有者和使用者对土地进行资本投入、开发而引发的土地人工增值收益。同样地，农村宅基地退出增值收益的计算方式也有所不同，建设用地增减挂钩背景下的计算方法更多的是宅基地退出后的建设用地指标置换价值减去宅基地原有的经济社会价值，则农村宅基地增值收益界定为宅基地退出后的功能价值再造量与宅基地退出前的功能价值灭失量相减。

（二）农村宅基地退出前后：功能价值的灭失与再造

根据农村宅基地退出前后承载功能效用的变化情况，农村宅基地退出是宅基地功能价值灭失和功能价值再造的两个接继过程，囊括农村宅基地退出所带来的原有资产、经济、社会、心理等功能价值灭失和土地再利用其功能变化所带来的粮食安全、生态服务和经营性用地增值等功能价值再造。具体来看，农村宅基地退出前的功能价值主要包括资产功能、居住功能、社会保障功能、经济功能以及心理功能五个功能价值。农村宅基地退出后的功能价值再造源于土地发展权的变化，而土地发展权源于国家的土地用途管制，是由土地利用规划和城乡规划等公共管制机制配给的一种权利。在借鉴已有研究成果的基础上，农村宅基地退出后的功能价值再造可以理解为农村宅基地整理为耕地、生态保护用地后产生的粮食安全保障、生态服务价值以及变更为高经济效益用地类型后产生的增值收益。

（三）农村宅基地退出前后：功能效用变化值

宅基地退出后的功能再造价值主要包括经济、社会和生态三个方面。但由于受规划区域划定和土地用途管制的影响，不同发展区域中宅基地退出后的功能再造价值不同。在生态资源优势区，农村宅基地退出后的功能价值再造更加突出的是粮食安全与生态保护的功能属性；在经济发展优势区，农村宅基地退出后的功能价值则更加突出经济功能属性。由于区划的不同，农村宅基地在退出过程中收益分配主体所承担的功能再造价值不同，导致处于不同发展区域的参与主体收益分配比例不协调，根据公平正义理论和区域发展机会成本的不同，理应结合农村宅基地退出前后的功能效用变化差异进行区域间的协调与平衡，需要在生态资源优势区突出农户在粮食安全和生态保护价值中的功能效用变化贡献，在经济发展优势区则突出政府在土地经营开发中的功能效用变化贡献。因此，本书提出利用"功能效用变化值"来协调不同发展区域中利益主体的分配比例，对利益相关者各方的收益比例进行修正与优化，协调由于国土空间规划管制带来的农村宅基地退出前后在经济、生态与社会等功能上的价值差异。

（四）逻辑基础与技术思路

在现行政策框架下，我国农村宅基地退出主要实行"资产置换""借地退出""货币腾退"等多种模式，同时其收益分配标准多遵循不同发展区域内的土地市场价格，但由于区域发展不平衡所导致的市场价格失灵会使得在全域维度下的宅基地退出增值收益分配上有失公允。规划管制措施通过分区制定国土空间用途管制规则、安排国土空间开发秩序，将区域空间人为地划分为"经济发展优势区"（主要是优先开发和重点开发的区域）和"生态资源优势区"（主要是限制开发和禁止开发的区域），位于不同规划区内退出的宅基地在人为规划管制下变更为低经济效益用地和高经济效益用地。高经济效益用地侧重发展第二、第三产业，以经营用地为主；低经济效益用地侧重保护粮食用地与生态用地，以农业、生态用地为主。农村宅基地退出后理论上说其发展机会是均等的，但在空间规划管制视角下农村宅基地退出后的发展用途被人为地限定为相应功能，需要在增值收益分配过程中引入协调系数进行区域间的平衡。国土空间规划管制视角下，不同功能发展区域的农村宅基地退出增值收益分配存在共同的利益结合点：以区域总体利益最大化为核心，对宅基地退出增值收益进行公平合理的分配，以"全域一盘棋"的思维推进区域宅基地的合理有序退出。

构建效率与公平并重的利益分配格局是国土空间规划管制视角下区域协同推进农村宅基地退出的关键。立足区域发展功能定位的不同，遵循"发展权均衡，全域利益最大化"的原则，构建国土空间规划管制视角下农村宅基地退出增值收益分配方案。整体技术思路为：首先，对国土空间规划管制视角下宅基地退出前的功能灭失价值量和宅基地退出后的功能再造价值量进行核算；其次，基于 Shapley 值法测算农户、集体和政府三个利益主体的初始分配方案，利用"功能效用变化值"修正和优化 Shapley 值的测算结果，得出国土空间规划管制视角下不同发展区域的农村宅基地退出增值收益分配比例；最后，利用区际宅基地功能效用变化差异，测算全域视角下农村宅基地退出的区际补偿标准。

二、农村宅基地退出增值收益分配的政策建议

（1）国土空间总体规划管制与农村宅基地退出需要综合统筹考虑，构建以国土空间规划管制为基础的农村宅基地退出利益分配机制，健全相应的支持体系，是保障国土空间规划管制政策更好落地的现实要求，也是制定农村宅基地退出政策的另一考虑要素。

（2）结合国土空间总体规划目标制定差异化的农村宅基地退出机制，以"发展权均衡，全域利益最大化"为原则，弱化经济发展优势区与生态环境保护优势区之间的利益冲突，实现区域宅基地退出收益分配的协调与平衡，构建区域协同推进农村宅基地退出的收益补偿测算方案。生态资源优势区的单位面积退出农村宅基地应可额外获得经济补偿，经济发展优势区为经济补偿额的主要支付地区。在"经济发展优势区"农村基地退出增值收益在政府、集体和农户三者间的分配比例与在"生态资源优势区"农村基地退出增值收益在政府、集体和农户三者间的分配比例应有不同、区别对待。

（3）宅基地具有多功能性，宅基地退出是基于功能灭失和功能再造的两个接续过程，应从"区域一盘棋"角度强化对农村宅基地退出过程中各利益相关者得失的认知，在国土空间规划管制视角下公平合理地测算农村宅基地承载的多功能价值，为制定"政府－集体－农户"农村宅基地退出增值收益分配标准提供量化参照。

| 第十二章 |

研究结论与展望

第一节 研究结论

本书基于家庭因素视角出发，以"农户宅基地退出意愿""农户宅基地退出与家庭福利""农户宅基地退出模型匹配""农户宅基地退出补偿测算""农户宅基地退出风险传导""宅基地退出相关决策主体"等为主要研究内容，对农村宅基地退出进行专门性研究，主要结论如下：

（1）家庭生命周期与农户退出意愿方面。农户宅基地退出意愿存在家庭生命周期效应，并随着家庭生命周期的演变呈现近似正 U 形变化趋势。形成期家庭和衰老期家庭的退出意愿相对较高，初创期家庭和成熟期家庭相对较低，满巢期家庭退出意愿最低。对于不同阶段的农户，影响其退出意愿的家庭因素存在差异性。其中，担任村干部和外出兼业对初创期家庭宅基地退出意愿影响较为显著，劳动力数量对成熟期家庭和满巢期家庭宅基地退出意愿影响较为显著，平均可支配收入对衰老期家庭影响较为显著。因此，需要根据家庭生命周期的不同阶段和退出意愿影响因素的差异性，制定相应的措施，不可"一刀切"，应以家庭生命周期差异化为导向助推农村闲置宅基地有序退出。

（2）家庭发展类型与农户宅基地退出模式匹配方面。农村家庭与宅基地退出模式匹配符合比较优势原则；成长型农村家庭与"购房补贴"退出模式匹配，稳定型农村家庭与"宅基地换房"退出模式匹配，救助型农村家庭与"以地养老"退出模式匹配；组合宅基地退出模式的双边总体满意度较高于单一宅基地退出模式的双边总体满意度。因此，实施主体应当切实考察宅基地退出农村家庭的发展能力，推进宅基地退出模式的供给侧结构性改革，设计出尽可能满足农村家庭不同发展层次的宅基地退出模式，以期寻得匹配农村家庭最优的宅基地退出模式。

（3）家庭风险承载能力与农村家庭福利水平方面。农户宅基地退出对农村家庭福利水平的影响大小和方向存在基于家庭风险承载能力的双重门槛效应。当风险承载能力低于门槛值时，农户宅基地退出会拉低农村家庭的福利水平；当农村家庭风险承载能力跨过门槛值之后，宅基地退出能够提升其家庭福利水平。此外，农户拥有的宅基地面积大，当地经济水平高，退出宅基地更能够推动农村家庭福利水平的提升。因此，农村家庭退出宅基地应当综合考虑自身家庭的风险承载能力，政府部门应当对不同家庭的风险承载能力实施差别化策略，着眼于提升农村家庭福利水平的前提下，引导农户主动退出宅基地。

（4）家庭发展能力与农户宅基地退出补偿测算方面。基于家庭发展能力与机会成本的角度测算晋江市宅基地退出补偿标准农村家庭满意值为1273.14元/平方米，考虑到当地财政水平有限，晋江市宅基地退出补偿标准政府可承受值为1139.61元/平方米，因此宅基地退出补偿标准有效范围是［1139.61，1273.14］元/平方米，略高于中西部地区的宅基地政策试点地区的退出补偿标准；新的补偿标准有效范围不仅涉及了农村家庭发展能力与宅基地使用权、发展权等的关系，还结合当地财政水平，测算出宅基地退出补偿标准的最大值和最小值。因此，政府在测算宅基地退出补偿标准时，应当综合考虑农村家庭发展能力与自身财政水平，以期在满足农村家庭长远生计发展的同时，能够保证良好的财政状况。

（5）在宅基地退出风险传导和传染病模型理论相关理论的基础上，按照农户家庭发展能力的差异性将农户家庭分为成长型家庭、稳定型家庭和扶持型家庭，确定三种退出模式路径和分析风险传导过程，构建成长型家庭退出风险传导的 SEIR 模型和稳定型家庭退出风险传导的 SE_1E_2IR 模型，探究基本再生数 R 的值和传导平衡点的稳定性，进一步探究基本再生数 R 内在机理和对宅基地退出风险传导的影响。研究表明：基本再生数 $R < 1$ 时，只存在无传导平衡点，即宅基地退出风险会随着时间演化自然趋于消除；当基本再生数 $R > 1$ 时，存在唯一正平衡点，即宅基地风险将会持续发酵、爆发，一直在宅基地退出过程中传导；减少基本再生数、各阶段的风险传导率和增加风险消除率均可以有效抑制风险的蔓延。因此，影响宅基地退出风险传导的因素众多，可以调节这些风险表征和风险传导影响因素以达到防范和管控宅基地退出风险的目的，政府部门管理者需充分考虑农户家庭发展能力的差异性，实施差异化策略。

（6）按照"三权分置"的宅基地管理思路，考虑到宅基地有偿退出的过程复杂，多方利益交叉，为充分考量农户、农村集体经济组织和地方政府在宅基地退出过程中的利益、角色和地位，建立演化博弈模型以体现合作主体在宅基地退出中策略调整、趋于稳定的过程，引入成本、收益等变量，从理论上分析宅基地有序退出相关主体决策行为的变化及其影响因素，以探索有利于农户退出宅基地的合作动因。"三权分置"的宅基地管理制度下，农户意愿、政府规制行为、农村集体经济组织的行为水平对宅基地有序退出的影响是正向显著的，其中，农户对于补偿标准的态度、相关政策的认知水平、愿意以宅基地换取补偿的程度会影响农户意愿，地方政府给予的制度创新程度、惩罚机制的执行情况、相关制度的执行效率会影响地方政府的规制行为，农村集体经济组织在宅基地退出过程中付出的成本、可能获得的长远收益会影响其行为水平，进而影响宅基地的有序退出。结合当前农村社会结构剧烈变化的背景对宅基地有偿退出影响因素的作用机理进行重新审视，并从农民家庭发展层面考量宅基地有序退出的内生动力不足问题。

第二节　可能的创新点

本书从家庭层面通盘考虑农户宅基地有序退出，将已有研究中关于农户宅基地退出影响因素较为零碎的"家庭特征"整合分析，具有一定的现实意义。本书可能的创新有以下两点：

（1）为完善农村宅基地退出制度提供另一研究视角。以家庭为研究的切入点，更加注重家庭生命周期、家庭类型、家庭风险承载能力、家庭发展能力等方面对农户宅基地退出的影响，从宅基地退出意愿、宅基地退出模式、宅基地退出福利水平以及宅基地退出补偿以及"三权分置"的角度对宅基地有序退出内生动力不足展开研究，更加注重分析家庭结构、家庭功能与家庭生命周期对农户宅基地退出的影响。

（2）为完善农村宅基地退出制度提供另一决策辅助。确立了农村宅基地退出政策制定的家庭化视角，提出了基于家庭发展能力建设、家庭生态系统优化、城镇化的家庭转向的视角探讨农村宅基地退出制度的完善。从家庭层面挖掘农户能力生成与生境优化的生态学特征和规律。

第三节　研究展望

农村宅基地退出是在自愿有偿的基础上展开的，推行宅基地退出实践是一项涉及面广、时间跨度长的工作。本书以家庭因素为切入点，家庭因素是个综合性的概念，涉及的范围较广，本书只是围绕农民家庭的家庭生命周期、家庭类型、家庭发展能力等因素进行了探讨，对家庭功能、家庭结构等因素如何影响农户宅基地退出还有待在今后的研究中进一步深入探讨。由于时间和学识水平有限，尚存在一些不足还需改进：

（1）研究区域方面。本书所选择的研究区域主要是宅基地政策试点县市，并取得了一定的成果，具有一定的代表性，但不同地区的经济发展水平存在差异，各地实践工作展开进度不一，有待在未来的研究过程中，选取更多的试点地区展开进一步的研究。

（2）数据收集方面。本书在数据收集过程中主要有以下两个问题：一是问卷调查过程中，较难保证受访农户填写问卷的精确度；二是在实地调研过程中，难以点对点找到宅基地退出后的农户，在与居住城镇的受访农户访谈的过程中，也很难确切地了解到农村家庭生活的变化情况。在未来的研究过程中，拟进行追踪调查，在现有的调研基础上，针对农户对宅基地退出意愿与补偿进行后续追踪调查，保证数据收集的完整性。此外，考虑到一定时间跨度内影响宅基地退出主体决策行为的因素如何变动与社会、经济等各方面政策制度体系密切相关，结合政策仿真工具等方法作进一步研究也可以作为下一步的研究思路展开。

（3）研究内容逻辑性方面。本书主要围绕"家庭生命周期、家庭发展类型、家庭风险承载能力、家庭发展能力和家庭决策"等家庭因素展开探讨，从内容的整体性来看，各部分内容之间的逻辑性不强、有效衔接不够。虽然研究试图构建"F-self"家庭多因素分析框架，但在实际研究和调研过程中，发现将家庭结构（family structure）、家庭禀赋（family endowment）、家庭生命周期（family life-cycle）、家庭功能（family function）等多种因素整合成"F-self"家庭多因素分析框架比较难实现，主要是因为农村家庭巨复杂和变化大，难以把多因素均考虑到某一家庭中，且在调研中也较难找到多因素集于一身的家庭，样本受限。故在研究中未能整体提出"F-self"家庭多因素分析框架，而是把各种因素嵌入不同的研究板块。

宅基地有偿退出影响因素的问卷调查

尊敬的农民朋友：

您好！我们正在做一项关于农户宅基地有偿退出影响因素问题的调研。本次调研的目的是了解农民朋友对宅基地退出的意愿、退出情况以及对地方政府、农村集体经济组织治理能力的态度。本调研采用不记名的方式进行，您的相关信息仅用于学术研究。烦请您在百忙之中帮助我们进行此次调查研究。非常感谢您的支持与配合！

第一部分　基本情况调查

1. 您的户口所在地：_____省_____市_____县_____村。
2. 您的性别。

A. 男 　　　　　　　　　　　B. 女

3. 您的文化程度。

A. 小学及以下 　　　　　　　B. 初中

C. 高中或大专 　　　　　　　D. 本科及以上

4. 家庭年收入。

A. 20000 元及以下 　　　　　B. 20001～40000 元

C. 40001～60000 元 　　　　　D. 60000 元以上

5. 非农收入占家庭总收入比重。

A. 30%及以下 　　　　　　　B. 31%～50%

C. 51% ~70%   D. 71% ~90%

E. 90%以上

6. 拥有宅基地面积。

A. <100 平方米   B. ≥100 平方米且 <300 平方米

C. ≥300 平方米

第二部分　影响宅基地退出因素的调查

1. 对宅基地补偿标准的态度。

A. 不满意   B. 比较满意

C. 非常满意

2. 对宅基地退出相关政策的了解程度。

A. 非常不了解   B. 听说过但是具体不了解

C. 有一定程度了解   D. 非常了解

3. 是否愿意以宅基地换取补偿。

A. 是   B. 不清楚

C. 否

4. 政府监管制度执行效率。

A. 效率很低   B. 效率一般

C. 效率比较高   D. 效率非常高

5. 政府对宅基地退出的相关政策创新情况。

A. 没有什么创新   B. 有一点创新

C. 有很多创新

6. 政府对于违规惩罚的执行情况。

A. 不严厉   B. 比较严厉

C. 非常严厉

7. 村集体对于宅基地付出的成本如何？

A. 付出不多   B. 付出比较多

C. 付出非常多

8. 是否存在处置宅基地的其他渠道？

A. 不存在   B. 不了解

C. 存在

9. 宅基地退出后的长远收益情况，按照以下内容和括号里的评分标准进行打分并相加：（1）村容村貌改善；（2）社会保障加强；（3）加强集体收入；（4）提高了土地的利用效率。

A. 12~16 年（1 = 没有，2 = 有一点，3 = 有很多，4 = 有非常多）

B. 8~11 年（1 = 没有，2 = 有一点，3 = 有很多，4 = 有非常多）

C. 4~7 年（1 = 没有，2 = 有一点，3 = 有很多，4 = 有非常多）

10. 您是否退出了您家的宅基地。

A. 是　　　　　　　　　　　　B. 否

11. 您认为宅基地退出后是否得到了合理利用？

A. 是　　　　　　　　　　　　B. 不清楚

C. 否

12. 您认为宅基地退出后是否依法得到了应有的补偿？

A. 是　　　　　　　　　　　　B. 否

第三部分　有关问卷调查对象对问卷理解程度的调查

1. 您能够明白此次调查的宅基地的内涵和范围吗？

A. 明白　　　　　　　　　　　B. 不是很清楚

C. 不明白

2. 您能理解问卷中"宅基地退出带来的长远收益"包含的内容吗？

A. 明白　　　　　　　　　　　B. 不是很清楚

C. 不明白

3. 问卷里的内容您能够理解多少？

A. 完全理解　　　　　　　　　B. 部分了解但不是特别清楚

C. 完全不理解

4. 您觉得此次调查是否有意义？

A. 有意义　　　　　　　　　　B. 有一些意义

C. 没有多大意义　　　　　　　D. 完全没有意义

5. 您在回答问卷时是否受到别人影响？

A. 受到别人影响　　　　　　　B. 没有受到别人影响

家庭因素对农户宅基地退出的
影响的访谈提纲

1. 您在办理宅基地相关事宜过程中，需要接触几位工作人员？

2. 您觉得办理宅基地退出后是否达到您预期的生活水平？是否符合您对家庭发展的期望？

3. 您对家庭的长远发展有何想法？

4. 如果政府补偿满足您的心理预期，您是否愿意退出宅基地？

5. 您家庭年均总收入大概是多少？年均农业收入大概是多少？家庭平均可支配收入大概是多少？

6. 您家年均随礼金额大约是多少？

7. 您或您的家庭成员是否有过在政府部门工作的经历？

8. 您家房屋是什么结构？是否有二层以上的楼房？

9. 家庭成员是否感觉到居住拥挤？

10. 您家房屋使用年限是多久？

11. 您家是否在城镇拥有住房？是否会将农村住房出租？

12. 您家是否愿意搬到城镇居住？是否有计划在城镇购房？

13. 您是否会在农村住房周围种植经济作物？通常种植何种经济作物？

|附录三|
家庭因素对农户宅基地退出的影响研究调查问卷

尊敬的受访农户：

您好！我们是《家庭因素对农户宅基地退出的影响研究》课题组的调查人员，本调查的目的在于了解与评估农户宅基地退出意愿情况，研究结果将有助于我们更真实地掌握农户意愿，为推动宅基地有序退出、提升农户宅基地退出意愿提供思路借鉴。诚挚邀请您花费"10分钟"填写本调查问卷。您的观点和意见十分宝贵，将对课题组的研究发挥重要作用。课题组将对您的个人信息予以严格的保密，保证不对您的日常工作和生活造成任何负面影响。感谢您的理解与支持！

第一部分　家庭基本信息

户主性别		林地面积	
户主年龄		耕地面积	
户主文化程度		宅基地面积	
劳动力人数		是否有兼业	

第二部分　家庭成员情况

以下问题是关于"家庭成员情况"的描述，请您根据您家庭的实际情况和感受填写，在相应的答案处画"√"，仅代表您的个人观点，答案并无对错之分。

题项	是	否
1. 您是否已育有子女		
2. 您是否与父母同住		
3. 您家是否有 16 岁以下的子女		
4. 您家的家庭成员是否均在 17 ~ 70 岁这一年龄段		
5. 您家中是否有 70 岁以上的老人并且有 16 岁以上的子女		

第三部分　农户评价宅基地退出模式

以下问题是关于"宅基地退出模式的整体评价"，请您根据您的实际情况和感受填写，并在相应的数字上画"√"，数字越大表示程度越大。答案并无对错之分。

问题描述	程度大小									
1. 宅基地退出模式补偿标准公开程度	1	2	3	4	5	6	7	8	9	10
2. 宅基地退出模式补偿标准公平程度	1	2	3	4	5	6	7	8	9	10
3. 宅基地退出模式补偿发放及时程度	1	2	3	4	5	6	7	8	9	10
4. 宅基地退出模式补偿额度充足程度	1	2	3	4	5	6	7	8	9	10
5. 宅基地退出补偿标准差异程度	1	2	3	4	5	6	7	8	9	10

第四部分　宅基地基本情况

以下问题是关于"宅基地基本情况"的描述，请您根据您所拥有宅基地的实际情况和感受填写，在相应的答案处画"√"，仅代表您的个人观点，答案并无对错之分。

题项	是	否
1. 您所拥有的宅基地是否靠近城区		
2. 您所拥有的宅基地所在的农村地区是否有修高速公路、飞机场、铁路等基础设施建设		
3. 您所拥有的宅基地所在的农村地区是否有旅游业、特色小镇等开发项目		
4. 您所拥有的宅基地是否办理了确权工作		

调查到此结束，感谢您的配合！

农户对我国现行宅基地退出政策调查的认知调查问卷

第一部分　调查对象基本情况

一、调查对象基本情况

1. 您的性别。

A. 男　　　　　　　　　　　B. 女

2. 您的年龄。

A. 30 岁及以下　　　　　　　B. 31 ~ 40 岁

C. 41 ~ 50 岁　　　　　　　D. 51 ~ 60 岁

E. 60 岁以上

3. 您的文化程度。

A. 小学及以下　　　　　　　B. 初中

C. 高中或中专　　　　　　　D. 大专及以上

4. 是否在外非农务工。

A. 是　　　　　　　　　　　B. 否

5. 从事的非农业的职业类型。

A. 建筑业　　　　　　　　　B. 服务业

C. 制造业　　　　　　　　　D. 其他行业

二、农户家庭基本情况

1. 家庭人口总数。

A. 2 人及以下   B. 3 ~ 4 人

C. 4 人以上

2. 家庭劳动力人数。

A. 1 人及以下   B. 2 ~ 3 人

C. 3 人以上

3. 家庭外出务工人数。

A. 1 人及以下   B. 2 ~ 3 人

C. 3 人以上

4. 家庭中有几个小孩需要抚养？

A. 1 个及以下   B. 2 个

C. 3 个   D. 4 个及以上

5. 家庭中有几位老人需要赡养？

A. 1 位及以下   B. 2 位

C. 3 位   D. 4 位及以上

6. 家庭年均总收入。

A. 0 ~ 10000 元   B. 10001 ~ 50000 元

C. 50001 ~ 80000 元   D. 80000 元以上

7. 非农收入占家庭总收入比例。

A. 10% 以内   B. 10% ~ 50%

C. 51% ~ 80%   D. 80% 以上

8. 家庭成员是否定居城镇？

A. 是   B. 否

9. 目前您拥有的宅基地面积共。

A. 0 ~ 100 平方米   B. 101 ~ 300 平方米

C. 300 平方米以上

10. 宅基地使用情况。

A. 全部自用   B. 部分出租

C. 部分闲置   D. 其他

11. 宅基地闲置原因。

A. 外出打工   B. 户口农转非农

C. 房屋面积大用不了   D. 危房不能居住

E. 周围环境不好不适宜居住   F. 其他

12. 家庭宅基地确权情况。

A. 办理宅基地使用证   B. 只办理了建设许可证

C. 没有办理相关证件

第二部分　农户对目前国家农村宅基地政策了解情况

1. 您是否清楚地知道宅基地的所有权归属于谁。

A. 清楚   B. 不清楚

2. 您对宅基地退出相关政策是否了解。

A. 很了解   B. 不了解

3. 如果政府对村民集中安置，推动农村人口向中心村或城镇集中，您愿意吗？

A. 愿意   B. 不愿意

C. 得好好考虑

4. 您同意退出农村宅基地选择向城镇户口转化吗？

A. 同意   B. 不同意

C. 得看国家政策和保障

5. 农村户口转城镇户口，到城镇生活，对您有利的一面是什么？（多选）

A. 医疗设备完善

B. 子女可以得到优质教育

C. 城里机会多，就业岗位也多

D. 交通等其他公共基础设施比农村好

E. 其他

6. 您同意政府将宅基地和承包地分开，用宅基地换货币、换城镇房子、换地方生活，用土地承包权换股、租和社会保障吗？

A. 同意   B. 不同意

7. 如果您要退出现有宅基地，希望政府给予什么保障和政策呢？（最多

选三项）

    A. 住房补偿（可以冲抵部分购房款）

    B. 宅基地货币补偿

    C. 置换公租保障房

    D. 子女义务教育可在集镇实际居住小区就近入学

    E. 为宅基地退出农户缴纳相应比例养老保险

8. 在退出宅基地的问题上，您最担忧的问题是什么？（最多选三项）

    A. 政府补偿多少问题

    B. 经济补偿和保障落实快慢问题

    C. 以后不便务农

    D. 在城镇里无收入来源

    E. 住房问题

    F. 子女能否在城镇接受优质教育问题

9. 您赞成退出宅基地的原因有哪些？（最多选两项）

    A. 可以获得养老保险

    B. 农村交通不便，基础设备不完善

    C. 打算以后在城镇发展，退出后可获得公租房或住房券来冲抵部分购房款

    D. 政府补偿优厚

10. 不同意退出宅基地的原因是什么？（最多选三项）

    A. 习惯了农户生活，退出后不便务农，也不适应城镇生活

    B. 补偿的金额不够

    C. 给予的保障太少

    D. 城镇房价高，没有经济购买力

    E. 集中安置的环境不好，条件差

11. 如果您愿意退出宅基地，您最能接受的退出方式是？

    A. 住房安置补偿

    B. 货币补偿

    C. 提供养老保险和子女入学保障

    D. 提供就业岗位

12. 您认为政府在农户宅基地退出的问题上应该做什么？（多选）

    A. 将退地风险控制在农户可承受的范围内，且补偿退地受益要大于现有

成本

    B. 为农户子女提供优质教育

    C. 为农户提供就业机会或岗位

    D. 促进家庭发展能力提升

    E. 其他

13. 对于农户宅基地，您比较赞同的流转方式？

    A. 转让   B. 抵押

    C. 出租   D. 入股

    E. 置换

14. 如果要将土地交给集体来统一组织经营，您怎样才会同意？

    A. 每年领取一笔固定的经济补偿，不承担风险

    B. 不定期领取分红，但要承担一定市场风险

    C. 可以采取其他的经济补偿方式

    D. 不管怎样都不愿将土地交给集体

15. 目前您了解到的宅基地退出方式有哪些？（多选＋可填写其他方式）

    A. 转卖给他人

    B. 不清楚，应该是交给政府管理

    C. 两分两换

    D. 双放弃

    E. 拆院并院

    F. 双交换

    G. 地票交易

    H. 宅基地换房

    I. 其他

参考文献

［1］安海燕，洪名勇. 农户和农业主体对土地承包经营权抵押贷款政策的态度［J］. 西北农林科技大学学报（社会科学版），2016，16（2）：21 – 28.

［2］蔡安宁，冯健. 欠发达地区农户宅基地退出意愿的影响因素研究：以安徽阜阳为例［J］. 城市发展研究，2018，25（6）：120 – 126，134.

［3］蔡国立，徐小峰. 地方宅基地退出与补偿典型模式梳理与评价［J］. 国土资源情报，2012（7）：37 – 41.

［4］蔡玉胜. 农地流转"宅基地换房"模式的深层思考［J］. 城市，2009（3）：50 – 52.

［5］陈宏胜，王兴平. 持续发展、理性规划：2017 中国城市规划年会论文集（城市规划历史与理论）［C］. 2017：7 – 12.

［6］陈会广，吕悦. 基于机会成本与 Markov 链的耕地保护补偿基金测算：以江苏省徐州市为例［J］. 资源科学，2015，37（1）：17 – 27.

［7］陈利根，王琴，龙开胜. 农民宅基地福利水平影响因素的理论分析［J］. 农村经济，2011（12）：13 – 16.

［8］陈梦娇，陈美球，刘志鹏. 基于土地收储的农村宅基地有偿退出机制思考［J］. 中国国土资源经济，2015，28（1）：20 – 24.

［9］陈霄. 农民宅基地退出意愿的影响因素：基于重庆市"两翼"地区 1012 户农户的实证分析［J］. 中国农村观察，2012（3）：26 – 36，96.

［10］陈小君，蒋省三. 宅基地使用权制度：规范解析、实践挑战及其立法回应［J］. 管理世界，2010（10）：1 – 12.

［11］陈秋分，李先德．基于扎根理论的豆农目标价格政策认知与行为研究［J］．农业现代化研究，2016，37（1）：43－49．

［12］陈永桃，陈英，马婷婷．农民农地产权认知的影响因素分析［J］．干旱区资源与环境，2017，31（2）：25－31．

［13］陈振，郭杰，欧名豪．资本下乡过程中农户风险认知对土地转出意愿的影响研究：基于安徽省526份农户调研问卷的实证［J］．南京农业大学学报（社会科学版），2018，18（2）：129－137，161－162．

［14］陈振，欧名豪，郭杰，等．农户农地转出满意度影响因素分析［J］．西北农林科技大学学报（社会科学版），2018，18（5）：112－120．

［15］陈志鸿，李扬．中国分区域城镇居民福利水平测度［J］．财经研究，2018，44（10）：111－124．

［16］程静，刘飞，陶建平．风险认知、风险管理与农险需求：基于行为金融视角的实证研究［J］．南京农业大学学报（社会科学版），2018，18（3）：133－141，156．

［17］邓辉，张晓宁．宅基地使用权制度的现代化构建：体系与变革［J］．西部法学评论，2017（2）：35－44．

［18］丁琳琳，吴群，李永乐．土地征收中农户福利变化及其影响因素：基于江苏省不同地区的农户问卷调查［J］．经济地理，2016，36（12）：154－161．

［19］丁文，于水．宅基地使用权确权及路径指向：基于多源流理论的分析范式［J］．西北农林科技大学学报（社会科学版），2017，17（1）：39－45．

［20］冯应斌，郭元元，孔令桑．农户宅基地退出权益受损认知及其影响因素研究［J］．云南农业大学学报（社会科学版），2019，13（6）：130－136．

［21］付文凤，郭杰，欧名豪，等．成本效益、政策认知与农村居民点整理农户补偿满意度研究［J］．中国人口·资源与环境，2017，27（5）：138－145．

［22］高佳，宋戈．产权认知及外部环境对农户土地流转行为影响模型分析［J］．农业工程学报，2017，33（5）：248－256．

［23］高名姿，张雷，陈东平．政策认知、农地特征与土地确权工作农民满意度［J］．现代经济探讨，2017（10）：104－110．

［24］高旭斌.《社员宅基地管理条例》应迅速制定［J］. 法学杂志，1983（3）：42.

［25］葛明岩，刘贵福. 新型城镇化的路径选择：建设生态化城镇［J］. 广西社会科学，2015（4）：172-176.

［26］龚宏龄，林铭海. 农民的异质化特征对宅基地退出补偿偏好的影响：基于大足和涪陵两地的调研数据［J］. 农村经济，2019（2）：31-38.

［27］关信平. 当前我国社会政策的目标及总体福利水平分析［J］. 中国社会科学，2017（6）：91-101.

［28］郭贯成，陈盈蒙. 家庭生命周期与农户宅基地退出意愿［J］. 华南农业大学学报（社会科学版），2022，21（4）：23-33.

［29］郭元元，冯应斌. 农户宅基地退出补偿标准研究框架构建：基于易地扶贫搬迁背景［J］. 中国农业资源与区划，2020，41（2）：58-66.

［30］韩清怀. 城市化背景下农村宅基地制度改革思路探析：以人口的流动性与宅基地的区位固定性之矛盾为视点［J］. 城市发展研究，2010，17（8）：137-140，146.

［31］贺志武，胡伦，陆迁. 农户风险偏好、风险认知对节水灌溉技术采用意愿的影响［J］. 资源科学，2018，40（4）：797-808.

［32］洪德和，程久苗，吴九兴，等. 农户宅基地退出意愿与行为转化研究：基于金寨县的实证［J］. 中国农业资源与区划，2019，40（6）：140-149.

［33］胡峰. 农村宅基地使用权流转推阻机制分析［J］. 乡镇经济，2008（5）：38-41.

［34］胡银根，余依云，王聪，等. 基于成本收益理论的宅基地自愿有偿退出有效阈值：以改革试点区宜城市为例［J］. 自然资源学报，2019，34（6）：1317-1330.

［35］华红琴. 论残障儿童家庭支持性福利政策与服务体系建设［J］. 社会建设，2015，2（2）：24-35.

［36］黄健元，梁皓. 农村宅基地退出制度的源起、现实困境及路径选择［J］. 青海社会科学，2017（6）：132-139.

［37］黄琦，王宏志，徐新良. 宅基地退出外部环境地域差异实证分析：基于武汉市东西湖区84个样点的分析［J］. 地理科学进展，2018，37（3）：

407 – 417.

[38] 黄晓慧，王礼力，陆迁. 农户认知、政府支持与农户水土保持技术采用行为研究：基于黄土高原1152户农户的调查研究 [J]. 干旱区资源与环境，2019，33（3）：21 – 25.

[39] 黄炎忠，罗小锋，李容容，等. 农户认知、外部环境与绿色农业生产意愿：基于湖北省632个农户调研数据 [J]. 长江流域资源与环境，2018，27（3）：680 – 687.

[40] 黄贻芳，钟涨宝. 不同类型农户对宅基地退出的响应：以重庆梁平县为例 [J]. 长江流域资源与环境，2013，22（7）：852 – 857.

[41] 江春，向丽锦，肖祖沔. 货币政策、收入分配及经济福利：基于DSGE模型的贝叶斯估计 [J]. 财贸经济，2018，39（3）：17 – 34.

[42] 邝佛缘，陈美球，李志朋，等. 农户生态环境认知与保护行为的差异分析：以农药化肥使用为例 [J]. 水土保持研究，2018，25（1）：321 – 326.

[43] 雷绪斌，李辉，王本礼. 宅基地三权分置农民响应意愿的激励机制：浙江德清与湖南浏阳的调研证据 [J]. 经济地理，2023，43（7）：191 – 202.

[44] 李成友，孙涛，李庆海. 需求和供给型信贷配给交互作用下农户福利水平研究：基于广义倾向得分匹配法的分析 [J]. 农业技术经济，2019（1）：111 – 120.

[45] 李欢，张安录. 农村宅基地退出前后农户福利测度及其动态变化：以浙江省德清县201户农户为例 [J]. 农业技术经济，2019（7）：79 – 90.

[46] 李胜男. 农村宅基地功能价值空间分异及退出定价仿真 [D]. 杭州：浙江工商大学，2019.

[47] 李永萍. 家庭发展能力：农村家庭策略的比较分析 [J]. 华南农业大学学报（社会科学版），2019，18（1）：108 – 120.

[48] 李跃，施爱玲. 宅基地置换工程中的农民福利研究 [J]. 商品与质量，2011（S4）：69.

[49] 李振远，郑传芳. 推进土地管理制度创新，破解开发区土地制约难题 [J]. 福建农林大学学报（哲学社会科学版），2011，14（3）：16 – 20.

[50] 李忠孝，赵宏松，李成员. 农村宅基地有偿使用与收费标准的研究 [J]. 吉林农业大学学报，1993（4）：94 – 98.

[51] 林丽梅，刘振滨，许佳贤，等．家庭禀赋对农户参与小型农田水利供给的影响：兼论责任主体认知的调节效应 [J]．湖南农业大学学报（社会科学版），2018，19（4）：33-40.

[52] 林善浪，叶炜，梁琳．家庭生命周期对农户农地流转意愿的影响研究：基于福建省 1570 份调查问卷的实证分析 [J]．中国土地科学，2018，32（3）：68-73.

[53] 林彤，宋戈．基于规模经营的农地流转策略演化博弈分析：以黑龙江省克山县为例 [J]．干旱区资源与环境，2018，32（7）：15-22.

[54] 林依标．农村宅基地"三权分置"的权能界定与实现路径 [J]．中国土地，2018（9）：24-26.

[55] 刘芳，陈猛，刘宗奎，等．农村宅基地制度改革背景下的农户政策认知与启示：以山东省鱼台县农户调查为例 [J]．国土资源情报，2017（5）：31-37.

[56] 刘芳，李成友，张红丽．农户环境认知及低碳生产行为模式 [J]．云南社会科学，2017（6）：58-63.

[57] 刘利花，李全新．基于耕地非市场价值和机会成本的耕地保护补偿标准研究：以江苏省为例 [J]．当代经济管理，2018，40（6）：37-40.

[58] 刘鹏飞，贺霞旭，何克晶．基于多目标优化的科研项目人力资源配置研究 [J]．计算机应用与软件，2017，34（5）：217-222，321.

[59] 刘卫东，郑凯文，吴宇哲．基于"结构-行动"分析框架的宅基地退出机制研究：以宁波市为例 [J]．吉首大学学报（社会科学版），2019，40（2）：44-54.

[60] 刘鑫，董继刚．宅基地"三权分置"中"使用权"的辨析 [J]．河北农业科学，2018（5）：76-80.

[61] 刘彦随．科学推进中国农村土地整治战略 [J]．中国土地科学，2011，25（4）：3-8.

[62] 刘义，陈英，谢保鹏，等．基于多因素综合评价的农村居民点整理潜力测算与分级：以天水市秦州区为例 [J]．干旱区资源与环境，2014，28（11）：17-24.

[63] 陆红生．土地管理学总论 [M]．北京：农业出版社，2007.

[64] 吕军书，翁晓宇．农户宅基地退出的补偿意愿调查及政策建议

[J]．西北农林科技大学学报（社会科学版），2019（1）：22 -26.

[65] 吕晓，臧涛，张全景．土地政策的农户认知及其农地转出响应研究：基于山东省287 份农户问卷调查的实证 [J]．南京农业大学学报（社会科学版），2017，17（5）：100 -110，154.

[66] 罗伟玲，刘禹麒．基于产权的宅基地退出机制研究 [J]．国土资源科技管理，2010，27（3）：122 -126.

[67] 罗震东，夏璐，耿磊．家庭视角乡村人口城镇化迁居决策特征与机制：基于武汉的调研 [J]．城市规划，2016，40（7）：38 -47，56.

[68] 马长发，文婷婷．西部地区城郊农户宅基地退出意愿与影响因素：以乌鲁木齐市为例 [J]．开发研究，2020（1）：115 -118.

[69] 马婧，罗剑朝．农户认知对其参与农地经营权抵押贷款行为的影响研究 [J]．人文杂志，2018（11）：72 -77.

[70] 彭长生，范子英．农户宅基地退出意愿及其影响因素分析：基于安徽省6 县1413 个农户调查的实证研究 [J]．经济社会体制比较，2012（2）：154 -162.

[71] 彭继权，吴海涛，孟权．家庭生命周期、社会资本与农户生计策略研究 [J]．中国农业大学学报，2018，23（9）：196 -217.

[72] 彭小霞．农民权益保护视角下农村宅基地退出机制之完善 [J]．农村经济，2015（4）：9 -13.

[73] 戚航．我国宅基地使用权退出制度研究 [D]．海口：海南大学，2018.

[74] 恰亚诺夫．农民经济组织 [M]．北京：中央编译出版社，1996：53 -58.

[75] 钱龙，钱文荣，陈方丽．农户分化、产权预期与宅基地流转：温州试验区的调查与实证 [J]．中国土地科学，2015，29（9）：19 -26.

[76] 任磊，任明仑．基于竞争与协同效应的复杂制造任务一对多双边匹配模型 [J]．计算机集成制造系统，2018，24（5）：1110 -1123.

[77] 上官彩霞，冯淑怡，吕沛璐，等．交易费用视角下宅基地置换模式的区域差异及其成因 [J]．中国人口·资源与环境，2014，24（4）：107 -115.

[78] 盛亦男．中国的家庭化迁居模式 [J]．人口研究，2014，38（3）：

41 – 54.

[79] 石智雷. 计划生育政策对家庭发展能力的影响及其政策含义 [J]. 公共管理学报, 2014, 11 (4): 83 – 94, 115, 142 – 143.

[80] 苏芳, 田欣, 郑亚萍. 生计风险对农户应对策略的影响分析 [J]. 中国农业大学学报, 2018, 23 (10): 226 – 240.

[81] 孙鹏飞, 赵凯, 贺婧. 农村人口老龄化、社会信任与农户宅基地退出: 基于安徽省金寨县 614 户农户样本 [J]. 华中农业大学学报 (社会科学版), 2019 (5): 137 – 145.

[82] 孙鹏飞, 赵凯, 周升强, 等. 风险预期、社会网络与农户宅基地退出: 基于安徽省金寨县 626 户农户样本 [J]. 中国土地科学, 2019, 3 (34): 42 – 50.

[83] 孙伟艳, 翟印礼. 不同类型农户农业补贴政策认知: 测度与影响因素: 以辽宁省为例 [J]. 财会月刊, 2016 (36): 58 – 62.

[84] 孙云奋, 王小红. 多样化征地补偿方式: 基于理论与实证 [J]. 区域经济评论, 2018 (2): 123 – 131.

[85] 佟艳, 牛海鹏, 樊良新, 等. 农户闲置宅基地退出意愿及影响因素研究: 以河南省为例 [J]. 干旱区资源与环境, 2017, 31 (10): 26 – 30.

[86] 汪本学, 周玉翠. 基于比较优势的浙江省土地资源配置效益研究 [J]. 经济地理, 2017, 37 (7): 185 – 190.

[87] 汪险生, 郭忠兴, 李宁, 等. 土地征收对农户就业及福利的影响: 基于 CHIP 数据的实证分析 [J]. 公共管理学报, 2019, 16 (1): 153 – 168, 176.

[88] 王丹秋, 廖成泉, 胡银根, 等. 微观福利视角下农户宅基地置换意愿及其驱动因素研究: 基于湖北省 4 个典型村的实证分析 [J]. 中国土地科学, 2015, 29 (11): 40 – 47.

[89] 王静, 于战平, 李卉. 农户宅基地退出意愿及其影响因素分析: 基于王口镇和独流镇的调查 [J]. 农村经济, 2015 (1): 33 – 37.

[90] 王兴平. 以家庭为基本单元的耦合式城镇化: 新型城镇化研究的新视角 [J]. 现代城市研究, 2014, 29 (12): 88 – 93.

[91] 魏万青. 从职业发展到家庭完整性: 基于稳定城市化分析视角的农民工入户意愿研究 [J]. 社会, 2015, 35 (5): 196 – 217.

［92］魏西云. 农村宅基地管理村民自治的路径选择：基于土地政策实施监测视角［J］. 中国土地，2015（12）：11-15.

［93］乌尔里希·贝克. 风险社会［M］. 白博闻，译. 南京：译林出版社，2004.

［94］吴帆，李建民. 家庭发展能力建设的政策路径分析［J］. 人口研究，2012，36（4）：37-44.

［95］吴苓. 以宅基地换房：解决大城市近郊区城市化建设中资源瓶颈的新探索［J］. 宏观经济研究，2007（2）：41-43.

［96］吴萍. 宅基地退出复耕实践困境与生态补偿机制的构建［J］. 青海社会科学，2022（5）：97-106.

［97］吴郁玲，石汇，王梅，等. 农村异质性资源禀赋、宅基地使用权确权与农户宅基地流转：理论与来自湖北省的经验［J］. 中国农村经济，2018（5）：52-67.

［98］吴云青，王多多，密长林，等. 生计资产差异对农户宅基地退出意愿的影响研究：基于天津市 403 份调查问卷的实证分析［J］. 干旱区资源与环境，2017，31（9）：26-31.

［99］夏柱智. 论宅基地管理的自治模式：治理视角下的宅基地制度改革研究［J］. 甘肃行政学院学报，2019（5）：85-93，127-128.

［100］肖碧林，王道龙，陈印军，等. 我国农村宅基地置换模式、问题与对策建议［J］. 中国农业资源与区划，2011，32（3）：37-41.

［101］肖顺武，董鹏斌. 中国式现代化视域下宅基地退出中农民权益保障的制度回应［J］. 西安财经大学学报，2023，36（3）：109-119.

［102］徐四桂. 哈尔滨市农村宅基地退出补偿机制研究［D］. 哈尔滨：东北农业大学，2018.

［103］徐涛，赵敏娟，李二辉，等. 技术认知、补贴政策对农户不同节水技术采用阶段的影响分析［J］. 资源科学，2018，40（4）：809-817.

［104］徐小峰，胡银根，何安琪，等. 基于 Logistic 模型的农民宅基地退出意愿分析［J］. 安徽农业科学，2012，40（31）：15542-15545.

［105］徐小峰，胡银根，魏西云，等. 农村宅基地退出与补偿的几点思考［J］. 国土资源情报，2011（8）：10，31-33.

［106］徐小言. 我国农村贫困成因动态认知的维度构建分析：基于家庭

生命周期理论的结构性扩充 [J]. 理论学刊, 2018 (5): 135-140.

[107] 徐忠国, 谭荣, 蒋明利. 农村宅基地有偿分配改革探索: 浙江典型案例及理论分析 [J]. 中国土地, 2015 (9): 22-24.

[108] 徐忠国, 卓跃飞, 吴次芳. 农村宅基地三权分置的经济解释与法理演绎 [J]. 中国土地科学, 2018, 32 (8): 16-22.

[109] 许恒周, 郭玉燕, 吴冠岑. 农民分化对耕地利用效率的影响: 基于农户调查数据的实证分析 [J]. 中国农村经济, 2012 (6): 31-39, 47.

[110] 许树辉. 农村住宅空心化形成机制及其调控研究 [J]. 国土与自然资源研究, 2004 (1): 11-12.

[111] 乐琦, 樊治平. 基于不完全序值信息的双边匹配决策方法 [J]. 管理科学学报, 2015, 18 (2): 23-35.

[112] 杨丽霞, 朱从谋, 苑韶峰, 等. 基于供给侧改革的农户宅基地退出意愿及福利变化分析: 以浙江省义乌市为例 [J]. 中国土地科学, 2018, 32 (1): 35-41.

[113] 杨应杰. 农户分化对农村宅基地使用权流转意愿的影响分析: 基于结构方程模型 (SEM) 的估计 [J]. 经济经纬, 2014, 31 (1): 38-43.

[114] 姚树荣, 熊雪锋. 宅基地权利分置的制度结构与农户福利 [J]. 中国土地科学, 2018, 32 (4): 16-23.

[115] 叶海明. 创新方式方法推进空心村改造 [J]. 浙江国土资源, 2009 (4): 30-31.

[116] 于伟, 刘本城, 宋金平. 城镇化进程中农户宅基地退出的决策行为及影响因素 [J]. 地理研究, 2016, 35 (3): 551-560.

[117] 俞振宁, 邱纪东, 夏楚瑜. 基于元分析的农户认知对宅基地退出意愿的影响研究 [J]. 中国土地科学, 2023, 37 (1): 80-89.

[118] 苑韶峰, 李威, 李胜男, 等. 应用多主体复杂适应系统理论的宅基地退出补偿定价 [J]. 农业工程学报, 2020, 36 (3): 263-271.

[119] 岳永兵. 宅基地退出: 内涵、模式与机制建立 [J]. 改革与战略, 2016, 32 (11): 135-138.

[120] 张浩, 靳亚亚, 王博, 等. 基于耕地发展权价值测算的陕西省耕地保护补偿研究 [J]. 农业工程学报, 2018, 34 (22): 256-266.

[121] 张慧琴, 吕杰. 农户对粮食生产补贴政策认知与规模变动反应研

究：基于黑龙江省种粮农户的调查 [J]. 农业现代化研究，2017，38（4）：614 - 622.

[122] 张琳，刘新平，田童，等. 偏远地区农户宅基地退出影响因素与退出路径衔接：以新疆玛纳斯县为例 [J]. 中国农业资源与区划，2018，39（7）：144 - 152.

[123] 张梦琳，舒帮荣. 农民分化、福利认同与宅基地流转意愿 [J]. 经济体制改革，2017（3）：95 - 100.

[124] 张秋琴，罗海波，严金明，等. 农村宅基地退出意愿调查与可行性评价：以贵州省样本区为例 [J]. 国土资源科技管理，2014，31（4）：6 - 14.

[125] 张世全，彭显文，冯长春，等. 商丘市构建农村宅基地退出机制探讨 [J]. 地域研究与开发，2012，31（2）：82 - 85，105.

[126] 张曙光. 城市化背景下土地产权的实施和保护 [J]. 管理世界，2007（12）：31 - 47.

[127] 张文斌，王若讷，王一婕，等. 乡村振兴背景下农村闲置宅基地退出意愿及障碍因素分析：基于农户宅基地价值观视角 [J]. 干旱区资源与环境，2022，36（12）：41 - 48.

[128] 张秀智，丁锐. 经济欠发达与偏远农村地区宅基地退出机制分析：案例研究 [J]. 中国农村观察，2009（6）：23 - 30，94 - 95.

[129] 张一凡，王兴平，周军. 由"离散"向"耦合"的农村家庭城镇化路径探讨：基于如东县西部城镇的案例研究 [J]. 现代城市研究，2014，29（12）：101 - 109.

[130] 张怡然，邱道持，李艳，等. 农民工进城落户与宅基地退出影响因素分析：基于重庆市开县 357 份农民工的调查问卷 [J]. 中国软科学，2011（2）：62 - 68.

[131] 张玉洁，唐震，李倩. 个人迁移和家庭迁移：城镇化进程中农民迁移模式的比较分析 [J]. 农村经济，2006（10）：62 - 65.

[132] 张志会，李松，綦群高. 农户视角下闲置宅基地流转意愿调查分析：以河北省唐山市迁西县新庄子乡为例 [J]. 中国管理信息化，2018，21（4）：109 - 110.

[133] 章波，唐健，黄贤金，等. 经济发达地区农村宅基地流转问题研

究：以北京市郊区为例 [J]．中国土地科学，2006（1）：34－38．

[134] 赵金辉，王学慧．基于服务质量的云制造服务双向匹配模型 [J]．计算机集成制造系统，2016，22（1）：104－112．

[135] 赵强军，赵凯．农户退出宅基地意愿影响因素分析：基于陕西杨凌、武功214家农户的调研 [J]．广东农业科学，2012，39（6）：193－196．

[136] 赵侠．农户宅基地使用权流转意愿及影响因素实证分析 [D]．杭州：浙江大学，2008．

[137] 赵之枫．城市化背景下农村宅基地有偿使用和转让制度初探 [J]．农业经济问题，2001（1）：42－45．

[138] 郑晶，林慧琦．重点生态区位商品林赎买中的林农认知及其影响因素：基于福建的案例调查 [J]．林业科学，2018，54（9）：114－124．

[139] 郑晴．城市化进程中的宅基地退出机制研究 [J]．湖北农业科学，2018，57（19）：72－75．

[140] 周宏霞．宅基地使用权流转问题研究 [D]．北京：中国政法大学，2009．

[141] 周婧，杨庆媛，张蔚，等．贫困山区不同类型农户对宅基地流转的认知与响应：基于重庆市云阳县568户农户调查 [J]．中国土地科学，2010，24（9）：11－17．

[142] 周小平，柴铎，王情，等．中国耕地保护补偿标准核算方法的理论推导与实证检验 [J]．中国土地科学，2014，28（9）：3－10．

[143] 周小平，席炎龙，钟玲．农户耕地保护意愿影响因素研究 [J]．地域研究与开发，2017，36（1）：164－169．

[144] 周亚娟，林爱文，张二申．基于边际机会成本的农村宅基地价值重构与退出补偿定价 [J]．资源科学，2021，43（7）：1428－1439．

[145] 朱耿平，刘国卿，卜文俊，等．生态位模型的基本原理及其在生物多样性保护中的应用 [J]．生物多样性，2013（1）：90－98．

[146] 朱兰兰，蔡银莺，刘小庆．基本农田用途管制对农民福利的影响及区域差异：基于成都和武汉的比较 [J]．地域研究与开发，2016，35（4）：143－148．

[147] 朱新华．户籍制度对农户宅基地退出意愿的影响 [J]．中国人口·资源与环境，2014，24（10）：129－134．

［148］朱新华. 农村宅基地制度创新与理论解释：江苏省江都市的实证研究［J］. 中国人口·资源与环境，2012，22（3）：19 – 25.

［149］朱新华，陆思璇. 风险认知、抗险能力与农户宅基地退出［J］. 资源科学，2018，40（4）：698 – 706.

［150］朱新华，王晗. 不同农村宅基地资本化模式中农户参与意愿及其影响因素［J］. 资源科学，2016，38（9）：1702 – 1710.

［151］诸培新，杨子，饶芳萍. 家庭生命周期对土地规模经营的影响研究［J］. 中国人口科学，2017（6）：43 – 53，126 – 127.

［152］庄开明，黄敏. 完善农村宅基地退出与补偿机制的思考［J］. 农村经济，2017（7）：13 – 19.

［153］邹秀清，武婷燕，徐国良，等. 乡村社会资本与农户宅基地退出：基于江西省余江区 522 户农户样本［J］. 中国土地科学，2020，34（4）：26 – 35.

［154］邹湛露，蔡怀滨，张雨，等. 认知偏差对农户宅基地退出意愿的影响：基于广东省 880 个样本农户的实证研究［J］. 中国土地科学，2023，37（3）：59 – 70.

［155］Allen D W, Borchers A. Conservation Practices and the Growth of US Cash Rent Leases［J］. Journal of Agricultural Economics，2016，67（2）：491 – 509.

［156］Amirtha R, Sivakumar V J. Does Family Life Cycle Stage Influence E-Shopping Acceptance by Indian Women? An Examination Using the Technology Acceptance Model［J］. Behaviour & Information Technology，2018，37（1 – 3）：267 – 294.

［157］Callesen G M, Lundhede T H, Olsen S B, et al. Socioeconomic Effects of a Bottom-Up Multifunctional Land Consolidation Project［J］. Land Use Policy，2022（117）：106102.

［158］Castro M C, Goblet P, Ledoux E, et al. Noble Gases as Natural Tracers of Water Circulation in the Paris Basin：2. Calibration of a Groundwater Flow Model Using Noble Gas Isotope Data［J］. Water Resources Research，1998（34）：145 – 156.

［159］Fukunaga K, Huffman W. The Role of Risk and Transaction Costs in

Contract Design: Evidence from Farmland Lease Contracts in U. S. Agriculture [J]. American Journal of Agricultural Economics, 2009, 91 (1): 237 – 249.

[160] Glick P C. The Family Cycle [J]. American Sociological Review, 1947, 12 (9): 164 – 174.

[161] Li M Y, Fan Z P. Method for Stable Two-Sided Matching Considering Psychological Behavior of Agents on Both Sides [J]. Systems Engineering Theory & Practice, 2014, 34 (10): 2591 – 2599.

[162] Mandondo A, German L. Customary Rights and Societal Stakes of Large-scale Tobacco Cultivation in Malawi [J]. Agriculture & Human Values, 2015, 32 (1): 31 – 46.

[163] Olson M. The Logic of Collective Action [M]. London: Cambridge Harvard University Press, 1971.

[164] Shi G Y, Kong Y X, Chen B L, et al. Instability in Stable Marriage Problem: Matching Unequally Numbered Men and Women [J]. arXiv, 2018 (9): 11.

[165] Van Huylenbroeck G, Castro Coelho J, Pinto P A. Evaluation of Land Consolidation Projects (LCPs): A Multidisciplinay Approach [J]. Journal of Rural Studies, 1996, 12 (3): 297 – 310.

[166] Wagner J, Hanna S. The Effectiveness of Family Life Cycle Variables in Consumer Expenditure Research [J]. Journal of Consumer Research, 1983, 10 (3): 281 – 291.

[167] Will J, Alexander T. The Local Refugee Match: Aligning Refugees' Preferences with the Capacities and Priorities of Localities [J]. Journal of Refugee Studies, 2018, 31 (2): 152 – 178.

[168] Wossen T, Berger T, Di Falco S. Social Capital, Risk Preference and Adoption of Improved Farm Land Management Practices in Ethiopia [J]. Agricultural Economics, 2015, 46 (1): 81 – 97.